谨以此书献给

太平天国金田起义 170 周年

金田起义历史丛书

金田起义历史遗址

林志杰　傅诚金　著

GUANGXI NORMAL UNIVERSITY PRESS
广西师范大学出版社
·桂林·

图书在版编目（CIP）数据

金田起义历史遗址 / 林志杰, 傅诚金著. --桂林：
广西师范大学出版社，2021.12
　（金田起义历史丛书）
ISBN 978-7-5598-4578-8

Ⅰ．①金… Ⅱ．①林… ②傅… Ⅲ．①革命纪念地－
介绍－广西 Ⅳ．①K878.2

中国版本图书馆 CIP 数据核字（2021）第 276051 号

广西师范大学出版社出版发行

（广西桂林市五里店路 9 号　邮政编码：541004 ）
网址：http://www.bbtpress.com
出版人：黄轩庄
全国新华书店经销
广西广大印务有限责任公司印刷
（桂林市临桂区秧塘工业园西城大道北侧广西师范大学出版社
集团有限公司创意产业园内　邮政编码：541199）
开本：787 mm × 1 092 mm　1/16
印张：31　　字数：573 千
2021 年 12 月第 1 版　　2021 年 12 月第 1 次印刷
审图号：GS（2021）7640 号
定价：128.00 元

如发现印装质量问题，影响阅读，请与出版社发行部门联系调换。

前　言

　　爆发于170年前的太平天国金田起义，是中国近代史上持续时间最长、战争规模最大、影响最为深远的一次农民运动。它历时14载，驰骋18省，定都天京，建立起较为完整的农民政权，既沉重地打击了清王朝的封建统治，也有力地抗击了外国资本主义的侵略势力，从而把我国旧式农民战争推向了顶峰，成为我国民主革命胜利的重要奠基石，在客观上影响并推动了中国近代化的历史进程。

　　广西壮族自治区贵港市是太平天国金田起义的策源地，在19世纪中叶的清朝道光、咸丰年间，在广西省浔州府属的桂平县金田村、古林社村、新圩、白沙圩、江口圩、石嘴圩、紫荆—鹏隘山区，在贵县赐谷村、那帮村、龙山山区，在平南县花洲、山人村、思旺圩、大旺圩、官村、鹏化山区等地，在这块拥有2000多年悠久历史、美丽富饶的桂东南热土，曾演绎了"金田起义"这一幕气势恢宏的历史活剧，谱写了中国农民战争最壮丽的篇章，并涌现出了以杨秀清、萧朝贵、韦昌辉、石达开、秦日纲、胡以晃等为代表的一代英才。

　　金田起义是一笔十分宝贵的历史文化资源，为了深入挖掘其人文价值和精神底蕴，充分发挥知古鉴今、资政育人的作用，2013年以来，贵港市在国家政策和自治

区资金的支持下，全力以赴，努力打造"金田起义地址景区保护与开发工程"，建成了金田起义博物馆，成立了"金田起义研究会"，创办了会刊和网站，并成功举办了两届全国性的学术研讨会暨金田起义田野考察，主办了"中国太平天国历史研究成果展"，取得了丰硕的学术研究、交流与活动成果，产生了良好的社会效益。

为了更好地保护金田起义历史遗址，2017年8月，贵港市第五届人民代表大会常务委员会第九次会议通过了《贵港市太平天国金田起义遗址保护条例》，第一次以立法的形式将金田起义遗址纳入保护范围。为了更好地贯彻落实该市第一部实体法规，全面掌握金田起义遗址的现状，从2019年下半年开始，金田起义研究会组织有造诣的专家、学者，用了一年多的时间，先后奔赴广西贵港市港北区、桂平、平南、武宣、象州、金秀、博白、陆川、藤县、蒙山、桂林城区、兴安、全州，以及广东的广州花都、信宜等地，对两广范围内的金田起义历史遗址开展了一次全面、深入、细致的普查和调研，掌握了该专题历史遗存的真实状况，及时提出了许多建设性的意见和建议，从而为各地方党委和政府的决策，为文博单位的文物保护与利用提供了重要的依据。

今年是太平天国金田起义170周年，为了以史为鉴，开创未来，金田起义研究会顺势而上，拟编辑和出版"金田起义历史"系列丛书，隆重推出一批金田起义历史研究的新成果，此举颇具深远的历史意义和重要的现实价值。《金田起义历史遗址》作为该系列丛书中的首部学术专著，笔者深感任务光荣、责任重大。为此，作为从"天国故乡"——桂平走出来的"太史"研究者，我们在一年多的时间里，行程超过1万公里，几乎跑遍了两广10多个相关市县，探访了100多处金田起义遗址，不仅为书稿的撰写奠定了厚实的田野调查与文物资料基础，而且把热爱家乡的真挚感情以及多年研究"太史"的心得体会，全部倾注到了这部著作之中！

本书以广义的"金田起义"为研究范畴，采用以时间为经、空间为纬的叙事方式，按照太平天国金田起义酝

酿、发生、发展的时间顺序，从空间上划分11个单元，每个单元相对集中地介绍当地留存的重要遗址和文物，并进而生动地叙述与之相关的历史事件和人物。同时，书中还穿插了670余幅珍贵的图片、照片和地图。这样，时空纵横交错，图文相互辉映，脉络分明，层次清楚，一部演绎于两粤大地的金田起义全史就活灵活现地展现在了读者的面前。像这样全面深入、图文并茂地介绍金田起义历史遗址及其附属文物，在研究太平天国历史的图书中尚属首创。

金田起义发生于1851年，170年来特别是新中国成立70多年来，太平天国首义的浔郁大地已是沧海桑田，换了人间。太平天国运动是中国近代史上农民阶级救国救民的一次艰难探索，这场波澜壮阔的起义战争虽然已经过去170年，但是，往事并不如烟，历史是一面镜子，鉴古知今，学史明智。今天，我们回顾金田起义这段悲壮的历史，追寻农民英雄们所走过的历史足迹，探访太平天国留存下来的历史遗址，不是囿于"发思古之幽情"，而是为了更好地恢复历史的本来面目，特别是为了让后人"牢记历史经验、牢记历史教训、牢记历史警示"，继承光荣的革命传统，弘扬爱国主义精神，不忘初心，牢记使命，为实现中华民族伟大复兴提供有益的历史借鉴！

目　录

结束语　　475

后　记　　477

引　言

　　1840年，资本主义英国对中国发动了鸦片战争。清政府在战争中的失败和《南京条约》的签订，给中国社会带来了巨大的影响，割地、赔款、开放通商口岸，使中国丧失了独立自主的地位。西方列强将大量商品倾销到中国市场，排挤了中国原有的农产品和手工业产品，使农民和手工业者大量破产，从而瓦解了中国自给自足的自然经济基础，中国开始一步步地沦为半殖民地半封建社会。

　　鸦片战争后，土地高度集中，农民无以为生。而高利贷的盘剥、吏治的腐败和连年不断的灾荒，更使广大民众陷入绝境。由于封建势力的残酷剥削和外国侵略者的疯狂掠夺，中国人民遭受到了空前的苦难。广大农民饥寒交迫，无以为生，只得铤而走险，奋起反抗。鸦片战争后的10年间，全国各地各族人民起义就多达110次，正是在这样的历史背景下，洪秀全、杨秀清等人组织和发动了震惊中外的金田起义，并在岭南留下了数量众多的历史遗址和文物，形成为中国近代史上一份弥足珍贵的历史文化遗产。

金田起义（广州花都洪秀全纪念馆，油画）

一　花县立教

花县即今广东省广州市花都区，属平原丘陵地区，总面积970.04平方公里。地势北高南低，呈阶梯式倾斜。北部丘陵绵亘，中部为浅丘台地，南部为广花平原一部分。其地处广东省会北缘，区域广大，四面通衢，地势险要，素有"省城之屏障，南北粤之咽喉"之称。

清朝道光年间，县人洪秀全、冯云山、洪仁玕等在家乡创立"上帝教"，并在两广地区"传布真道"，虔诚地教导人们"黜邪崇正"，信奉上帝，破除偶像，诛灭妖魔，从而为后来组织拜上帝会和发动金田起义奠定了思想理论基础，花县因此而成为中国近代史上规模巨大、影响深远的太平天国农民运动的发祥地。

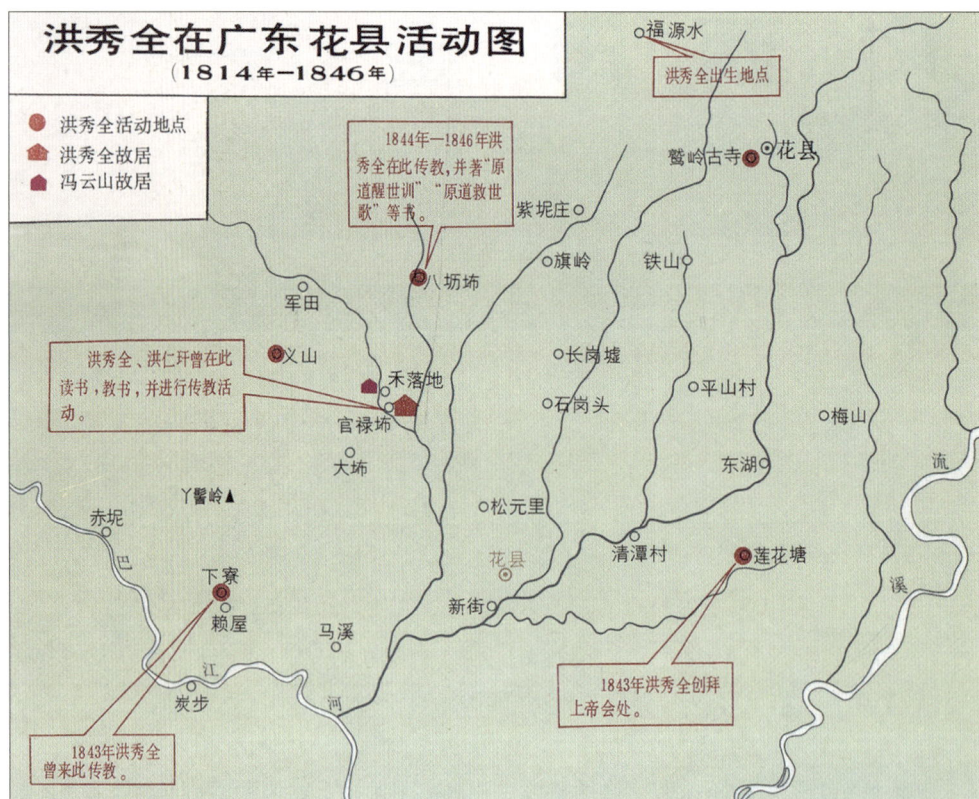

洪秀全在广东花县活动图
（1814年—1846年）

● 洪秀全活动地点
🏠 洪秀全故居
🔺 冯云山故居

○福源水

洪秀全出生地点

1844年—1846年洪秀全在此传教，并著"原道醒世训""原道救世歌"等书。

🔺鹫岭古寺 ●花县

紫坭庄

○旗岭　○铁山

军田

洪秀全、洪仁玕曾在此读书，教书，并进行传教活动。

●义山

禾落地

官禄埗

大埗

○长岗墟

○石岗头

○平山村

○梅山

○东湖

丫髻岭▲

赤坭巴

下寮

赖屋

○松元里

花县

○清潭村

●莲花塘

新街

马溪

江河

炭步

1843年洪秀全曾来此传教。

1843年洪秀全创拜上帝会处。

流

溪

（本书所附地图，均来源于郭毅生主编《太平天国历史地图集》，中国地图出版社，1989年6月出版，特此说明！）

（一）上帝教的创始人——天王洪秀全故居

洪秀全故居坐落于今广东省广州市花都区秀全街大坼村官禄坼。其始建于清嘉庆年间，太平天国定都天京后，1854年（清咸丰四年），房屋被清军纵火焚毁。1959年，根据考古发掘，参照当地客家民居形制，在原址墙基上对故居进行了重建复原。

太平天国天王洪秀全故居旧址

故居坐北朝南，是一排泥砖瓦木结构的平房，一厅五房，6间相连，是当地的普通民宅形式，客家人称之为"五龙过脊"。其呈长方形，东西宽16.5米，南北深5.5米，建筑占地面积91平方米。双坡悬山顶，小青瓦屋面，泥土砖墙，灰砂石头基脚。每个房间面积约13平方米，房顶15根檩子，没有窗户；门高2米，宽0.9米。西端第一间是洪秀全夫妇早年居住的房间，床、帐、枕、席如旧，床前有旧式小书桌一张，上有油灯一盏，还有笔筒、笔架等物。幼天王洪天贵福诞生于兹，洪秀全的《百正歌》及"三原"①诗文也部分在此撰写，门额上悬挂的"洪秀全故居"横匾为郭沫若先生题写。第二间房为洪秀全父母镜扬夫妇居室，正中墙上悬挂着洪秀全高祖父英纶夫妇的画像，上有洪秀全题写的像赞。

洪英纶夫妇画像

① "三原"即洪秀全于1845—1847年间撰写的《原道救世歌》《原道醒世训》《原道觉世训》著作，它形成了上帝教的基本教义，奠定了太平天国农民运动的思想基础。

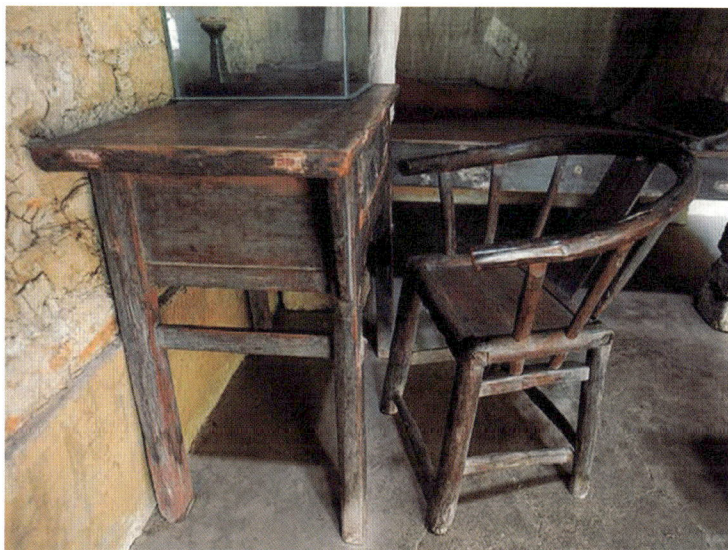

洪秀全夫妇早年居住的房间

　　故居门前为宽阔的地坪，东面前方有一棵三人才能合抱的菩提榕树。地坪外是一个约4600平方米的半月形水塘，水塘边还保留着一口"洪氏古井"，井边有一棵据说是洪秀全亲手种植的龙眼树，树干苍劲有力，宛如双龙偃卧，5条枝干从树身拔节而起，枝叶青翠繁茂，树冠盖地面积40多平方米，使整个官禄埗充满绿意，生机盎然。水塘的东面还有洪秀全早年读书和教书的村塾。

枝繁叶茂的龙眼树

洪秀全在故居生活了30多年，可以说，他的青少年都是在此度过的，这是他早年成长、耕读和从事创教活动的地方。1988年1月，洪秀全故居被国务院公布为第三批全国重点文物保护单位。1994年和2000年，先后被定为广州市和广东省爱国主义教育基地。

洪秀全故居纪念馆

在故居广场，洪秀全高大威武的雕像后，还矗立着一座颇具岭南风格的仿古建筑，此即"洪秀全故居纪念馆"。该馆于2014年建成并对外开放，建筑占地面积3948平方米，青砖混凝土结构，歇山顶，青色琉璃瓦。馆内常设"洪秀全与太平天国历史陈列"，分为花都之子、创教宣道、起义金田、建都天京等10个部分，以丰富的历史文物、图片、油画，用3D历史场景、逼真硅胶像等声、光、电高科技手法，形象生动地再现了太平天国运动气势恢宏的历史画卷，特别是重点介绍了洪秀全、冯云山、洪仁玕等"花都之子"，在创立上帝教（会）、发动和领导金田起义中的历史功勋。整个展览内容丰富，图文并茂，形式多样，在国内太平天国史专题的场馆中颇具气势和特色。

序厅中的洪秀全坐姿雕像及陈列"前言"

（二）"以耕种为活"的洪氏家族——洪汒三墓及洪氏宗祠

洪秀全画像

洪秀全（1814—1864），原名仁坤，小名火秀，出生于广东花县福源水村的一个世代"以耕种为活"的农民家庭里。其祖籍为广东省嘉应州（今梅州市）石坑堡，先祖是从中原南来的汉族客家人。约在清朝康熙年间，他的太高祖洪汒三由石坑迁居广州府花县福源水村①，洪秀全就出生在那里。

福源水在花县县城西北约5公里，村后层峦叠嶂，村前一水萦回，为一土地肥沃之农业区。但不数年，福源水的洪氏又迁往本县的官禄埠。官禄埠距花县县城西南30公里，"此处地多平原，四野禾田，村落在其间"。西南面有羊髻岭、独秀峰诸小山，林木郁郁葱葱。村的四周多水田，十分适宜农业耕作，是一个以耕种和畜牧为业，只有400人口的客家小村庄。

花县福源水村遗址

洪秀全太高祖洪汒三墓

---

①1814年洪秀全出生于花县福源水村，1960年修建蓄水容量918万立方米的福源水库，该村被整体易地搬迁，洪秀全故居原址现已被库区蓄水淹没。

洪氏家族迁至广东花县的始祖——洪淞三的坟墓，现仍立于今花都区狮岭镇芙蓉度假区村内（土名土地坛）。墓葬形式为清代常见的交椅墓，用青砖砌筑。花岗石墓碑高 1.5 米，宽 0.6 米，顶部有宽 0.6 米、高 0.8 米的祥云拱月图案浮雕。碑正中刻"清显祖考讳淞三洪公大人墓"，上款刻"嘉庆二十年秋月榖旦重修"，下款刻"祀男英经、英纶、英缵、英缄、英纬全立"。1958 年，芙蓉嶂水库筑成蓄水后，该坟墓长年被湖水淹没，只有在大旱之年才偶尔露出水面。

狮岭镇芙蓉嶂水库及库底洪淞三墓碑

洪氏宗祠坐落于今广东广州市花都区秀全街大埗村官禄埗洪秀全故居的西侧。建于清代早期，即洪氏从福源水迁居官禄埗之后。1854 年（清咸丰四年），它与洪秀全故居一起被清军纵火焚毁，1911 年（清宣统三年），由洪氏族人筹款重建。该祠是一座砖瓦木石结构、四合院式布局的祠堂，坐北朝南，二进三开间，中有天井及两庑，总面宽 12.7 米，进深 20.5 米，建筑占地面积 264 平方米。双坡硬山顶，灰塑龙船脊，绿灰筒瓦，青砖墙，红阶砖铺地。

在宗祠头门面，山门嵌石额，阴刻"洪氏宗祠"，落款刻"宣统三年辛亥孟秋吉旦重修"。两边虾公梁有石狮和雕花异形斗拱，门面嵌花岗岩石墙脚，颇有气度及特色。后堂大厅

官禄埗洪氏宗祠旧址及洪氏祖宗牌位

有4根杉木金柱，正中的祭台上供奉着祖宗牌位，上面刻写有一副长联：

> 由嘉应徙杨梅祖德宗功经之营之力图官禄之基础
>
> 籍花峰贯花邑光前裕后耕也学也恢宏敦煌之遗风

楹联记述并颂扬了洪氏始迁祖的由来、艰苦创业的历程以及"耕读传家"[1]的祖训。洪氏宗祠是洪姓祖屋，更是当地洪氏家族祭祀祖先和先贤的最重要的场所。

洪氏宗祠与洪秀全故居、洪仁玕故居遗址、书房阁等成为一个整体，均在国务院公布的全国重点文物保护单位的保护范围之内。

---

[1]《洪秀全来历》，载中国史学会主编《太平天国》(二)，上海人民出版社，1957年版，第689页。

（三）洪秀全就学从教之私塾——书房阁和鹫岭古寺

书房阁坐落于今广东省广州市花都区秀全街大坜村官禄埗洪秀全故居的东侧，原为该村的村塾，即文献中所说的"此为村童上学念书，预备科举考试之处"[1]。其始建于清代，1854年（清咸丰四年），伴随着官禄埗洪秀全故居、洪氏宗祠的劫难，其亦被清军付诸一炬。1959年，根据考古发掘，在原址墙基上重建复原。

官禄埗书房阁旧址

书房阁坐东朝西，系三间两廊平房，总面宽10.5米，进深11.9米，建筑占地面积132平方米。双坡悬山顶，绿灰筒瓦，泥砖墙，三合土墙基，红阶砖铺地。进入正门中间是用花岗岩条石铺砌的天井，天井两侧为廊，九架，人字顶。里间厅堂有4根青砖金柱，内部摆放着18套从附近乡村征集而来的书桌椅。正门上悬挂一木匾，横书"书房阁"三字由郭沫若先生题写。

1951年，洪氏后人在清挖书房阁遗址时，发掘出一对石狮子。石狮子原砌于

---

[1]洪仁玕述、韩山文著、简又文译：《太平天国起义记》，载中国史学会主编《太平天国》（六），上海人民出版社，1957年版，第837页。

一对石狮子（广州花都洪秀全纪念馆收藏）

书房阁后厅门口两墙脚处，其为花岗岩石质，头部、前足经雕凿成型，后身为长方石板。狮头高39厘米，长40余厘米。惟妙惟肖，颇有雕琢的艺术感。

鹫岭古寺坐落于今广东广州市花都区花山镇城西村张家祠东街，由花县知县王永名会同该县绅士于1686年（清康熙二十五年）倡建，1705年（清康熙四十四年）重修时，由县令施允中撰立碑记。该寺曾在1814年（清嘉庆十九年）、1927年和1986年先后重修。

古寺坐西北朝东南，原寺的正殿为二进，供奉观音菩萨神像，故又称飞来观音寺。两旁有配殿，左侧配殿为僧房，右侧配殿为书房。后进和配殿因年久失修，已面目全非。现仅存头门部分单间一进，面宽6.7米，进深6.7米，共15檩，建筑

鹫岭古寺及奉祀的观音菩萨（右下）

洪秀全家是个小农（《太平天国通俗画史》插图）

占地面积45平方米。双坡悬山顶，绿灰筒瓦，绿釉瓦当，青砖墙。石门额阴刻"鹫岭古寺"，上款刻"嘉庆十九年立"，下款刻"两谭邝 桂书"。

1819年（清嘉庆二十四年），按阴历虚岁计算，洪秀全已经7岁，在父母节衣缩食和亲友的帮助下，他进入了本村私塾——书房阁读书，开始接受启蒙教育。由于自幼聪颖好学，他五六年间即熟读"四书"、"五经"、《孝经》、诗词和古文，并涉猎历史、地理等书籍，"均能一目了然"，受到了比较系统的儒家传统思想的浸染。1828年（清道光八年），15岁的他第一次参加了科举考试，县试入选了，但是，"自少读书，聪明无比，无书不读"[①]，并被老师及家族公认为"才学之优俊"的他，到广州参加府试却名落孙山，失望而归。

由于家庭比较贫穷，无钱再供他读书，16岁的洪秀全被迫辍学，在家里随父兄种田、放牛。第二年，得到一位同学的资助，他曾到县城附近的鹫岭古寺为同窗伴读一年，以"收切磋之益"。1831年（清道光十一年），18岁的他受聘为村塾师，在书房阁正式开始了他的教书生涯，并且一干就是七个年头。1836年和1837年，求科举功名心切的洪秀全曾两次去广州参加府

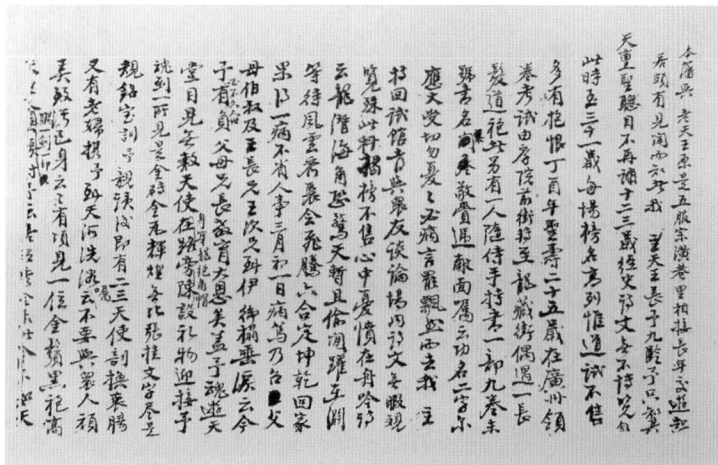

《洪仁玕自述》记述洪秀全就学及参加科举事

---

① 《洪秀全来历》，载中国史学会主编《太平天国》（二），上海人民出版社，1957年版，第689页。

官禄㙻——广东花县的客家小村庄

试，但仍是屡试不中，败兴而归。

1843年（清道光二十三年），洪秀全抱着最后一搏的希望，第四次赴广州应试，结果仍是名落孙山。在乘船回乡的途中，他激愤地写下了一首七绝诗：

> 龙潜海角恐惊天，暂且偷闲跃在渊；
> 等待风云齐聚会，飞腾六合定乾坤。[1]

他以潜伏深渊的"蛟龙"自喻，以等待时机"定乾坤"明志，明确地表露出了个人的志向。

回乡后，他来到莲花塘村再任塾师，并开始潜心研读第二次赴穗应试时，从街头布道的传教士梁发手中得到的《劝世良言》，结果认为书中所言皆应验了他6年前的那场"异梦"[2]。他从书中吸取了西方基督教的一些教义和宗教形式，创立了上帝教，并自行施洗，把私塾中的孔子牌位砸毁，毅然地走上了对清王朝"背经叛道"的不归路。

洪秀全怒砸孔子牌位（《太平天国通俗画史》插图）

---

[1]《洪仁玕自述》，载中国史学会主编《太平天国》(二)，上海人民出版社，1957年版，第848页。
[2] 1837年，洪秀全第三次应试失败后，大病了一场，连续40天高烧昏迷，精神恍惚，竟几次觉得游历了天界，遇到种种奇异的事，这就是后来文献中记述的"丁酉异梦"。

（四）上帝教的忠诚布道士——南王冯云山故居遗址

冯云山故居遗址位于今广东省广州市花都区秀全街大㘵村禾落地。其始建于清朝，太平天国建都天京后，1854年（清咸丰四年），遭到清朝地方官府纵火焚毁，仅留存几段数米长的残墙基，为三合土砖石结构，现已湮没。

太平天国南王冯云山故居遗址

相传原故居是"九厅十八井"的客家大屋，宽广厚实，四周有围墙。根据2003年对遗址的考古发掘，故居为客家"五龙过脊"的建筑形式，坐南朝北，总面宽为37.2米，进深29.6米，建筑占地面积1101平方米。建筑分三路，中路正屋为五间三进，面阔18.1米，三进均明间为厅，次间和梢间为房；左右两路为横屋，面阔29.6米，进深5.5米，各有9间房；横屋与正屋间有宽4.1米的水门。[①]

故居前面原有一口半月形的水塘——九如塘，宽长与大屋对衬，面积约1200平方米，塘基用巨石和三合土砌筑。塘前的水田及故居后的山地均为冯家产业。水塘现在已夷为平地，满目荒凉。

1978年7月，冯云山故居遗址被公布为广东省文物保护单位。

---

① 陈建华主编：《广州市文物普查汇编》（花都区卷），广州出版社，2006年版，第35页。

故居曾留存几段数米长
的残墙基

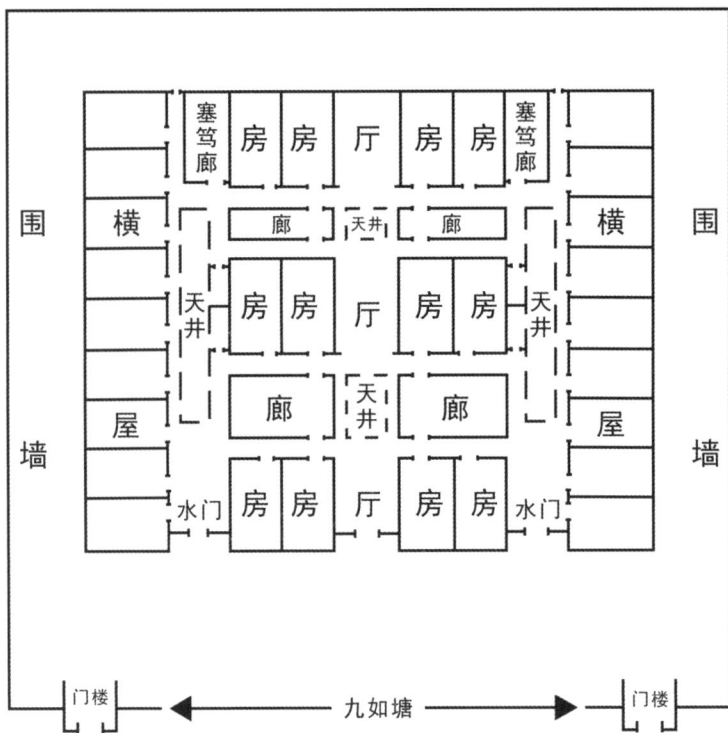

围墙	横	塞笃廊	房	房	厅	房	房	塞笃廊	横	围墙

冯家大屋平面图

冯云山画像

冯云山（1815—1852），本名乙龙，号绍光，出生在一个"家道殷实"的家庭里。汉族客家人，原籍广东省龙川县石灰窑村，后迁徙至花县狮岭尾，到他父亲当家时，因族人太多，又迁居到花县禾落地村。祖父叫冯光宗，父亲叫冯英联，母亲胡氏。冯光宗和冯英联的交椅墓均位于今花都区秀全街大埔村大迳岭上。祖父光宗墓坐西朝东，用石头砌筑，高1.7米，深1.8米，墓碑为花岗岩质，正中刻"清显考例赠文林郎州司马讳光宗冯公墓"；父亲英联墓坐东朝西，用青砖砌筑，全墓宽8.5米，深8.6米，墓碑为花岗岩质，正中刻"皇显考文林郎学政讳英联冯公大人之墓"，上款刻"咸丰三年岁次甲寅仲秋月吉旦重修"，下款刻"九大房嗣孙仝祀"。咸丰三年是癸丑而非甲寅，故其应为立碑时推算之误。

冯光宗墓

冯英联墓

广东花县的禾落地村

    冯云山"自幼诵习经史",并喜读天文、历算、地理、兵法及演义小说诸书,可谓博览百家。因父亲早故,从此家道衰微,"平日耕种为生"。成年后,他曾参加过科举考试,但一试不第后即放弃科举功名,"在家乡教读",以塾师为业。他家距官禄埗仅三里地,与洪秀全不但是老表,而且居同里,年相近,从小同学,后来又同做蒙馆塾师,志气十分相投。1843年(清道光二十三年),洪秀全在莲花塘村塾创立上帝教,他亲历其事,并在塾馆里"施洗礼",与洪仁玕一道,成为"秀全最先感服两密友"之一[①]。皈依新教后,他将私塾里的孔子牌位除去,并因此而被迫离开村塾教席。

    翌年春,冯云山与侄子冯瑞嵩、冯瑞珍随洪秀全离乡"出游天下",在两广10多个州县传播"上帝真道",成为新教最忠诚的布道者,为后来创立拜上帝会和发动金田起义立下了

---

①洪仁玕述、韩山文著、简又文译:《太平天国起义记》,载中国史学会主编《太平天国》(六),上海人民出版社,1957年版,第847页。

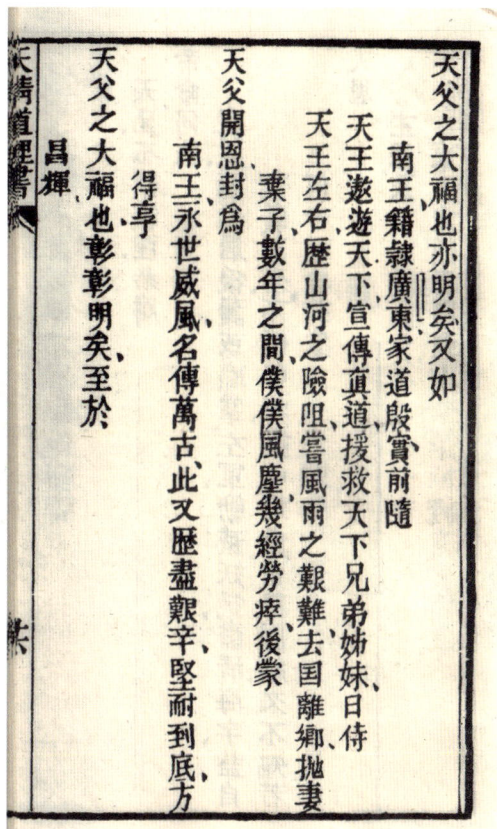

《天情道理书》诉说冯
云山创业之艰辛

头功。1851年（清咸丰元年）底，冯云山在永安被太平天国褒封为"南王"。《天情道理书》在叙述其艰苦创业时写道：

  （南王）家道殷实，前随天王遨游天下，宣传真道，援救天下兄弟姊妹，日侍天王左右，历山河之险阻，尝风雨之艰难，去国离乡，抛妻弃子，数年之间，仆仆风尘，几经劳瘁。……此又历尽难辛，坚耐到底。[1]

  对他的坚忍不拔、赤胆忠心给予了高度的评价。

---

[1]《天情道理书》，载中国史学会主编《太平天国》（一），上海人民出版社，1957年版，第371页。

花县莲花塘村塾——汉生李公祠旧址

（五）上帝教的诞生地——汉生李公祠旧址

汉生李公祠旧址坐落于今广东广州市花都区新雅街团结村花塘三队东胜中心七巷。祠为李氏高祖汉生创建于清代，原为三间二进金包银墙体、木梁瓦面结构的家族祠堂。太平天国起义后，祠堂被清军烧毁，只存头进及天井两边廊间。山门上石额阴刻"汉生李公祠"，山门前两边只用小木柱支撑，没有钓鱼台，很是简陋。1991年，当地李姓族人筹集资金，对祠堂进行了修复。重修时后堂金柱、梁架均改为钢筋混凝土结构，天井两侧山墙改砌红砖。

该祠坐西朝东，二进三开间，总面宽11.2米，进深19.3米，建筑占地面积222平方米。悬山顶，人字山墙，绿灰筒瓦，青砖墙，夯土墙基，红方砖铺地。头门面阔三间11.2米，进深三间7.7米，共17檩。两次间砌成厢房；后堂前带两廊，为七檩人字顶。天井铺水泥，阔4.4米，深3.6米。

1991年修缮后的汉生李公祠

　　洪秀全自幼读书，18岁后在官禄㘵、九间乡、八圳㘵等地做过多年塾师。从1828年（清道光八年）起，他前后四次赴广州参加科举考试，均名落孙山。生活坎坷和人生际遇，使他既痛于个人前途渺茫，又感到国运日衰，逐渐萌发反清排满、救民水火的思想。1843年（清道光二十三年），他来到莲花塘村塾执教。一天，表兄李敬芳来看望他，在无意中看到由传教士梁发编著的布道书——《劝世良言》，深感此书"内容奇极"，这才引起了洪秀全的注意。他开始"潜心细读"这本弃置书箧多年的"奇书"，并"大觉大悟"。他将书中内容附会于"其六年前病中梦兆之关键，觉书中所言与其梦中所见所闻相符之处甚多"，感到如梦方醒，"觉已获得上天堂之真路，与及永生快乐之希望，甚为欢喜"[1]。

---

① 洪仁玕述、韩山文著、简又文译：《太平天国起义记》，载中国史学会主编《太平天国》（六），上海人民出版社，1957年版，第846页。

洪秀全、李敬芳等在莲花塘李公祠内研习《劝世良言》（桂平市金田起义博物馆，蜡像）

洪秀全、李敬芳等经常在莲花塘李公祠研习《劝世良言》。洪秀全依据中国传统文化和民间信仰，吸取西方基督教独尊上帝的教义及平等思想，创造了一种以崇拜上帝为宗旨、有别于儒佛道等中国传统信仰的新宗教，即只有天父上帝是唯一真神，一切偶像邪神都是以假乱真，人人都该敬拜上帝，摒弃一切邪神；人人都是上帝赤子，应该相友相济，不应互相凌夺斗杀。洪秀全自

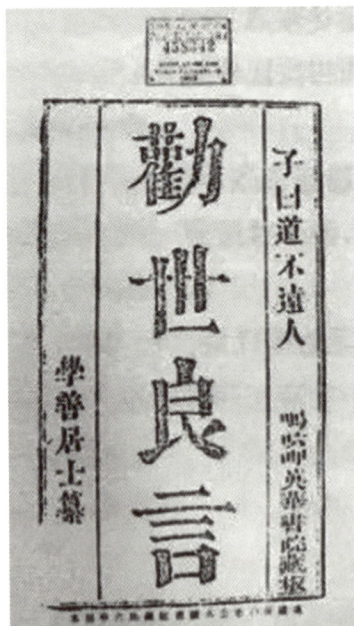

由中国传教士梁发编纂的《劝世良言》布道书

结义创教 （广州花都洪秀全纪念馆，雕塑）

信是上帝次子，他的使命就是传真道以救世人。

洪秀全、李敬芳两人于是自行洗礼，"皈依真教"。冯云山、洪仁玕等人紧接着也皈服信从。在教导人们"黜邪崇正"、信奉上帝、反对偶像、诛灭妖魔中，这几位"皈依真教"的年轻人，遵从新教"独尊上帝"的信仰，撤去了书塾中的孔子牌位及家中门神、灶君诸神像，为此，他们遭到了守旧乡老的群起攻讦，最后"皆失了教席"，丢掉了饭碗，被迫"远适异省"。

2017年1月，该祠旧址作为"拜上帝会旧址"被公布为广州市花都区文物保护单位。

（六）上帝教的初创信徒——干王洪仁玕故居遗址

洪仁玕故居遗址位于今广东广州市花都区秀全街大墈村官禄㙟，与洪秀全故居只隔一条小巷。原为两间小房，当地人称一明一暗。1854年（清咸丰四年），它与洪秀全故居、洪氏宗祠、书房阁等一起，被清军放火烧毁，现遗址上只残存一间宽3米、深5米的房子墙基。该遗址目前已纳入"洪秀全故居"——全国重点文物保护单位的范围。

太平天国干王洪仁玕故居遗址

洪仁玕画像

洪仁玕（1822—1864），小名谦益，号吉甫，汉族客家人。他是洪秀全同高祖之族弟，正如他自己所说，"与老天王原是五服宗港（派），巷里相接，长年交游起居，颇有见闻而知者"①。他自幼诵习经史、天文、历数，聪颖好学。像族兄洪秀全一样，他也是多次参加科举考试而屡试不第，求功名的道路走不通，于是只好在当地充任乡村塾师。1843年（清道光二十三年），洪秀全在莲花塘村塾读《劝世

---

① 《洪仁玕自述》，载中国史学会主编《太平天国》（二），上海人民出版社，1957年版，第847页。

良言》，倡拜上帝，创立新教，并"将书内所言道理一一指示"他[1]，因此，他与冯云山一道，很快就成为"秀全最先感服两密友"之一。入教后，因将私塾中的孔子、文昌牌位及家中所立灶君等"一概除去"，他遭到乡人和亲族的斥责，失去了教席，甚至"被其兄棍殴，撕破衣服，复被逐出家门"[2]。

1844年（清道光二十四年），他应聘前往清远县谷岭村，执教于李氏"秀华家塾"，并在此宣教，"数年内受其洗礼者约五十六人"。1847年（清道光二十七年）春，他与洪秀全曾到广州美国传教士罗孝全的教堂学道，索阅《旧约》《新约》等书，一个多月后，洪因"请求受洗礼"未果而离去，他也返回清远继续教书。之后，他与冯云山编撰了《太平天日》，重点记述金田起义前洪秀全的历史，并对"丁酉异梦"等加以神化，从宗教活动方面为拜上帝会传教纳徒和组织起义制造舆论。

1851年（清咸丰元年）金田起义后，他奉洪秀全之命，携洪、冯两姓族人50余人赴广西。因沿途团兵搜查甚严，路途不畅，故当他们一行到达桂平时，太平军已从江口圩转战武宣。会合未果，他们只得折回广东老家。是年稍晚，他携冯

洪仁玕曾"设馆授徒"的清远县谷岭村

①《洪秀全来历》，载中国史学会主编《太平天国》（二），上海人民出版社，1957年版，第690页。
②洪仁玕述、韩山文著、简又文译：《太平天国起义记》，载中国史学会主编《太平天国》（六），上海人民出版社，1957年版，第850页。

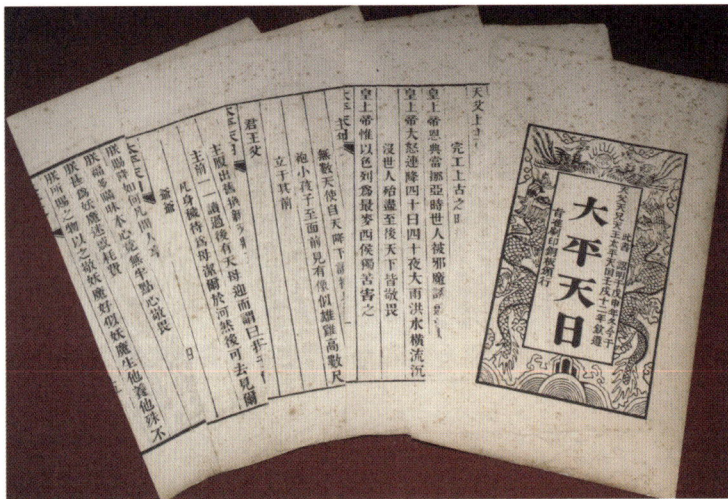

云山子、侄再赴广西，仍被阻断。无功而返回花县后，因"各宪严查"，亲友四散，他被迫移居清远友人处。1852年3月（清咸丰二年二月），他曾参与策划和组织谷岭起义，事情失败后，亡命香港。

　　1858年6月（清咸丰八年五月），得西人资助，洪仁玕再次离港。翌年4月，他辗转到达天京，不久，被太平天国封为"干王"，以军师身份总理朝政。他向天王洪秀全提出的改革内政和建设国家的新方案——《资政新篇》，成为中国第一个发展资本主义的近代化纲领。

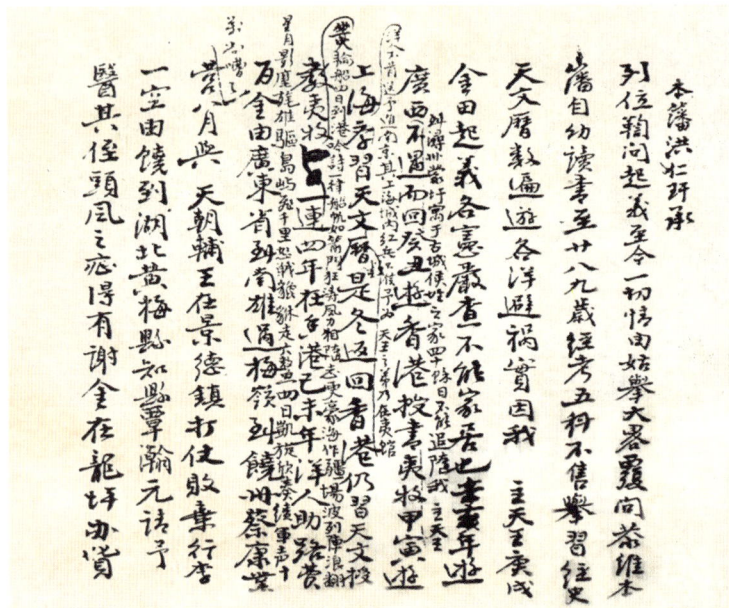

《洪仁玕自述》详述了
其个人的追求及经历

花县官禄㘵三堆石遗址

（七）上帝教众的洗礼地——三堆石、石角潭遗址

三堆石遗址位于于今广东广州市花都区秀全街大㘵村西北约2公里的丫髻岭上。遗址上有3块大小不等的石头，大的5~6立方米，小的约3立方米。该遗址因地处解放军某部的驻军营区范围内，平时多处于禁区封闭式的管理状态，故遗址的保存尚比较完好。

石角潭遗址位于今广东广州市花都区秀全街大㘵村官禄㘵。它是县境内天马河流经禾落地冯云山故居前河湾处的一个水潭，原潭水清如明镜，水深2米多。到1960年代中期，由于人口剧增，城市不断扩容，该水潭已被填平，变成稻作水田。现如今，则只剩下一条小山溪在此地潺潺流过。

1843年（清道光二十三年），洪秀全、李敬芳在莲花塘的汉生李公祠创立"罢黜诸神，独尊上帝"的新教后，冯云山、洪仁玕最先皈依了新教。这几位生活在社会底层、科场失意的年轻人，从"创造世界万事万物的天父上主皇上帝"那里找到了精神的寄托，找到了"升入天堂享永福"的希望。为掩人耳目，他们经常在地形隐蔽、人迹罕至的三堆石聚议密谋，商议敬拜上帝及宣传"上帝真道"的事情。

花县官禄埗石角潭遗址

同时，依据对基督教洗礼的理解和想象，他们一起来到官禄埗附近的石角潭，在此"自行施礼"，一边"对上帝祈祷，许愿不拜事邪神，不行恶事，而恪守天条"；一边往自己头顶浇水，喃喃自语："洗除罪恶，去旧从新。"礼毕，他们便自认为已是基督教徒了，"满心充满快乐"[①]。

洪秀全、冯云山等人皈依新教后，由于独尊上帝，"将偶像扫除，并将塾中孔子牌位弃去"，故遭到了守旧的乡绅村老的反对，结果是"学童惊散，书馆停闭"，他们失去了教席，不得不背井离乡，外出"布道聚众"。几年之后，1848年1月（清道光二十七年十二月），因"毁坛庙神像"的官司，冯云山被捕入桂平监狱，10月获释后回到花县。次年2月，洪秀全再次东下，终于在家乡与冯云山重逢。在花县

[①] 洪仁玕述、韩山文著、简又文译：《太平天国起义记》，载中国史学会主编《太平天国》（六），上海人民出版社，1957年版，第846页。

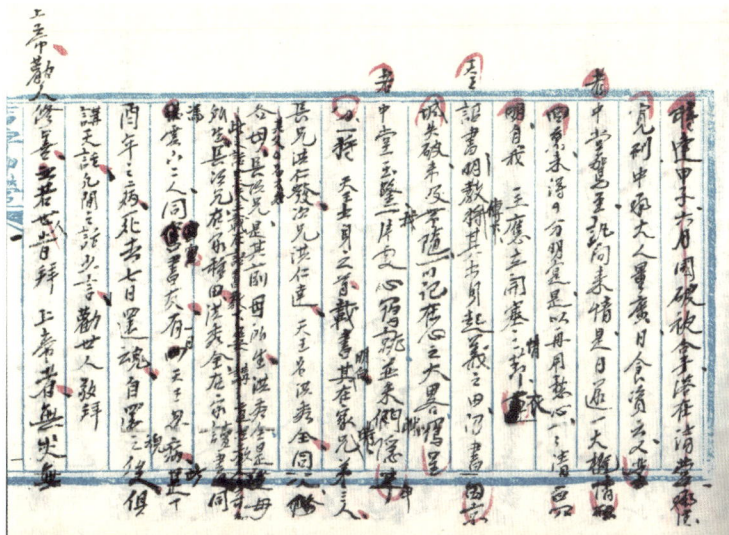

《李秀成自述》中记述洪秀全在家乡"劝世人敬拜上帝，劝人修善……"

洪秀全、冯云山等人经常在三堆石、石角潭等地宣传"上帝真道"（国画）

期间，洪、冯两人又经常在三堆石、石角潭等地相会，洪秀全还"常与其众信徒及友人谈论广西拜上帝会事"，共商结会、起义大计。7月，洪、冯两人再次结伴重返紫荆山，"对众信徒施以严格的规矩"①，拜上帝会由此进入兴盛时期。

---

① 洪仁玕述、韩山文著、简又文译：《太平天国起义记》，载中国史学会主编《太平天国》（六），上海人民出版社，1957年版，第865~867页。

（八）洪秀全"三原"诗文创作屋——袁氏花厅遗址

袁氏花厅遗址位于今广东广州市花都区狮岭镇合成村八坭垅自然村（屯）。花厅原是当地秀才袁提青的房子，因袁氏屋主经常在房屋厅前放置四盆鲜花而得名。从残存的墙基看，该房屋原为三间两廊，泥砖木瓦结构，属于农村较普遍的民宅，并不华丽。因年久失修，原房屋已被完全拆除，原址上现已建起了新的民宅，花厅原貌已不复存在。

花县八坭垅袁氏花厅遗址

20世纪五六十年代，花县文博部门在八坭垅村进行文物普查时，曾从袁氏花厅屋主后人袁社全处征集到洪秀全教书时使用过的筷子筒和学生书桌各一件。筷子筒为陶质，灰白色，方梯形，口宽23厘米，下底为18厘米，高22厘米，筒内分左右两格，下部通花，制作工艺较粗糙。书桌面长90厘米，宽52厘米，高72厘米，双抽屉。四脚触地部分因腐蚀霉烂长短不等，初涂颜色已部分脱落。袁社全的祖父袁提明曾是洪秀全的学生，故这两件重要物品得以保存下来。

为了宣传敬拜上帝，鼓动和收纳信众，1844年4月（清道光二十四年三月），洪秀全带冯云山等人到珠江三角洲及粤北传教，但收效甚微，直至抵达广西贵县

洪秀全使用过的书桌和
筷子筒（广州花都洪
秀全纪念馆收藏）

赐谷村后才总算站稳脚跟。因表兄王盛均家境贫苦，不宜久
留，11月，洪秀全又返回花县老家，重操村塾教业。

从1845年到1846年间，洪秀全曾在八坜坉设塾授徒，此
地距官禄坉约5公里，是其姊洪辛英夫家所在之所。在八坜坉
袁氏花厅，洪秀全招收了20多名学生。他一边"执教鞭为业"，
一边在屋里伏案写作，"发挥宗教真理"[1]。他撰写的布道宣传

---

[1] 洪仁玕述、韩山文著、简又文译：《太平天国起义记》，载中国史学会主编《太平天国》(六)，上海人民出版社，1957年版，第853页。

洪秀全伏案写作（《太平天国通俗画史》插图）

品有50余帙，其中包括了著名的《百正歌》及"三原"诗文。

《百正歌》引证历史典故，劝人崇正辟邪，去恶从善。《原道救世歌》宣传"开辟真神唯上帝"的思想，旗帜鲜明地反对"六不正"，告诫人们切不可行淫乱、忤父母、行杀害、为盗贼、事巫觋、嗜赌博，并强调"天父上帝人人共，天下一家自古传""普天之下皆兄弟""上帝视之皆赤子"，指出"天人一气理无二，何得君王私自专？上帝当拜，人人所同"①。

---

① 《原道救世歌》，载中国史学会主编《太平天国》（一），上海人民出版社，1957年版，第87～88页。

洪秀全撰写的"三原"诗文

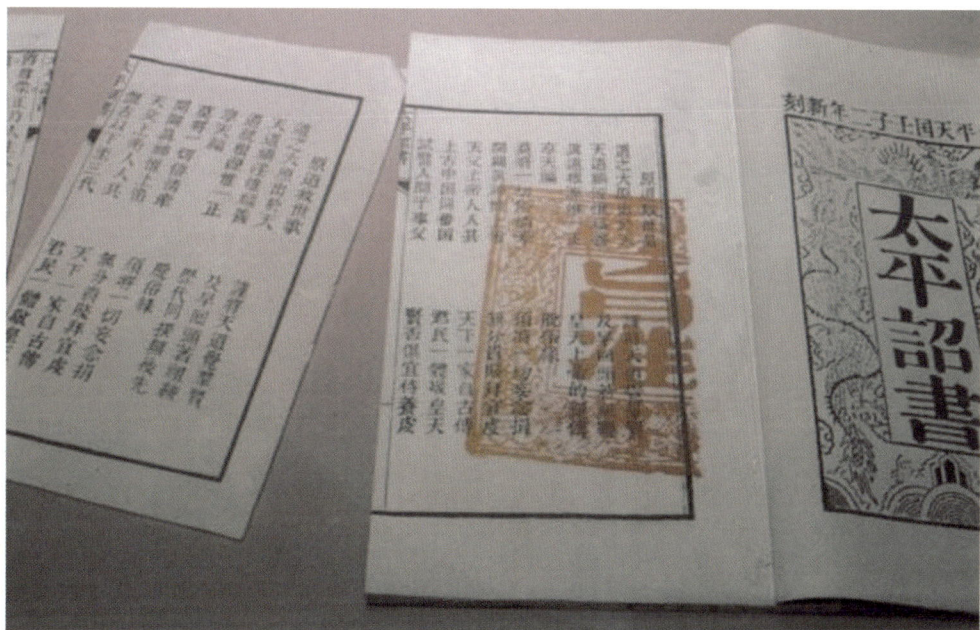

1852年，《原道救世歌》等编入《太平诏书》刊行

《原道醒世训》除了重复上述，还特别鞭斥强犯弱、众暴寡、"尔吞我并"的社会现实，号召兄弟姊妹首先"正己正人"，进而并肩"作中流之砥柱，相与挽已倒之狂澜"，消灭"存此疆彼界""起尔吞我并"之私念，以实现"天下一家，共享太平"①。《原道觉世训》②通过真与伪的论辩，重申"皇上帝乃是真神"，而"阎罗妖"及一切妖徒鬼卒"作怪多变"，都是迷惑"凡间人灵魂"的罪魁祸首，为此，"天下凡间我们兄弟姊妹所当共击灭之惟恐不速者也"，而那些"敢腼然称帝者"，也终将遭"永远地狱之灾"③！

"三原"的这些思想主张糅合基督教义和儒家学说，已超越了单纯劝人去恶从善的宗教劝戒，为后来拜上帝会的发展壮大、金田起义的组织发动，提供了强大的思想武器和舆论工具。

---

①《原道醒世训》，载中国史学会主编《太平天国》（一），上海人民出版社，1957年版，第91~92页。
②有一种观点认为，该书"实际上应写于1847~1848年"。参见王庆成：《论洪秀全的早期思想及其发展》，载《太平天国的历史和思想》，中国人民大学出版社，2010年版，第24页。
③《原道觉世训》，载中国史学会主编《太平天国》（一），上海人民出版社，1957年版，第93~97页。

二　浔州布道

浔州之称始于唐朝，明朝置浔州府。清朝沿袭明制，领有桂平、贵县、平南、武宣4县，总面积约12345平方公里。其地处广西东南部、西江流域中游、浔郁平原中部，北回归线横贯其间，属亚热带季风气候区，温暖湿润，雨量充沛，自然条件优越，物产富饶。

清朝道光、咸丰年间，浔州成为岭南社会矛盾最尖锐、民众抗争最激烈的地区。1844年，洪秀全、冯云山到贵县赐谷村"传布真道"，之后深入桂平金田、紫荆山及平南鹏化山区"招集英雄"，给绝境中的民众带来了安慰和希望，因而成为拜上帝会的大教区，涌现出杨秀清、萧朝贵、韦昌辉、石达开等杰出首领，浔州成为太平天国起义的策源地。

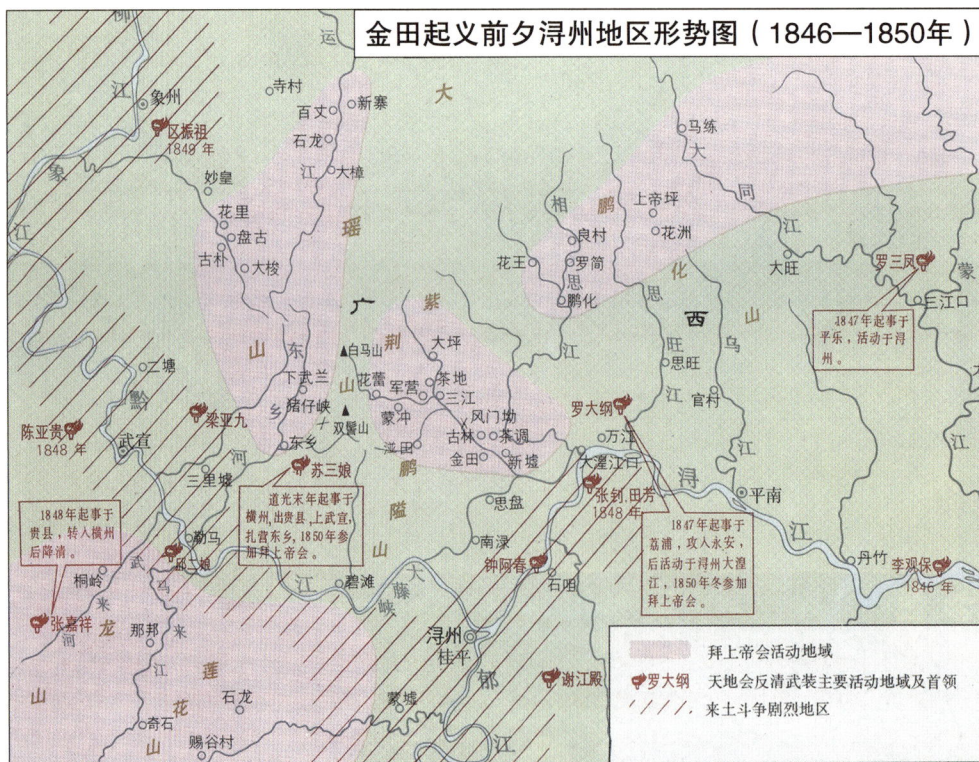

金田起义前夕浔州地区形势图（1846—1850年）

（一）赴广西传教的第一个落脚点——赐谷村遗址

赐谷村遗址位于贵县郭东二里赐谷村，即今广西贵港市港北区庆丰镇新圩村赐谷屯，距市区东北25公里，地处龙山山脉南麓。其虽偏处边远山区，但交通尚称便利，经六乌山口，入则到达龙山盆地腹地，出则直抵桂平石龙圩、白沙圩和蒙圩。那里丘陵起伏，稻田弥望，村庄毗连，汉、壮、瑶民交错杂居，是一个只有几十住户200余人口的小乡村。

赐谷村——洪秀全、冯云山赴桂的第一个落脚点

为了"教导世人"敬拜上帝，鼓动和收纳信众，1844年4月2日（清道光二十四年二月十五日），洪秀全偕冯云山、冯瑞嵩、冯瑞珍，一行4人离开花县，"乃始周游，唤醒英雄"[①]。在奔走了11个州县后，5月8日，洪秀全、冯云山结伴从广东连山上封川，进入广西，经苍梧戎圩、藤县、平南大乌圩而至桂平木乐、蒙圩，然后渡郁江西行，于21日到达贵县赐谷村，住进洪秀全的表兄王盛均家里。因血

[①]《御制千字诏》，载中国史学会主编《太平天国》（二），上海人民出版社，1957年版，第410页。

贵县郭东二里赐谷村

洪秀全表兄王盛均故居遗址

表从故乡远道而来，王盛均及其弟弟盛潮、盛乾、盛坤、盛爵等分外高兴，全家男女老少热情地款待远方亲戚，至此，洪、冯等人历时50天的"出游布道"，才终于有了一个安定的落脚点。三年之后，1847年8月（清道光二十七年七月），洪秀全再度来到赐谷村，仍下榻王盛均家，但并未久留，即前往紫荆山会冯云山。

王盛均一家是于清朝嘉庆末年，从广东嘉应州（今梅州市）迁居贵县赐谷村的，经过30多年的勤俭经营，多少创下了一些家业，虽然家境仍不富裕，但在当地也算是立稳了根基。王盛均的屋宅位于村的南头，房屋泥砖青瓦，厅堂、居室、畜

客家人聚居的下赐谷

圈、院井等一应俱全。屋前是一条清水长流的小溪，周边竹木婆娑，是典型的桂东南农家住宅布局。金田起义后，王宅即被清朝官府捣毁，建筑已荡然无存，迄今仅遗存原房屋大门口的两块门端石，现安放在赐谷小学校园的操场旁。

洪秀全到达赐谷村时，他的堂兄弟仁政、族兄弟仁球已先从花县来到这里。赐谷村分上下两个自然屯，四邻还有长排、河湾、大横、万杨、东碑、罗碑等村屯。下赐谷多是从广东迁来的客家人。由于同为"客人"，观念、语言、生活习性比较融洽，因而洪秀全、冯云山等人"传布真道"就比较方便。他们充分利用天时地利人和的优势，或在私塾里教书，"给大家讲道理，讲拜上帝的好处"；或到田头地边和晒谷场上，为村民教读和治病，排难解纷，趁机"教

王盛均故居的门端石（赐谷小学收藏）

人真心拜上帝有福享,迷信鬼神落地狱"[1]。村民第一次听到拜上帝、守天条的说教,既感到新鲜,也深受浸染或影响,相信"洪、冯二人乃上天特派到此传真理与彼等者"[2]。

相传洪秀全当时曾在长排村庞亚春的家里设私塾,招收了学生二三十人。据当地老人说,用作书房的庞宅为砖木瓦结构,二进五开间,中间为天井,两侧为厢房、廊房。1940年代中期,该房屋遭遇了一场火灾,被焚毁,现仅留下一块书房的门槛石。门槛石呈长条形,长1.56米,宽0.56米,高0.38米,重约100公斤,中间带凹槽,左右两端凿有梅花鹿浮雕。此石曾几经挪移,现安放在赐谷小学校园内。

洪秀全教书房门槛石(赐谷小学收藏)

赐谷村历来是"来土之争"比较突出的村落,"来人"长期遭受当地"土人"的欺压,生活比较清苦,且在租佃、水利、牧场、坟山及风俗习惯等方面与"土人"时常发生冲突或纠纷,为此,洪秀全、冯云山经常出面,仗义执言,或代书诉状,为客家人争取利益。他们还十分关注当地民生,如为改善村民饮水的条件,曾提

---

① 饶任坤、陈仁华编:《太平天国在广西调查资料全编》,广西人民出版社,1989年版,第65~66页。
② 洪仁玕述、韩山文著、简又文译:《太平天国起义记》,载中国史学会主编《太平天国》(六),上海人民出版社,1957年版,第852页。

洪秀全倡建的"天王井"

议并带头在村西边路口挖掘了一口水井，此井以山石砌筑，椭圆形井口，深约2米，宽2.5米，有下井汲水石级。当地群众为纪念洪秀全的善举，将之称为"天王井"。

同时，为调解近邻东碑村卢姓和罗碑村李姓的水利纷争，洪秀全还提议修筑了拦截汶水的河坝——罗坡汶坝。每到枯水期，该坝能有效地调节水源，使下游"卢姓的田有水灌溉"，而上游"李家受淹的田由卢家赔回"[1]，从而既合理排解了两家难缠的水利纠纷，也解决了两村群众的灌溉用水问题。该坝在长期的使用中已

洪秀全提议修筑的罗坡汶坝

---

① 饶任坤、陈仁华编：《太平天国在广西调查资料全编》，广西人民出版社，1989年版，第69页。

蚂蟥冲拜上帝会坪及祭台遗址

"拜上帝会坪"碑

几经修筑，现坝长75米，上宽3米，底宽4.5米。坝的北端有排水沟，沟宽约2米。蓄水面积约1万平方米。

洪秀全、冯云山等人为村民排难解纷的义举，使他们不仅深受村民欢迎和信任，而且增强了村民对皇上帝的信仰，在潜移默化中，信从上帝教的人日渐增多起来。为了便于"传布真道"和收纳信众，洪、冯在村背后约三里的蚂蟥冲专门找了一块开阔的地坪，构筑了一个祭台，以作为信众听"讲道理"和接受洗礼，举办入会宣誓及祭旗仪式的地方，该地故名"拜上帝会坪"。1990年2月，当地政府将之确认为"太平天国天王洪秀全拜上帝会遗址"。

由于因地制宜，亲民亲情，加上洪、冯"口才佳妙，极有感力"，他们的"布道"十分成功，在短短的三个多月时间里，赐谷、长排、河湾、江背、万杨、竹马、大横等村"皈依受洗礼者逾百人"[1]，其中王氏一家数十人都成为上帝教的忠实信徒，

---

[1]洪仁玕述、韩山文著、简又文译:《太平天国起义记》，载中国史学会主编《太平天国》(六)，上海人民出版社，1957年版，第852页。

头面人物更成为金田起义初期的重要领导成员，均被封为"恩赏丞相"。王盛均的儿子为政（正）"信从真道甚笃"，忠心追随洪秀全，立下了显赫功勋，定都天京后任副理机匠，并以"平在山勋旧"之首席而"升封义爵"，后又被褒封为"觐王"。

赐谷村是洪秀全、冯云山赴广西"传布真道"的第一个落脚点，因而也成为拜上帝会在广西的发祥地，故有"太平天国革命起义于金田，实发轫于贵县赐谷村"[①]之说。为了让后人记住洪秀全在赐谷村的活动事迹，1988年，当地政府在赐谷小学操场旁树立了"天王洪秀全革命活动遗址"碑，以志纪念。2017年，该遗址被公布为贵港市港北区文物保护单位。

"天王洪秀全革命活动遗址"碑

①罗甫琼主编：《贵港市志·序二》，广西人民出版社，1993年版，第3页。

（二）上帝教众的首次"诛妖"处——六乌庙遗址

六乌庙遗址位于今广西贵港市港北区庆丰镇都炉村牛蕴屯，庙因地处六乌山口而得名。在1940年代，据当地人说，"庙宇建筑颇崇大，于民国十七年（1928年）毁去，至今墙宇犹存"[①]。1995年，当地壮族同胞在原址重新修建了六乌庙，庙宇背靠海拔549米的六乌山，正当庆丰圩与奇石圩互通公路的六乌山口，交通便利，香火甚盛。

洪秀全"题诗斥毁"之六乌庙遗址

六乌庙素来就是当地壮族同胞信奉的土地神庙，供奉着一对男女偶像，远近膜拜。据传说，男的姓林，原是武乐乡武乐村的失意秀才，女的姓覃，是庆丰乡覃坤村的歌女，两人在六乌山相会，和歌七天七夜，双双"合欢而死"并得道成仙。于是，乡人为之立庙供奉，把他们视作能主宰人间祸福的神灵，尊之为"六乌娘""神婆"。当地壮家人对其十分敬畏，逢年过节，乡民都敬备香烛牲馔，虔诚祭祀，纵情和歌；如遇水旱灾荒，则必具牲醴祭拜，祈求保佑。

洪秀全在赐谷村一带传教时，在与老百姓的接触中闻知此事，慨然叹曰："有是哉，何凡间人愚且甚！他淫奔苟合，天所必诛，而得道，且问得何道乎?"于是便率一干人等赶到六乌庙前，题诗一首，斥责庙内供奉的是"妖魔"，诗曰：

---

① 饶任坤、陈仁华编:《太平天国在广西调查资料全编》，广西人民出版社，1989年版，第64页。

举笔题诗斥六窠，该诛该灭两妖魔！

满山人类归禽类，到处男歌和女歌。

坏道竟然传得道，龟婆无怪作家婆，

一朝霹雳遭雷打，天不容时可若何！ ①

题罢，以笔猛戳六乌神，大喊一声"斩妖"！早被白蚁蛀空的偶像应声倒下，"粉身碎骨"。事后，洪秀全"一笔点破六乌神"的消息不胫而走，迅速传遍龙山地区，洪秀全的名声越传越远，皇上帝的威权也更加令人信服了！

1995年重建的六乌庙及奉祀的姑婆、林公偶像

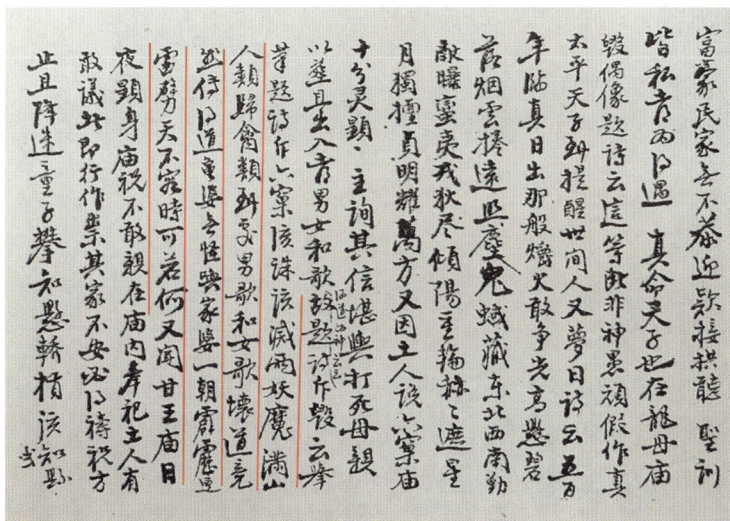

《洪仁玕自述》记述洪秀全题诗斥庙事

①《太平天日》，载《太平天国印书》上册，江苏人民出版社，1979年版，第44页。

今贵港市武乐乡武乐村的六乌庙

汉族客家人祭祀的"长安总社"

　　六乌庙是龙山地区壮族民间信仰的圣地，六乌神的"游驾"、和歌等仪式活动都带着浓厚的壮族特色，参与者也只讲壮话和白话，那些"讲涯"的汉族客家人遭到排斥。与壮人祭祀六乌庙相对峙，当地10多个村庄讲客家话的汉人，也有自己的信仰中心——长安总社，至今仍保留着定期社公安龙打醮的传统仪式。

　　洪秀全首次题诗斥庙，斥责六乌神"淫奔苟合""禽兽不

正当贵县庆丰圩与奇石圩之间的六乌山口

如"，可谓一箭双雕：一方面，它斥打"壮人庙"，把壮人心目中的偶像指为妖魔，这为在"来土争斗"中处于弱势的汉族客家人出了一口怨气，从而极大地争取了同一阵营的客属群体的人心；另一方面，它把当地颇有影响的土神捣毁，把老百姓畏忌且奉若神明的偶像打倒，更为当地民众敬拜"唯一真神皇上帝"清除了思想障碍，腾出了"传布真道"的精神空间。

斥六乌庙是"洪冯入桂第一次破除迷信之举"[1]，由此，"洪先生"的名声越来越大，当地的许多客家人纷纷接受洗礼，皈依新教，六乌山北麓奇石乡的石达开更是举族入教，从而使龙山地区信众的数量剧增，很快成为金田起义前夕拜上帝会的"五个斗争基地"[2]之一。

---

① 简又文：《金田之游及其他》，商务印书馆，1946年版，第21页。
② 拜上帝会的"五个斗争基地"：一、桂平（含武宣和象州）；二、贵县；三、平南（含藤县）；四、陆川（含博白和广东石城、化州）；五、广东信宜。参见钟文典：《太平天国开国史》，广西人民出版社，1992年版，第100～109页。

（三）年轻英俊的"相公"——翼王石达开故居遗址

石达开故居遗址位于贵县北山下里那帮村，即今广西贵港市港北区奇石乡达开村那帮屯，距市区东北约50公里。其先祖原居广东省和平县，到高曾祖父辈时落籍广西桂平县白沙乡间，后又迁居贵县北山里那良村。在石达开童年时，全家再从那良村搬到那帮村。经过苦心经营，"世业农"的石家"渐渐变得富有起来"，父母遂在那里用泥砖建造了一栋一厅两房的新居。

太平天国翼王石达开故居遗址

金田起义之后，传说是"六届村周姓地主来烧了他的房子"[1]。石家屋宅虽被焚毁，但据民国《贵县志》所载，"山下遗址尚存"。1933年，贵县修志局局长龚政曾专程前往那帮村寻访，在遗址的断垣残壁中，"得门石二，甚巨，及圆础石一"[2]。至1950年代，遗址的庭阶堂廊仍隐约可辨。1958年，因在黔江支流马来水下游截水筑坝，兴修灌溉面积22万亩（一亩约为667平方米，下同）的大型水利工程"达开水库"，遗址被库区蓄水淹没。龚政当年立于遗址的两块纪念碑石——"石翼王

---

[1] 饶任坤、陈仁华：《太平天国在广西调查资料全编》，广西人民出版社，1989年版，第71页。
[2] 龚政：《访翼王石达开故居记》，载1934年《贵县志》卷十三，《古迹·附名胜》。

原立于遗址旁的"石翼王之故居""汉族辉光"纪念碑石

之故居""汉族辉光",被移到了岸边地势较高的一座小岛——武功山上,以供后人寄思凭吊。2017年9月,遗址被公布为贵港市港北区文物保护单位。

石达开的曾祖母黄氏葬于六合村东北面的石马山上。1840年（清道光二十年）冬,石氏后人为之立碑祭祀。坟墓在金田起义后已被贵县县令张汝瀛差人损毁,"发（挖）石达开祖墓,碎骨扬灰"①。1933年8月,龚政等在寻访石达开故居时发现了墓碑,并在今贵港市区东湖之西南岸边建立石座安放。石座高3米多,状如经幢,上嵌石达开曾祖母墓碑及原石柱残字一方,并镌刻胡汉民诗、龚政《访翼王石达开故居记》《访游翼王祖墓记》、梁岵庐《翼王故宅歌》及□书题字等。墓碑

---

①1934年《贵县志》卷十六,《人物·列传·太平天国先烈》。

石达开曾祖母墓葬地——石马山远眺

石达开曾祖母墓碑石座、拓本及原石柱残字（左下）

文为"道光二十年孟冬月穀旦日立　十三世　清显妣谥慈俭石门黄氏老孺人之佳城"等字样。在立碑人落款中，有曾孙16人，石达开排在第15位。祖墓前原立有一对石柱，上刻一副对联："祖感龙灵垂泽渥，孙蒙山毓茁枝荣。"墓被损毁后仅遗存一截石柱，"此残柱三字乃下联也"[①]。

石达开画像

石达开（1831—1863），小名亚达，出身于一个比较富裕的农民家庭，汉族客家人。父亲昌辉与母亲周氏"均已早故"，他并无兄弟，只有一姊二妹。因"自幼读书未成"，他10岁就开始操持家务，为生计奔波劳碌，除"耕种为业"[②]，还兼做一些如贩卖牛、鸡、油盐、木炭等生活必需品及烧窑等小本生意。生活的历练使他较为成熟，"年十二，凛然如成人"。虽已跻身"富厚之家"，并被人称呼为"石相公"，但他有抱负，有胆识，方志说他"自雄其才，慷慨有经略四方志，读书家塾，喜孙子兵法"[③]。同时，他性情豪爽，仗义疏财，乐善好施。1840年（清道光二十年）春，地方倡议"鼎建"义渡，他慷慨解囊，捐钱一千文，此善举被"勒碑刻石"，载入《鼎建渡船碑记》中。

该碑原立于奇石乡福罗村边，修建水库时曾被挪作他用，1979年冬，在福田、六马两村重被发现，现已搬移并立于贵港市区东湖公园翼王亭旁。石碑共3块，每块高116厘米，宽66厘米，用同样方整的石块刻成，简朴无纹饰，碑身尚完好。

---

①1934年《贵县志》卷十四，《金石·翼王石达开祖墓石柱残字》。
②《石达开自述》，载中国史学会主编《太平天国》（二），上海人民出版社，1957年版，第780页。
③1934年《贵县志》卷十六，《人物·列传·太平天国先烈》。

石达开故居已被"达开水库"蓄水淹没

碑文用楷书镌刻，有部分被磨损，以第三块尤为严重。碑名"鼎建渡船碑记"，每字高约10厘米，分刻在3块碑上（每块2字）。在第一块碑中，"鼎建"两个大字刻于上端，右方的7行小楷为"筹建缘起"，约280字，无标题，亦不署名。捐款名单标有"总理缘""主缘""化缘"字样，属组织者之"职衔"，捐钱分5行排题名，现存可见者有47人，其中第二排第21位为"石达开"，旁有"捐钱一千"字样。

石达开是最早接触上帝教的人之一。龙山那帮村离赐谷村不远，1844年（清道光二十四年）夏天，洪秀全、冯云山在赐谷村"时写劝人拜天父上主皇上帝诏传送人"，据民间传说，此时年少的石达开在与洪、冯的接触中，已得到了赠书，并开始日夜沉迷于"天书"中。1847年8月（清道光二十七年七月），

《鼎建渡船碑记》碑墙

洪秀全第二次赴桂，在到达赐谷村后，因"久闻其大名，且才财两富，特亲往说服之"[1]。在洪秀全的"造庐敦请"下，石达开"遂信而惑焉，愿以家资从事"[2]，加入了上帝教，与洪、杨同谋反清大业，并很快成为重要骨干。天朝后来编修的官方史书，"内有访石相公一段，叙事如闲书"[3]，可见此事在太平军中早已传为美谈。

矗立于今贵港市城区东湖湖心岛之翼王石达开铜像

皈依新教后，石达开经常在那帮村与紫荆山之间"往还无间"，并充分利用龙山地区的天时地利人和，"潜处密谋"，积极发展会众。在他的组织和带动下，同族兄弟石祥祯、石镇仑、石凤魁、石镇吉等全部皈依了上帝教，"龙山矿徒多附之，

---

① 简又文：《太平天国全史》（上册），简氏猛进书屋，1962年版，第139页。
② 谢介鹤：《金陵癸申纪事略》，载中国史学会主编《太平天国》（二），上海人民出版社，1957年版，第670页。
③ 张汝南：《金陵省难纪略》，载中国史学会主编《太平天国》（四），上海人民出版社，1957年版，第719页。

贵县北山下里那帮村

石达开在那帮村背建立
的练武场遗址

其党寖盛"[1]，信众有1000多人。由此，那帮村很快就成为拜上帝会的一个重要活动据点，迄今留下了练武场、古榄山冲跑马场、朝拜坪、朝拜山等众多遗迹。

石达开是被洪秀全、冯云山"诱其入伙"的年轻信徒。通过冯云山，他14岁接触上帝教；1847年（清道光二十七年）洪秀全"访石相公"后，16岁的他成为拜

---

[1] 1934年《贵县志》卷十六，《人物·列传·太平天国先烈》。

最年轻英俊的将领（《太平天国通俗画史》插图）

上帝会的重要骨干，与杨秀清、萧朝贵、韦昌辉齐名；1850年7月（清道光三十年六月），团营令发布后，他"遄回奇石号召徒众千余人赴之"；翌年初，20岁的他又参与领导金田起义，并担当前锋主将，冲锋陷阵，成为一名"文武备足"的杰出将领，并在永安被褒封为"翼王"。据清方描述，他"身材长大，黑面高颧，微髭多发"[①]，两眼炯炯有神，志书也说他"姿貌魁秀"[②]，因此可以说，他是太平天国核心领导中最年青英俊的首领。

为表彰石达开为桑梓增光之功绩，并借此唤起国人抗日救亡的民族意识，1934年，广西军政首脑李宗仁、白崇禧等发起创建了"先烈石达开纪念碑"和"翼王亭"。碑、亭均立于今贵港市区东湖之西南岸畔，碑是一座在六角形平面台基上砌筑的截面为正方形的砖混石结构建筑物，上为绿琉璃瓦面的攒尖顶。碑高6.67米，碑座、碑身的四面壁上嵌有李宗仁、欧仰羲、龚政等名流的题刻，其中朝东碑额"先烈石达开纪念碑"由李宗仁书丹，在碑座的下方，有居正题诗及修建翼王纪念建筑缘起序文。"文革"期间，所有碑刻全被凿毁，无法辨认，幸方志尚存文本。

"翼王亭"系仿古八角亭，砖木结构，重檐歇山顶，碧琉璃瓦屋面建筑，古朴典雅。亭高9.75米，宽12米，边长1.73米。亭内施天蓝花板，8根红色圆柱坐落在鼓形石础上。朝东匾额"翼王亭"三字为时任广西省主席黄旭初题写，亭内悬挂李宗仁的

先烈石达开纪念碑

---

① 张德坚：《贼情汇纂》，载中国史学会主编《太平天国》（三），上海人民出版社，1957年版，第48页。
② 1934年《贵县志》卷十六，《人物·列传·太平天国先烈》。

1934年修建的翼王亭

题匾："还我河山"。亭的正面柱上有于右任书联："田畴历史卢龙塞，锦里馨香丞相祠"；背面柱子楹联则为白崇禧题书："忍令上国衣冠沦于夷狄，相率中原豪杰还我河山"。白崇禧还亲临现场，为该亭写下400多字的《翼王亭记》，对太平天国运动给予了高度评价。

翼王亭、纪念碑、渡船碑、祖墓碑相互辉映，使贵港市东湖之滨成为太平天国翼王石达开纪念物的荟萃之地。2007年10月，"一亭三碑"被公布为贵港市文物保护单位。

翼王亭的横额及白崇禧书联

（四）冯云山传教之栖身地——古林社"牛棚"旧址

冯云山在古林社的住址，即俗称的"牛棚"，坐落于今广西桂平市金田镇茶林村上古林屯。其在曾家大屋的西南角，离大门口约20米，原建筑依围墙而建，平面呈长方形，坐南向北，一进六开间，总面阔约18米，进深约3米，建筑占地面积约54平方米。它以河石砌房基，用泥砖筑底墙，将黄泥拌沙石舂上墙。砖木结构，单坡悬山顶，小青瓦屋面。后历经维修，现"牛棚"平房为双坡悬山顶，进深增至5米，建筑面积增至90平方米。

冯云山的栖身地——古林社"牛棚"旧址

洪秀全、冯云山在贵县赐谷村一带"传布真道"，传教虽然颇有成效，但因洪秀全斥打六乌庙招惹了麻烦，加之表兄王盛均的家境并不宽裕，难以支撑洪、冯等人的长期居留。1844年9月（清道光二十四年八月），"专心致志于传教事业"的冯云山，不得不离开赐谷村，前往桂平县城。

冯云山在浔州府城里居住了近两个月，在与穷朋友张永绣的交谈中，他了解和掌握了北区——金田和紫荆山地区的一些情况，知道那正是自己一直梦寐以求的"山多人野，最好招集英雄，买马聚粮"[①]的地方。为了实现"传布真道，唤醒英雄"的初心，11月，他与相识的佣工数人，跨黔江，渡思盘河，进入宣二里（今金田镇），"初到新圩，在牛行社摆人行，等人来雇，混口饭吃"[②]。后又在古林社、茶调村一

[①]《粤匪起事根由》，载北京大学文科研究所、北京图书馆编《太平天国史料》（第四部分），开明书店，1950年版，第457页。

[②]饶任坤、陈仁华编：《太平天国在广西调查资料全编》，广西人民出版社，1989年版，第93页。

桂平宣二里古林社村

带以拾畜粪、挑肩担、做苦工为生，后受雇于当地富户曾槐英，在曾家干些挑水、看牛和砍柴的杂活。

曾家先辈系从广东惠州府归善县搬迁过来的汉族客家人，经过几代人的劳作经营，购置了不少田地，到槐英这一代，已是"大耕大作"的有钱人家了。曾家拥有田地100多亩，主要靠雇工耕种。此外，曾家还开设有榨油、蒸酒和豆腐等作坊，也是靠雇工劳作。曾家大屋坐落在村的西头，占地面积约10亩，十分宽绰，但经历了一个半世纪的岁月沧桑，大多数房屋早已破落不堪。到1970年代，曾氏后人又重新修建了"曾家祠堂"，该祠堂目前是曾氏宗亲"崇宗祀祖"的重要场所。

"牛棚"原有半边小楼，楼上是榨油、蒸酒、做豆腐等10多位雇工的住所，楼下是拴放耕牛、堆放杂物的地方。"牛棚"低矮狭窄、阴暗污浊、臭气熏天，但冯云山却处之泰然，他白天干活，晚上就住宿在"牛棚"里，一直住到1845年春前往紫荆山大冲曾家私塾教书。

古林社正处紫荆山口，以村中有古榕（林）、社坛而得名，原是一个只有十几户人家的小村庄，是进入紫荆山，西上武宣、象州，东出新圩、江口的必经之地。离曾家东边百多米，有三棵大榕树，树下立有社坛，每天往返新圩和紫荆山的行人多在此歇脚。冯云山"在古林社虽穷同叫化子一样"[1]，但每有空闲，就到榕树下、社坛旁，和过往的行人攀谈，并趁机讲"道理"。

---

[1] 罗尔纲：《金田采访记》，载《太平天国史迹调查集》，生活·读书·新知三联书店，1958年版，第322页。

1970年代重修的曾家祠堂

重修前的"牛棚"原貌

　　他以古林社为据点，在附近一带走家串户，深入贫苦百姓中间，"宣传新教，诫其勿事偶象，独拜真神上帝，信仰耶稣藉得天堂永久快乐"。他谆谆宣教，短短几个月就初见成效，"听而倾心皈服者约有工人十名"[1]。下古林茶调屯的曾天养，虽然已年近半百，但听冯云山讲"道理"后即率先入教。他不仅动员全家男女老少皈依新教，而且还先后引领400多名乡亲同拜上帝，加入拜上帝会。

冯云山在古林社等地"传徒习教，煽动浔之乡人"[2]，为拜上帝会在金田—紫荆山地区的发展打下了坚实的组织基础。1981年3月，该旧址被公布为桂平市文物保护单位。

古林社村口的大榕树及社坛

冯云山在榕树下社坛旁讲"道理"（国画）

[1] 洪仁玕述、韩山文著、简又文译：《太平天国起义记》，载中国史学会主编《太平天国》（六），上海人民出版社，1957年版，第852页。
[2] 王拯：《复前教授唐先生书》，载太平天国历史博物馆编《太平天国史料丛编简辑》（第六册），中华书局，1963年版，第9页。

太平天国北王韦昌辉故居（2016年重建）

（五）拜上帝会总部及打造武器处——北王韦昌辉故居

　　韦昌辉故居，或韦氏宗祠遗址，位于今广西桂平市金田镇金田村内。始建于清朝道光初年，根据后来发掘及口碑，"屋宅约有三十余间，建筑面积六百四十平方米左右"[①]，颇具当地殷实人家的宅院气派。金田起义后，房屋被清军焚毁，"已成为荒芜的瓦砾场"。1986年，当地政府在原址上重建的故居，是一座占地面积800余平方米的砖木结构建筑，长方形，二进三开间，左右各有一座五开间横廊，中间为天井，硬山顶，小青瓦屋面，但该房屋后又被拆除。现故居是参照当地客家围屋建筑风格于2016年重新设计并修建的。

[①]桂平县历史学会：《有关金田起义的一些调查资料》，载广西太平天国史研究会编《太平天国史研究文选》，广西人民出版社，1981年版，第297页。

新建的故居略呈长方形，总占地面积约4956平方米，除了房屋，屋前面还有一口养鹅的月池。房屋坐西南朝东北，为二进五开间两连廊的四合院落，左右厢房，中间是天井，总面宽约22米，进深约27米，建筑占地面积397平方米，悬山顶，小青瓦屋面，青（泥）砖木结构。

重建的故居中堂、正房及天井

2016年重建的韦昌辉故居鸟瞰

故居原是韦昌辉及其家人生活起居的住所。在重建的故居内，现开设了"韦昌辉生平陈列展"，以大量的实物、图片及文字，简明地介绍了房屋主人韦昌辉跌宕起伏的一生——在团营起义中毁家纾难、举族从征，成为太平天国的开国元勋。

韦昌辉铜像（金田村"韦昌辉故居"塑造）

韦昌辉（1824—1856），原名志正，又名正。祖籍广东广州府，几经迁徙，大约在明末清初，其先祖从平南移居金田。到父亲元玠时，韦家已是当地的"富厚之家"，但由于不是书香门第、官宦世家，加上是外来的汉族客家人，故常遭受当地人排挤，受到当地土豪劣绅欺凌，日子过得十分的憋屈。为了提高身份、炫耀门第，父亲曾为昌辉入粟捐纳"监生"的功名，并在大门口上悬挂"登仕郎"匾额，不料此举却遭人诬告"僭妄"，被官府抓人勒赎，最后交了白银300两，韦家才总算得以脱身。

韦昌辉故居遗址

在韦氏宗祠动员会众（《太平天国通俗画史》插图）

1848年9月（清道光二十八年八月），冯云山从押解回籍途中折返紫荆山，在路经金田村时，借宿韦家，"日悻悻，欲寻仇"[1]的韦昌辉在冯的游说下，毅然加入了拜上帝会，并"不惮劳瘁，尽心竭虑"，积极协助洪秀全、冯云山等人开展传教和组织信众的工作。1850年（清道光三十年）春，拜上帝会总部由紫荆山高坑冲卢六家迁到了金田村韦家，由此，韦氏宗祠不仅成为动员会众、谋划反清的主要活动场所，成为金田团营的指挥部，而且成为洪秀全宣布金田起义的圣地。

韦昌辉"因认实天父天兄，不惜家产，恭膺帝命，同扶真主"[2]，全力资助拜上帝会，并带领家族数百人附义，参加太平军，因而成为金田起义的核心领导人之一。1851年（清咸丰元年）底，在永安被褒封为"北王"。1936年春，乡人为缅怀其为桑梓增光之功绩，将村后的北帝庙改建为"昌辉祠"。根据简又文先生的采访，祠内奉祀一尊神像，"神像为木质韦昌辉像，白面长须，穿古式武装，颇有威风凛凛之概。其右供一高逾二尺之木主，题曰：'太平天国敕封北王韦公昌辉神主'。两旁衬以联云：'金田起义倾清室，天国告成列北王'"[3]。

原昌辉祠在1950

清光绪年间绘制的《金田结党谋叛图》

---

[1] 清光绪二十年《浔州府志》卷五十六，《纪事》。
[2] 《天情道理书》，载中国史学会主编《太平天国》（一），上海人民出版社，1957年版，第372页。
[3] 简又文：《金田之游及其他》，商务印书馆，1946年版，第39~42页。

年代已经塌毁，1980年代初，当地人在犀牛岭东麓重建祠堂，为花岗岩石砌墙，双坡悬山琉璃瓦项，建筑占地面积54平方米。现祠内除供奉北王韦昌辉，还供奉中国道教的真武大帝——北帝，可以说，该祠既是昌辉祠，也是北帝庙，是北王与北帝同享祭祀。

重建的昌辉祠及奉祀的北王、北帝偶像

　　金田起义前夕，为给会众提供反清起义的武器装备，韦昌辉曾慷慨捐出家财，并在家中开设高炉，秘密打造武器。根据当地村民的口碑，"拜上帝会会员，在韦昌辉家横屋开十二座铁炉，日夜铸造武器，并把打好的大刀、长矛，秘密收藏在营盘脚下的犀牛潭里，供起义用"[①]。为了掩人耳目，在屋前的月池里还养了一群鹅，借其"叽嘎"的叫声，掩盖打制武器时发出的"叮当"声。

　　1973年10月，广西文物考古工作队曾会同桂平县文博部门，对韦昌辉故居旧址进行了考古发掘。在长约70米、宽约50米的挖掘坑内，考古队员发现了韦家用鹅卵石砌成的横屋基脚、天井、排水沟和排水口，同时出土了不少打铁用的木炭、铁渣、炉底结渣块和一支严重锈蚀的铁矛残件，由此证实，这里曾是当年会众开

---

① 桂平县历史学会：《有关金田起义的一些调查资料》，载广西太平天国史研究会编《太平天国史研究文选》，广西人民出版社，1981年版，第296页。

炉铸造武器的地方。出土文物中有相当数量的青花瓷的碗、碟、杯等物品碎片，还有一个墨砚。

1981年3月，韦昌辉故居及打造武器处遗址被公布为桂平市重点文物保护单位。

开炉铸造武器（桂平市金田起义博物馆，雕塑）

打造武器处遗址及出土的文物（右图上起）：锈蚀的矛头、冬青釉碗、墨砚以及铁渣、炉底结渣（桂平市博物馆收藏）

（六）龙山银矿工人的首领——燕王秦日纲故里

秦日纲故里位于今广西桂平市厚禄乡莲祝村竹多塘屯（村）。竹多塘距白沙圩西北约6公里，清朝时归属白沙，原是一个方圆三四里的小村庄，村中有江家大屋和朱屋、李屋，总共只有几十户人家。根据口碑资料，"竹多塘有江、朱、李、秦四姓，江、朱两姓各有二三十人，李姓十多人，秦姓仅数人。全村都讲客话，秦姓也是讲客话的。四姓中以秦姓最穷（先则'在家与人做工'，后则'往北山里充矿工'）"[①]。

太平天国燕王秦日纲故里——竹多塘屯

经过近200年的沧桑岁月，秦日纲故居的遗址迄今已无法确认，甚至"白沙附近现在没有秦姓了"。但是，在今竹多塘屯江姓屋前左侧约200米的坡地上，却有一座1833年（清道光十三年）建"三呼社"时遗留至今的石香炉。该香炉用石灰石凿成，外形呈四方形，长0.45米，宽0.2米，高0.56米，背面左侧炉足已断，炉身四面刻满为建社坛而捐款的信众姓名。从残存的名单中，秦姓"日"字辈有秦日□，其为"首事"之一，地位比较高；"子"字辈有秦子孜、秦子以、秦子和、秦子凤、秦子志。

中国是一个宗族社会，过去大多数家族（尤其是汉族）都有排行字辈的传统，即用姓名中间的一字来表明在本系家族中的辈分，同宗的人据此来确认长幼亲疏，寻宗觅祖。排字辈的传统为考察历史人物提供了线索。根据石香炉出现的秦姓名

[①] 饶任坤、陈仁华编：《太平天国在广西调查资料全编》，广西人民出版社，1989年版，第83页。

竹多塘村的"三呼社"

单,查考《幼主诏书》等太平天国官书,在受封的秦姓7人中,均为"日"字辈和"子"字辈,其中封"秦子以为天朝九门御林开朝王宗竿天义"①,与香炉残存名单完全吻合。通过石香炉和史籍的名单可以印证,在清朝道光年间,竹多塘村确有秦姓,且多为"日""子"字辈,秦日纲为"日"字辈,系该村人氏基本可以确认,故李秀成在《自述》中,曾说"天官丞相秦日昌(纲)亦是桂平白沙人氏,在家与人做工,并无才情,忠勇信义可有,故天王重信"②,这绝非毫无根据的猜测。

"三呼社"的石香炉

---

① 《封杨庆善等爵诏》,载太平天国历史博物馆编《太平天国文书汇编》,中华书局,1979年版,第72页。
② 《李秀成自述》,载中国史学会主编《太平天国》(二),上海人民出版社,1957年版,第788页。

《李秀成自述》中说："天官丞相秦日昌（纲）亦是桂平白沙人氏。"

桂平白沙竹多塘村遗址

秦日纲画像

秦日纲（1821—1856），本名日昌，因避"韦昌辉"讳而改名。他出生于贫苦的雇工之家，早年曾以当佣工、打豆腐为生。他体魄强健，性情刚猛，曾从师习武，学得一身武艺。虽识字不多，无才情，但为人忠勇，讲信义，故得乡里钦重。有记载说他"精技击，初为贵县游勇，因事被革，往北山里充矿工"①。北山里即龙山，位于贵县县城西北，界连武宣、桂平，主峰大平天山海拔1157.8米。其地群山环绕，峰峦起伏，似巨龙腾跃。清初顾祖禹在《读史方舆纪要》中说其"山势险峻，绵亘深远"。龙山盛产矿藏，其中银矿"为全国巨擘，开采最早，名亦最著"，在清道光年间，矿区曾聚集着几千矿工，统治者称它"素为盗薮"。

1844年5月（清道光二十四年四月），洪秀全、冯云山在驻扎龙山山区六乌山麓的赐谷村后，因路途较近，他们曾多次深入矿区传教，《贵县志》记载："洪秀全、冯云山潜入平天山（即龙山），暗结矿工，密图革命。"②"逆匪冯云山遂由大圩入北山里龙山中，潜到开矿之处，纠串匪徒拜会。"③洪、冯在矿区除了宣传新教教义，还以"有饭大家吃，有福大家享"来做发动工作。龙山矿工大都是当地的"土民"和各地游民（大都是客家人），他们生活在社会的最底层，从事着最粗重的体力劳动，新教使他们在绝境中有了盼头，故"多附之"。矿工秦日纲皈依后，还积极协助洪、冯"传布真道"，收纳信众。他因憨厚耿直，"忠勇信义"，深得矿工拥戴，逐渐成为矿工首领。同时，在他的带动下，他的几个兄弟也参加了拜上帝会，为太平天国效命，后来均被天朝授爵封王，日庆封庆王、日来封贺王、日南封畏王、日源封报王，可谓一门忠烈。

1850年7月（清道光三十年六月），在拜上帝会发布总团营令后，秦日纲曾和洪秀全的众多家人，来到白沙圩附近的旧合村，接受萧朝贵的超升"灵魂上天堂"仪式，并听取天兄"总要灵变，一心扶尔哥子（指洪秀全）"的圣旨。8月下旬，萧朝贵又先后两次在"祝多堂"（竹多塘）伪托"天兄劳心下凡"④，发布圣旨。随后，

---

① 赖彦于主编：《广西一览》，南宁广西印刷厂印行，1935年版，第153页。
② 1934年《贵县志》卷十一，《实业》。
③ 清光绪十九年《贵县志》卷六，《纪事》。
④ 王庆成编注：《天父天兄圣旨》，辽宁人民出版社，1986年版，第52、56页。

"山势险峻，绵亘深远"的北山（龙山）

贵县龙山矿区当年挖矿遗留的矿洞

秦日纲率领龙山的千余矿工，以及在"被外贼侵害之事"[①]中作战获胜的白沙会众，加入石达开的附义之师，同赴金田团营，所部因"善于训练，尽娴技击"，故"战无不胜"[②]。

《贵县银矿说》云："洪逆倡乱金田，实与此辈阴相勾结……银矿不开，则匪徒不聚，匪徒不聚，则洪逆之乱无助，不难一鼓歼除。"龙山矿工是太平军中的一支劲旅，在团营起义中曾起到十分重要的作用，故有"太平军穴隧轰城，实得其力"[③]之说，而秦日纲也因此成为"知道天王欲立江山之事"[④]的六人之一，成为金田起义的重要首领。永安封王时，秦日纲被封"天官正丞相"，官位仅在五王之下，居群僚之首。1854年（清咸丰四年），秦日纲被褒封为"燕王"，是太平天国前期八王之一，天朝的第七号人物。

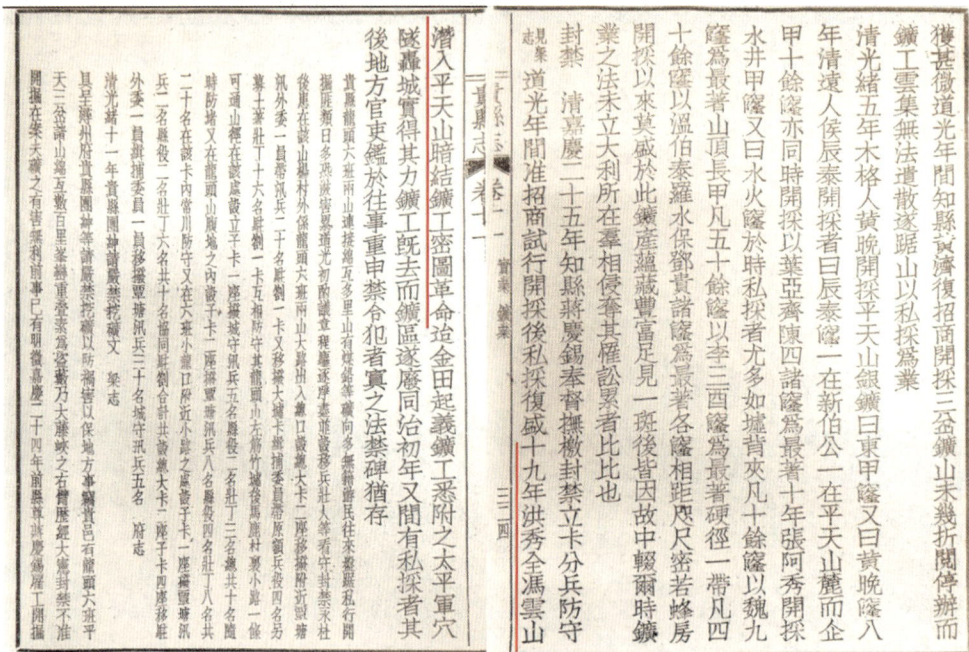

民国《贵县志》中关于洪秀全、冯云山在矿区"暗结矿工，密图革命"之记载

---

①1850年9月中旬，在桂平县厚禄里发生的岭尾圩团练勒索银钱，强行闯入白沙圩林凤祥家抢夺耕牛，并与会众发生武装冲突的事件。

②《太平天国与广西》，载《广西一览》，南宁广西印刷厂印行，1935年版，第154页。

③清光绪十九年《贵县志》卷一，《纪地》。

④《李秀成自述》，载中国史学会主编《太平天国》（二），上海人民出版社，1957年版，第788页。

（七）太平天国北伐军主帅——求王林凤祥故居遗址

林凤祥故居遗址位于今广西桂平市南木镇和社村大庙角屯。其坐东朝西，原是一排三开间的泥墙瓦木结构平房，呈长方形，总面宽23米，进深16米，建筑占地面积368平方米。为双坡悬山顶小青瓦屋面，基脚以风化石垫底，上覆河卵石，墙壁均用灰沙泥土舂砌，故又被称为"舂屋"。房屋有围墙、天井，南面开有一个小侧门，西南边是一口面积约1.6万平方米的大水塘。房屋长期无人居住，年久失修，颓垣断壁，破败不堪。1982年冬，祖上已买下了产权的族人将"舂屋"推平，重建了新的农舍。新农舍坐东朝西，但因改变了房屋的范围和布局，使"舂屋"大门的两块门端石及一段格木门槛得以留存，成为故居迄今唯一的遗迹。

太平天国求王林凤祥故
居遗址

故居门端石及格木门槛
遗存

林凤祥画像

林凤祥（1825—1855），祖籍福建省兴化府莆田县，明成化年间，始迁祖林谦承迁广东肇庆府高明县范洲村龙湾屯。清乾隆年间，谦承的十二世孙光典、十三世孙丰兰、十五世孙兆君等支系，先后迁徙广西浔州府桂平县崇姜里（南木镇）和社村"安家乐业"①。和社村距桂平城北约8公里，属小丘陵地带，水源丰富，北面和西面是开阔的小平原，东南面为宾山，"山似螺蛳形"，海拔86.6米。和社不仅地理位置十分重要——扼桂平北部交通要冲，是金田、江口、平南从陆路往返桂平的必经孔道，而且还是一个有着深厚文化底蕴的村落，依宾山而建的宾山寺是一座"历千百余载"的寺院，有前殿、帝君殿、文昌殿等建筑，墙壁上嵌有清代碑刻32通，记录了当地的历史与文化。1981年3月，该寺被公布为桂平县重点文物保护单位。

和社村方圆8公里，是当地的一个大村庄，其中包括了开底屋、红背岭、大庙角、大塘岭、庙坪、石辣桥等12个屯。因开底屋、大庙角等屯是林氏前辈移居后

"历千百余载"的宾山寺

①林海主编：《桂平林氏族谱》，桂平林氏族谱编纂理事会2004年编印，第735页。

和社新村（远方竹林）及新村塘（现稻田）

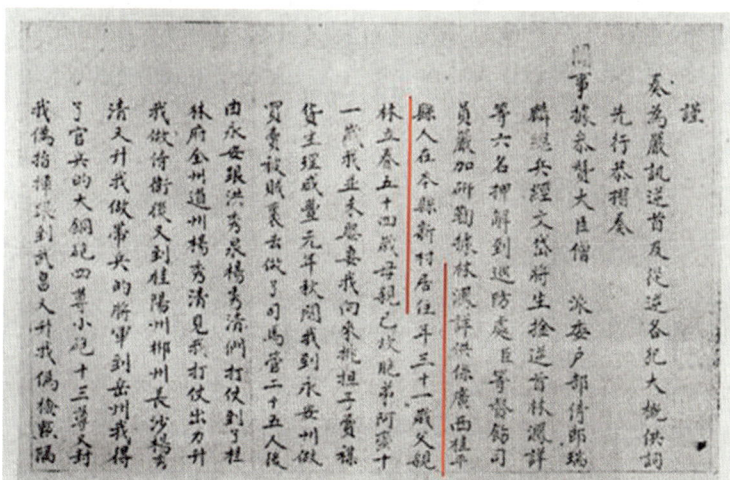

《林凤祥供词》（故宫明清档案部收藏）

新开辟的，故又称"新村"，村边那口面积约1.2万平方米的水塘也被称为"新村塘"。林凤祥支系什么时候定居和社新村？新旧族谱上均未注明，但最迟至祖父溟材时，其已是落籍当地的农户。父亲守义膝下有凤翔（祥）、凤志、凤飏三个儿子，长子

和社村的"拳房"及其家当（右下）

凤翔（祥）过继给伯父显义，幼子凤飏过继给叔父循义[1]。凤祥"身材瘦小，面黑微髭"，性情勇猛。由于家境贫寒，他从小就操持起家务生计，正如他自己所说："在本县新村居住……我并未娶妻。我向来挑担子卖杂货生理。"[2]因同村族上辈美材在县城五甲街开"顺昌隆"商铺，曾给予不少的关照，所以除了在村里"务农为生"，他还常到县城做些小本买卖，甚至"设肆卖卜"[3]。

清季世道混乱，地方习武成风。凤祥在为生活奔波的同时，也在村中"拳房"拜师学艺，练习武功，并很快成为"功夫头"（即拳师）。1848年（清道光二十八年），

---

① 《谦承公后裔分支图》，载《林氏族谱》（桂平南木禾社村丰兰公裔孙抄本，1983年）。《林凤祥供词》说"父亲林立春，五十四岁。母亲已故，胞弟阿蛮十一岁"，父亲、弟弟的名字与族谱有差异，是否因古人称谓有书名、别名、乳名之故？待考。

② 《审录林凤祥等人供词折》，载中国第一历史档案馆编《清代档案史料丛编》（第五辑），中华书局，1980年版，第161页。

③ 半窝居士：《粤寇起事纪实》，载太平天国历史博物馆编《太平天国史料丛编简辑》（第一册），中华书局，1961年版，第4页。

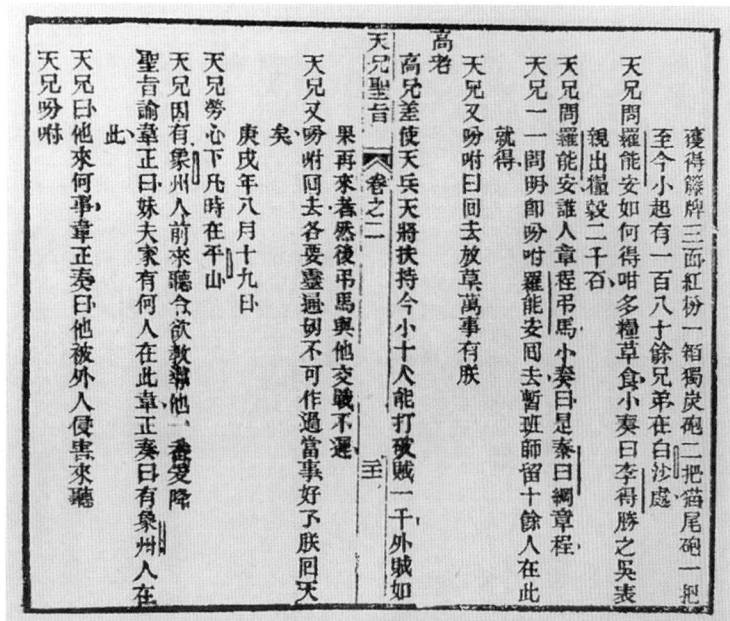

復得籐牌三面紅粉一箱獨炭砲二把箭尾砲一把
至今小超有一百八十餘兄弟在白沙處
天兄問羅能安如何得咁多檀草食小奏曰李得勝之吳表
視出撥發二千石
天兄問羅能安問章程弔馬小奏曰是秦日綱章程
天兄一一問吶即吶咁羅能安問去暫班師留十餘人在此
就得
天兄又吶咁曰問去放草萬事有朕
高者
高兄差使天兵天將扶持今小十八人能打破賊一千外賊如
天兄聖旨【卷之二】   至
天兄又吶咁同去各要靈通切不可作過當事好了朕回天
果再來著然後弔馬與他交戰不遲
庚戌年八月十九日
天兄勞心下凡時在平山
天兄因有象州人前來聽令欲教訓他一番又降
聖言諭慕正山妹夫家有何人在此韋正奏曰有象州人在
此
天兄曰他來何事韋正奏曰他被外人侵害來聽
天兄吩咐

萧朝贵假托"天兄下凡"
传达圣旨

应厚禄二里白沙同宗兄弟之邀，他到白沙圩开馆传授武功，并定居于此。正是在此期间，洪秀全、冯云山在白沙一带传教，他加入了拜上帝会，并很快成为重要的头面人物①。1850年9月（清道光三十年八月）中旬，桂平厚禄里发生了"被外贼侵害之事"——岭尾圩的团练勒索银钱，强行闯入白沙圩林凤祥家抢夺耕牛，并与会众发生了武装冲突。团练虽人多势众，装备精良，但在秦日纲、林凤祥的领导下，当地会众士气高涨，与数倍之敌展开了两场搏斗，皆获大胜，缴获了不少战利品，队伍发展到"一百八十余兄弟"。为此，萧朝贵曾下达"天兄圣旨"，一方面赞扬会众"十人能打破贼一千"的战绩，另一方面则作出了"回去各要灵通，切不可作过当

_____

①1860年12月，太平天国《幼主诏旨》将林凤祥列入"平在山勋旧"的17人名单中予以表彰，说明他是拜上帝会在鹏隘山创业时期的头面人物之一，是有功旧臣。

今桂平市南木镇和社村大庙角屯

事"①的指示，为正紧锣密鼓的"团营"指明了策略和方向。

值此之际，石达开为加强团营起义武装，正在白沙圩"开炉铸炮"，并收纳和训练会众。刚经受了战斗洗礼的白沙会众，遂迅速汇集到石达开麾下，并与贵县会众一起，同往金田团营。附义之师在横渡黔江后，在经崇姜里入金田途中，和社村大庙角屯的几位林家子弟加入了团营行列②。队伍到达金田后，凤祥在宣二里界垌村的同宗兄弟也闻风响应，踊跃参军，后来成为太平天国西征军骁将，并被追封为"勤王"的林启容即其中之佼佼者。

金田起义后，林凤祥作为太平军前军先锋，每战当先，所向披靡，清方说他"素称亡命，每与官兵死战"③，甚至清军重要将领僧格林沁也惊叹其"强悍异常"。在攻打长沙、岳阳、武昌、南京等战役中，他骁勇善战，屡建奇功，号称太平天

①王庆成编注：《天父天兄圣旨》，辽宁人民出版社，1986年版，第72页。
②清代《林氏族谱》记载："洪杨起事时，吾族有五人从太平军，为首林凤祥，官至将军一职。"
③张德坚：《贼情汇纂》，载中国史学会主编《太平天国》(三)，上海人民出版社，1957年版，第52页。

《幼主诏旨》："平在山勋旧，俱升封义爵。"

国的"五虎上将"①之首，历任太平军侍卫、将军、指挥、检点及天官副丞相等职。

1853年5月（清咸丰三年四月），作为北伐军主帅，林凤祥统领2万多太平军在浦口誓师北伐，"师行间道，疾趋燕都"。因孤军深入，援兵不继，北伐功败垂成。他被俘解京，英勇就义，"表现了革命英雄忠贞不屈、视死如归的高贵品质"②。1860年（清咸丰十年），林凤祥以"平在山勋旧"的身份，被天朝追升义爵③，1863年（清同治二年），他又被追封为"求王"。

---

① 太平天国"五虎上将"指林凤祥、李开芳、胡以晃、黄文金、罗大纲。

② 罗尔纲：《太平天国史》（第三册），中华书局，1991年版，第1882页。

③ 《封杨庆善等爵诏》，载太平天国历史博物馆编《太平天国文书汇编》，中华书局，1979年版，第72页。

（八）最早的"开炉铸炮"地——白水塘岭铁匠炉遗址

白水塘岭铁匠炉遗址位于今广西桂平市白沙镇中心小学内。白沙圩为桂平西部一个较大的集镇，距市区西南约26公里，境内有郁江穿腹而过，西与贵县大圩接壤，水陆交通便利，水产养殖资源及农产品丰富，"谷米最盛"。白水塘岭在圩北约500米处，南北长120米，东西宽约100米，高1.5～2米，是一个荆棘丛生的红土壤小山坡，因东北面有一口"白水塘"，该岭因此得名。

白沙镇中心校处于白水塘岭的边缘，1975年1月，因该校扩建校舍，施工队在岭东侧约20米处挖掘房屋墙基时，发现了一片明显烧焦过的泥土，并杂有木炭、铁渣等遗物。为此，当地文博部门派人前往考古，通过对已挖开的东西长3米、南

白沙圩白水塘岭铁匠炉遗址

北宽2米、深0.5米的坑口及出土文物进行考察，并请教富有经验的铁匠师傅，最后认定这些炉渣、炭粒系当年残留下来的打铁炉遗物，并由此证实，该地即当年拜上帝会众"开炉铸炮"的铁匠炉遗址。

1850年7月（清道光三十年六月），拜上帝会发布总团营令，要求各地会众"时维十月初一日（11月4日）"前齐集金田，编制营伍，准备起义。各地会众闻讯，扶老携幼，冲破清军和团练的拦截，奔赴金田，而行动最迅速的是石达开。他于

出土的炉渣、炭粒（桂平市博物馆收藏）

龙山奇石会众举兵之六乌山口远眺

8月初就回到龙山家乡，仅用10多天的时间，即"号召徒众千余人赴之"。20日，石达开率众在奇石圩外的蚂蟥冲祭旗誓师，起兵团营。在打败了六合村熊姓、卷蓬村苏姓的团练武装后，龙山地区的会众"出兵六乌山口，声势震荡"[1]。赴义之师过大圩时，又接纳赖文光等一批农民，然后进驻桂平白沙圩，在那里"竖木为东西辕门，开炉铸炮……屯扎约三十余日而去"[2]。

可见，在石达开响应团营，率会众驻扎白沙圩期间，的确曾"开炉铸炮"。对此，地方志也多有记载：石达开"有会党千余，盗铸军械于桂平白沙圩"，"至是洪党遂驻白沙，开炉铸炮，月余乃去"[3]。在访问当地群众时，也有"拜上帝会的人在白水塘岭铸过炮，出过王"的说法。开炉铸炮需要大量的生铁，而在距白沙圩

---

①1934年《贵县志》卷十七，《人物·列传·太平天国先烈》。
②清光绪十九年《贵县志》卷六，《纪事》。
③1920年《桂平县志》卷三十三，《纪事下编》。

今白沙镇石贵村狮胡屯
铁矿遗址

会众在金田村打造武器
时使用的水炭、炭荆
（桂平市博物馆收藏）

河道狭窄弯曲、水急滩险的黔江

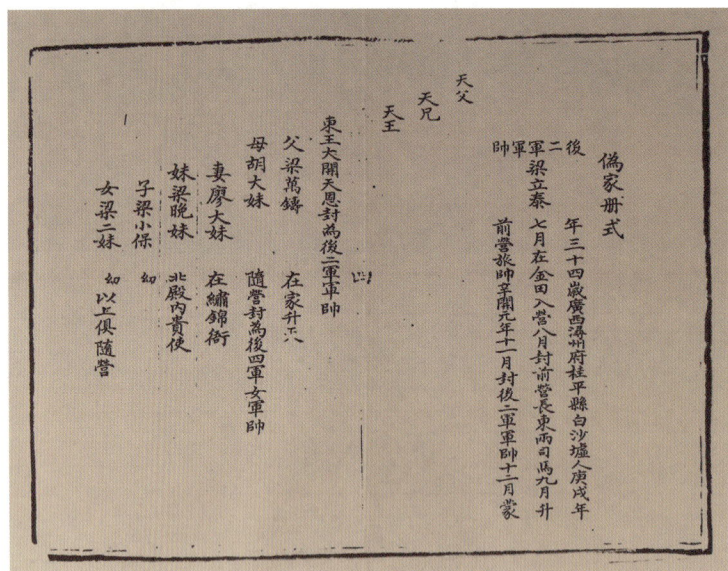

太平天国"后二军军帅梁立泰家册"（复制品，桂平市金田起义博物馆收藏）

约3公里的石贵村狮胡屯就有一个铁矿，开矿的遗迹迄今仍有留存。在"同拜上帝，共食天禄"的宣教下，矿工们不仅卖力挖矿以提供铸炮原料，而且许多人还皈依了上帝教，并同

赴金田参加了团营起义。

　　据记载,拜上帝会曾在鹏隘山涩田、金田村韦昌辉家、山人村打铁坪、花洲上帝坪、陆茵村赖九家等地"炼铁打刀枪",但这些地方开炉打制的都是一般的大刀、长矛、梭镖等冷兵器,而唯有白沙圩是"开炉铸炮",其生产的火炮是滑膛炮,属"重武器""热兵器",这说明石达开不愧为具有远见卓识的军事人才,他在举义前夕就有了"利器克敌"的意识,讲求坚甲利兵、克敌制胜之法,知道要打败在武器上处于优势的清军,就必须制造"重武器",使用"热兵器"。在太平天国前期历史中,这应该是最早"开炉铸炮"的记载及物证。

　　经过在白沙圩30多天的努力工作,石达开的队伍不仅打造出了克敌利器——大炮,而且人数迅速扩充至4000余人,其中除了龙山奇石"徒众千余人",还有龙山的1000多名矿工,以及在反击"外贼侵害"中被动员起来的白沙及附近村落的广大会众队伍中有不少重要的人物如竹多塘村的秦日纲,旧峡村的陈承瑢[①],白沙圩的林凤祥、梁立泰等,他们在组织会众、响应团营中可谓身体力行,不遗余力,

---

① 黄培棋:《关于陈承瑢、秦日纲籍贯的新资料》,载《广西师范大学学报(哲学社会科学版)》1991年第1期。

石达开率师横渡北河（黔江）之大湾肚俯瞰

如梁立泰举家附义，母亲、妻子及兄妹全都投军，"俱随营"并担任军职[1]，他本人后因随军征战，屡立战功，被太平天国追封为"吴王"。

1850年9月（清道光三十年八月）下旬，在"开炉铸炮"告成并整饬会众队伍后，石达开率领着这支"已不下四千人"并装备了重型火炮的附义之师，浩浩荡荡，从白沙圩启程，取道"赵里（今蒙圩镇）伯公坳，过大湾肚，渡北河（黔江），经姜里（今南木镇）进入金田"[2]，成为外地最早克期到达金田团营大本营的部队之一。

---

① 《后二军军师梁立泰家册》，载太平天国历史博物馆编《太平天国文书汇编》，中华书局，1979年版，第343页。

② 1920年《桂平县志》卷三十三，《纪事下编》。

三

紫荆创会

紫荆山为大瑶山南支脉，位于广西桂平市北约30公里，与大藤峡相毗邻，西连武宣、象州，东接平南，北靠金秀大瑶山，南为金田平原，全境纵横约270平方公里。内有双髻、鹏隘诸山，层峦叠嶂，深林密菁，沟壑纵横，山回水复，其间包裹着村庄和田地。西以双髻岭、猪仔峡为屏障，东以风门坳为门户，易守难攻，颇具军事形胜。

　　1845年春，冯云山进入紫荆山区，开始了"传布真道，唤醒英雄"的艰苦创业。三年间，他在大冲曾家"设馆授徒"，以教书为掩护，踏遍紫水荆山，深入贫苦的汉、壮、瑶各族人民中间，"布道聚众"，先后发展信徒2000余人，并创立了拜上帝会，培养了其中的基本骨干，从而为组织和发动金田起义开辟了牢靠的根据地。

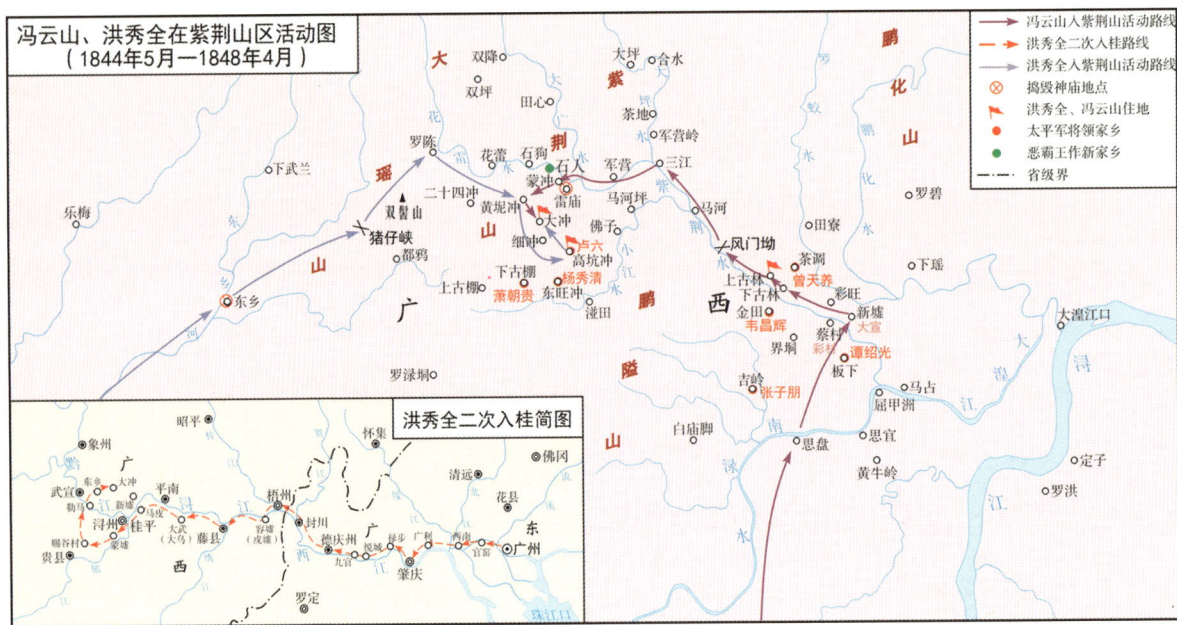

冯云山、洪秀全在紫荆山区活动图（1844年5月—1848年4月）

洪秀全二次入桂简图

（一）创立拜上帝会的基地——冯云山大冲教书房遗址

大冲教书房遗址位于今广西桂平市紫荆镇蒙冲村大冲屯。其坐落在一个略呈圆形的土墩上，土墩直径约10米，高出周围地面约1米。那里四面环山，扶由水自东南向西北在书房前的山脚下流过。金田起义后，"清吏派官兵至大冲，将曾族房屋田产，或焚毁，或没收"[1]，故书房的建筑物早已荡然无存，原屋地也被山民辟为农田果园，现遗址上仅残留一排原教书房的基脚，裸露出一些砌筑墙基的河卵石。

冯云山大冲教书房遗址

大冲处于紫荆山腹地，北临花蕾水，南接下古棚，东南与高坑冲、东旺冲相连，西北翻过一座山即是黄泥冲。四面高山矗立，中间丘陵错杂，故冲里仅居住着十几户曾姓人家，其中，殷实富有的曾玉珍后来成了冯云山的东主。

1844年11月（清道光二十四年十月），冯云山在古林社曾槐英家打工，几个月之后，人们发现他原来是"懂诗文，善谋算，有才干"的人。经曾槐英引荐，翌年春天，冯云山肩负行装，离开了古林社的"牛棚"，正式踏上了进入紫荆山区"聚集英雄"的创业之路。

---

[1] 简又文：《金田之游及其他》，商务印书馆，1946年版，第25页。

冯云山创立拜上帝会的紫荆山区

　　紫荆山区是桂平、平南、武宣、象州等县的接壤之地，其绵亘数百里，沟壑纵横，山深路僻，形势险阻。山内不仅聚居着大量处于社会底层的汉、壮、瑶族贫民，而且在6000左右的居民中，广东迁来的汉族客家人占多数。因为田少人多，居民除开荒种山外，多兼以砍柴烧炭辅助生活，饱受地主、山霸的欺压，故"客民谋为乱"①的事情时有发生，而官府又鞭长莫及，统治力量十分薄弱。

　　置身于天时地利人和的紫荆山区，正应验了冯云山"广西山多人野，最好召集英雄，买马聚粮"②的预见，他喜出望外："此吾人创业地也！"面对着巍巍荆山，滔滔紫水，他情不自禁地吟唱起《水浒传》里的诗句来：

　　　　穿山透地不辞劳，到底方知出处高；
　　　　溪涧焉能留得住，终归大海作波涛。

　　诗言志。通过吟诵诗句，淋漓尽致地抒发了其宽广胸怀

①《黄云湄先生传》，载黄体正撰《带江园诗草》卷首，黄榜书抄本。
②《粤匪起手根由》，载北京大学文科研究所、北京图书馆编《太平天国史料》（第四部分），开明书店，1950年版，第457页。

桂平县紫荆山大冲旧貌

紫荆山大冲书房坪遗石

紫荆山大冲书房坪遗址俯瞰

与远大志向。

进入紫荆山，冯云山先在高坑冲的张家居留了一年，次年才转去大冲曾玉珍家。他先在曾家的小楼上"设馆授徒"，后来又移到村前的书房墩新屋里教学。前来就读的学生不到20人，多是曾家的子弟，也有几个是鹏隘山的走读生，据说还有个别瑶家学童。从这时起，号称"紫荆四富"之一的曾家成了他的东主，也成了他在紫荆山"传布真道，唤醒英雄"的最得力支持者。因为"课蒙为业"，有了"布道聚众"的立足点，又得到曾家的鼎力相助，冯云山心中充满了自信，一天，他满怀抱负地在书房门上贴出了一副对联：

暂借荆山栖彩凤
聊将紫水活蛟龙

他一面以教书为掩护，一面走村串户，深入汉、壮、瑶等各族人民中间，尤其是深入到那些遭受封建社会体制排斥，挣扎在社会最底层，以烧炭、耕山种蓝靛等为生计的贫苦老百姓中间，虔诚"传布真道"，耐心"讲道理"，并"常把大

冯云山砸毁偶像的大冲盘王庙遗址

冲附近的社公神位翻倒过来"[1]，甚至砸毁了大冲
盘王庙中的盘王偶像，坚持不懈地劝人敬拜上帝，
皈依新教。

　　由于有塾师的身份掩护，又得到曾家的大力
支持，冯云山在紫荆山"传布真道""聚集英雄"
的事业进展顺利。经过两年多的努力，至1847年
8月（清道光二十七年七月）底，紫荆山区各村屯
的信众超过了2000人，约占整个山区人口的半数，
"甚至有全家全族来领受洗礼者"[2]，如曾氏全家上
下都听从他的劝化，接受洗礼，成为上帝教的忠
实信徒，特别是日后成为太平天国领导核心成员
的杨秀清、萧朝贵的"最先景附"，意义和影响更
为深远，它不仅使拜上帝会得以迅速壮大，声名
远播，而且为之后金田团营起义的组织和发动奠

①饶任坤、陈仁华编：《太平天国在广西调查资料全编》，广西人
民出版社，1989年版，第83页。
②洪仁玕述、韩山文著、简又文译：《太平天国起义记》，载中国
史学会主编《太平天国》（六），上海人民出版社，1957年版，第
853页。

冯云山在布道聚众（《太平天国通俗
画史》插图）

紫荆山区山雄水奇，人杰地灵，是我国规模最大的农民运动——太平天国起义的摇篮

定了坚实的基础。

　　冯云山是上帝教最忠诚的布道士，为了实现"传布真道，唤醒英雄"的初心，他不仅"历尽难辛，坚耐到底"，而且"热心传教，成绩极大"。随着紫荆山新教徒数量的剧增，教众"自立一会结集礼拜，未几，远近驰名，而成为'拜上帝会'"。伴随拜上帝会的创立，冯云山也名副其实地成了"拜上帝会之开创者"[1]。李秀成在《自述》中，对他曾给予了非常中肯的评价：

　　南王冯云山在家读书，其人才干明白，前六人之中，谋立创国者出南王之谋，前做事者皆南王也。[2]

---

[1] 洪仁玕述、韩山文著、简又文译：《太平天国起义记》，载中国史学会主编《太平天国》(六)，上海人民出版社，1957年版，第853、867页。

[2] 《李秀成自述》，载中国史学会主编《太平天国》(二)，上海人民出版社，1957年版，第788页。

（二）高坑冲拜上帝会总机关——嘏王卢六故居遗址

卢六故居遗址位于今广西桂平市紫荆镇高坑冲村。高坑冲，土名过坑冲，在紫荆山西南腹地，东、西、南三面都是大山。从冲口北行三华里是蒙冲；西进七华里为大冲，再翻越山岭，可通黄泥冲；南越"瑶老界"，则是瑶人世代居住的鹏隘山。这里不仅层峦叠嶂，形势远比大冲、黄泥冲险固，而且北去花蕾、西出东乡、东走三江圩，都比较便利。

太平天国嘏王卢六故居遗址

高坑冲有张、卢两姓，张姓住冲口，有几十户人家；卢姓住在冲尾，单家独户，那就是卢六一家。卢六的屋宅建在山坡上，坐北朝南，门前有一条回环曲折的小道直通冲底，全长约100米。房屋一进三间，中间为厅堂，面宽3米，进深4.6米，有小门通东西两室。西室的长宽与厅堂基本一样，当为卧室；东室面宽2米，进深4.6米，当为厨房和堆放柴草、杂物的地方。另外，在房屋的西南边，还有方形的小泥屋一间，中有凹坑，深7.7米，当为猪圈和厕所。

整座房屋为土石结构，基础使用碎片石，墙体则用黄泥拌沙石筑砌，厚度约45厘米。1974年，广西师范大学历史系师生在进行史迹调查时，披荆斩棘，费了

桂平县紫荆山高坑冲

很大的劲才把这个被湮没了百多年的历史遗址找到，使之重见天日。现遗址除西南角分别留存108厘米和87厘米残墙两小段，其余均已倒塌，唯墙基尚隐约可辨。

自从1845年（清道光二十五年）春进入紫荆山后，冯云山在这纵横270多平方公里的山区里进行宣传独拜上帝、不事偶像的活动，其"热心传教，成绩极大"①，仅用两年多时间就让半数以上的山民信从，并建立起拜上帝会团体，使紫荆山成为拜上帝会的中心。1847年8月27日（清道光二十七年七月十七日），洪秀全从武宣东乡越双髻山到达大冲，在曾家书馆的小楼里与冯云山相会。两位阔别三年的挚友会合后，拜上帝会的领导得到了加强，名声越来越大，信众与日俱增。随着形势的新发展，为了防备不测，10月初旬，洪秀全、冯云山决定把拜上帝会总机关从大冲转移到"险固所在"的高坑冲卢六家中。

---

① 洪仁玕述、韩山文著、简又文译：《太平天国起义记》，载中国史学会主编《太平天国》（六），上海人民出版社，1957年版，第853页。

故居留存的两段残墙

　　洪、冯相会并在高坑冲设立总机关，"是他们酝酿反清斗争的一个标志"，此后，拜上帝会的活动开始"明显具有政治色彩和政治作用"[1]，其一方面联络四方，制订各种宗教活动仪式，拟定"十款天条"作为会员守则，使组织机构日臻完备；另一方面率领会众开展了毁神倒庙、反对清朝法律、提倡"同衣同食"等一系列斗争，以扩大影响。10月24日，洪秀全带领冯云山、卢六等人前往象州县大樟，砸毁了甘王庙，接着又把紫荆山区左右两水——花蕾水、田心水的神坛庙宇全部捣毁，这引起了地方土豪劣绅的警惕。

　　12月底，石人村乡绅王作新带领团练，突然袭击，拘捕了冯云山，但冯云山很快就被会众救出。翌年1月，王作新再次出动团练，勾结官府，以"阳为传教，阴为造反"的罪名，将冯云山、卢六二人捉去，投进了桂平县监狱。为筹集营救

①王庆成：《金田起义记——关于它的准备、实现和日期诸问题》，载《太平天国的历史和思想》，中国人民大学出版社，2010年版，第53页。

洪秀全与冯云山相会的紫荆山大冲

高坑冲拜上帝会总机关遗址

的活动经费，紫荆山的教众自发捐献钱财，史称"科炭"，奠都天京后，凡参与捐献者均追叙"科炭功"。

紫荆山区两水之左水——花蕾水

卢六画像

卢六（？—1848），壮族，出生在桂平县紫荆山区一个普通的农民家庭，以耕山烧炭为业，家境贫苦，为人诚朴。1846年（清道光二十六年），加入拜上帝会后，他与冯云山交情甚笃，并很快成为拜上帝会的骨干成员，在协助冯云山"布道聚众"和追随洪秀全"毁神倒庙"中，一马当先，赤胆忠心。不幸的是，他因此遭受了牢狱之灾，并在入狱不久后就惨死牢中。这位拜上帝会的早期领导人，成为太平天国的第一位殉难者。太平天国定都天京后，为表彰其为天国献身的功勋，追封他为"嘏王"。

（三）权能无边的"人间上帝"——东王杨秀清故居遗址

杨秀清故居遗址位于鹏隘山东旺冲新村，即今广西桂平市紫荆镇木山村东皇冲屯。故居原建在东旺冲新村的山坡上，坐北朝南，面宽4.35米，进深4.8米，建筑占地面积约21平方米。泥春墙木结构，悬山顶，上覆小青瓦。1950年代初，在原屋宅重新修建后，曾做过生产队的公用碾米房，后因年久失修，房屋已坍塌损毁，现仅遗存一段用河卵石砌筑的墙基及门脚石。因该宅已几易主人，不断拆建，故该遗址墙基的轮廓迄今已难以准确地认定，村民现在旧宅基地上用木板搭建了一个简易的晒棚，作为临时的晾晒及堆放物品使用。

太平天国东王杨秀清故居遗址

东旺冲两面高山，冲漕曲折。西越高岭即紫荆山区；东翻大山为金田平原。山冲全长20公里。新村位于东旺冲的中段，北去经涩田、小江、马河至紫水，可

桂平鹏隘山东旺冲新村

杨秀清画像

通三江圩、金田村及大湟江口；南行经大垌社、下古棚至罗渌垌，可出黔江的碧滩、弩滩而达武宣、桂平。从新村西行6公里，经细冲可至紫荆山大冲村。由大冲北行7公里多，就到紫荆山的中心三江圩了。

杨秀清（1821—1856），祖籍广东嘉应州（今梅州市），汉族客家人。出生贫苦农家，幼丧父母，靠伯父杨庆善抚养成人，"在家种山烧炭为业"。《天情道理书》在记述其身世时写道：

至贫者莫如东王，至苦者亦莫如东王。生长深

"从者颇众"的鹏隘山湴田村

峰峦叠嶂、山势峻拔的鹏隘山区

山之中，五岁失怙，九岁失恃，零丁孤苦，困厄难堪。[1]

生活的艰辛既淬炼了他坚韧倔强的性格，也影响了他的身体发育，以致他成年后身材矮小，脸面瘦削，肉色青白，胡须微黄，耳目常有毛病，终至瞎了一只

---

[1]《天情道理书》，载中国史学会主编《太平天国》（一），上海人民出版社，1957年版，第370页。

眼睛。

1846年（清道光二十六年）春，冯云山到紫荆山大冲当塾师，东主就是杨秀清的外甥曾玉珍，因此，他很快就结识了冯云山并加入拜上帝会。皈依后，他积极协助冯云山"布道聚众"，并把拜上帝会的活动扩展到了鹏隘山区。他首先动员亲友入教，并常在家中以酒"款接侠徒"，涩田、下古棚等瑶乡壮寨的群众深受其影响，"从者颇众"，其中就有他的妹夫萧朝贵一家。由于杨秀清"性机警，喜用权智"，"入会则非常热心及诚恳"①，他很快就成了紫荆山区拜上帝会的领导骨干。

1848年（清道光二十八年）初，冯云山因毁神捣庙而被捕下狱，洪秀全仓忙回粤营救，拜上

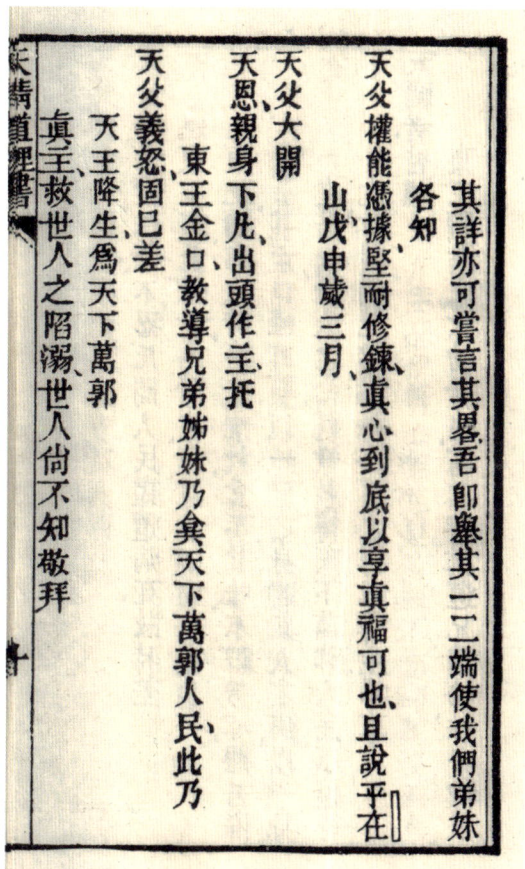

《天情道理书》追述杨秀清伪托"天父下凡"故事

帝会一时群龙无首，出现了"分裂之象"，而团练乘机反扑，扬言要"杀绝拜上帝佬"。在这危急关头，杨秀清挺身而出，他利用当地迷信的"降僮"巫术，伪称天父下凡嘱托传言，要大家"信实天父皇上帝，切勿为妖魔所惑"，从而稳定了众心，挫败了破坏者的阴谋，扭转了危局。1859年11月23日（清咸丰九年十月廿九日，天历己未九年十月十四日），天朝颁发《天王诏旨》说："三月初三爷降节，天国迩来共一家。"②，正式把杨秀清首次假托"天父下凡"传言的日子，确定为太平天国《天历》中的六个宗教节日之一。

①洪仁玕述、韩山文著、简又文译：《太平天国起义记》，载中国史学会主编《太平天国》（六），上海人民出版社，1957年版，第866页。
②《天历六节并命史官作月令诏》，载太平天国历史博物馆编《太平天国文书汇编》，中华书局，1979年版，第48页。

杨秀清假托"天父传言"，得到了教众的拥护和洪秀全、冯云山的事后肯定，"天王顶而信用，一国之事，概交与他"[①]。1851年（清咸丰元年）底，杨秀清在永安被褒封为"东王"，并授权节制诸王，由此，他身系天国军政全权，可谓"一人之下，万人之上"。杨秀清成为权能无边的"人间上帝"，这就改变了拜上帝会原有的政治生态，洪秀全"会中至高首领，威权无能与比"的地位开始动摇了，领导多元化体制的形成，为后来天朝内部的争斗埋下了祸根。

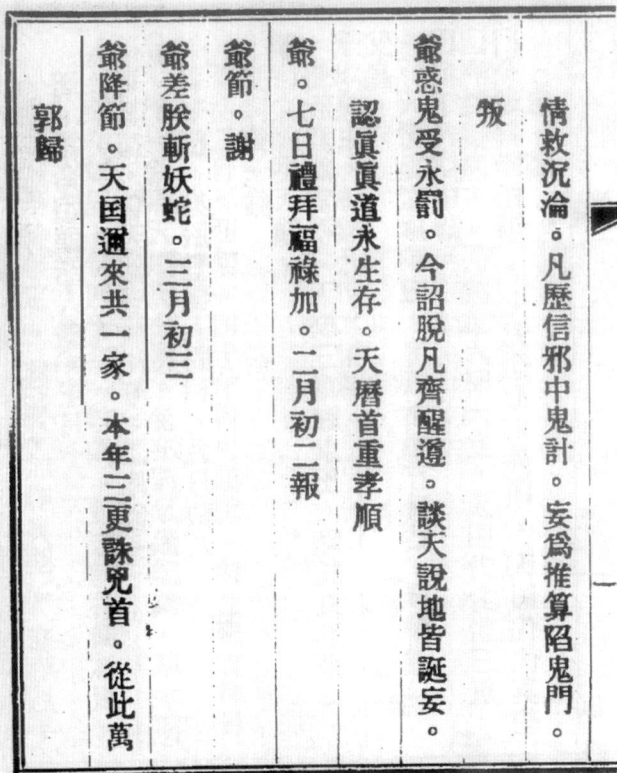

情救沉淪。凡歷信邪中鬼計。妄爲推算陷鬼門。

爺惑鬼受永罰。今詔脱凡齊醒遵。談天説地皆誕妄。

認眞眞道永生存。天曆首重孝順

爺。七日禮拜福祿加。二月初二報

爺節。謝

爺降節。天國邇來共一家。本年三更誅兇首。從此萬

爺差朕斬妖蛇。三月初三

叛

郭歸

《天王诏旨》曰："三月初三爷降节，天国迩来共一家。"

---

①《李秀成自述》，载中国史学会主编《太平天国》（二），上海人民出版社，1957年版，第788页。

（四）帝婿与"天兄代言人"——西王萧朝贵故里

萧朝贵故里位于今广西桂平市紫荆镇木山村下古棚屯。木山村原名十八山，是鹏隘山南段一个地盘很大的山村，总面积达28平方公里，全长20多公里的十八河曲折迂回，从村中山间流过。下古棚在村的西北面，群山环绕，峰峦叠嶂，山清水秀。它是萧朝贵远祖及生父蒋万兴[①]的故乡，也是萧朝贵养父萧玉胜[②]后来的定居地。

太平天国西王萧朝贵故里——木山村下古棚屯

清广西巡抚劳崇光曾奏称，桂平境内有萧朝贵"远祖及其母萧盘氏各坟墓"[③]，其实，墓冢就在下古棚，在村西北约百米的茂盛的竹山上，其坐西朝东，占地面积约40平方米。桂平、平南等地的萧氏族人，每年都前往祭拜，2013年，还在墓

---

① 《封杨庆善等爵诏》，载太平天国历史博物馆编《太平天国文书汇编》，中华书局，1979年版，第71页。
② 王庆成编注：《天父天兄圣旨》，辽宁人民出版社，1986年版，第28页。
③ 奕訢等撰：《钦定剿平粤匪方略》卷六十二，《劳崇光奏》，清同治十一年颁行，清内府印本第7页。

萧氏太祖之墓

前立了"萧氏太祖之墓"碑。可见，萧朝贵故里应在木山村下古棚屯，只是由于各种原因，故居遗址迄今尚难以寻觅，正所谓"其人里居不详"[1]。

萧朝贵的生父蒋万兴、母亲盘氏系桂平鹏隘山人，都是忠厚老实、"穷得入骨"的农民。据说蒋有四个儿子，而长子朝贵自小就过继给萧玉胜为子，并从养父姓萧。"萧玉胜武宣县人"[2]，但故居地具体在哪里，目前仍存在东乡沙田村和上武兰村两种说法[3]，而根据当地的口碑，较普遍地指认为沙田村。因此，或可以说，东乡沙田村就是萧朝贵的第二故里。

沙田村位于今武宣县东乡镇合群村的最北面，萧朝贵故居就坐落在沙田山东面半山腰之山路旁。从目前留存的遗迹看，其坐北朝南，面宽约6米，进深约8米，黄泥沙夯墙，茅草盖顶。历经两个世纪的风雨沧桑，今仅存部分黄泥夯的墙体，长约5米，高约4米，厚约0.6米。周边是果树竹林，前面有一个开阔的大平台，面积约3000平方米，相传是房屋主人当年的一块耕地。由此，足见萧朝贵青少年

---

[1] 罗尔纲:《金田采访记》，载《太平天国史迹调查集》，生活·读书·新知三联书店，1958年版，第326页。
[2] 罗尔纲:《太平天国史》(第三册)，中华书局，1991年版，第1766页。
[3] 东乡上武兰村迄今仍有萧姓后人，并称该村系祖居地；但当地群众普遍认为，萧朝贵故居地在沙田村，上武兰村萧姓人家是萧朝贵旁系亲属后来移居过去的(或被招赘上门)。

萧朝贵的第二故里——东乡沙田村

萧朝贵在沙田村居住的茅寮遗址

武宣县东乡上武兰村俯瞰

时期生活的坎坷与艰辛。

东乡位于双髻山之西麓，沙田在东乡的东北角，其两面是大山，隔山槽对面是百崖槽山脉，山路崎岖，林森草茂。当年，那里是穷乡僻壤，光照不足，水冷田少，自然条件相对恶劣，因此，为了追求温饱，少年朝贵不得不四处奔波，先随二哥去草厂村做工，后到县城西街的杂货店当伙计，并曾在穿梭于黔江、浔江的商船上护送货物。但好景都不长久，他最后还是回到了家乡，蜗居茅寮，"在家种田种山为业"。

大约在20岁刚出头，迫于生计，萧朝贵又不得不丢弃辛苦开出的几块山畲，和父母一起翻越双髻山，进入紫荆山区的花蕾村开荒种山，砍木烧炭，过着游移不定的靠耕山烧炭糊口的生活。不久，全家又移居到六盘，再迁移至鹏隘山区。几经跋涉迁移，最后才在下古棚村落户，仍以种山烧炭为生，生活穷苦，故《天情道理书》说他"历尽艰辛"，"僻处山隅，自耕而食，自蚕而衣，其境之逆，遇

桂平紫荆山区花蕾村旧貌

紫荆山《建造佛子路碑》

之嵩，难以枚举"①。1980年，在今鹏隘山的木山村发现了一块镌刻于1844年（清道光二十四年）的《建造佛子路碑》，碑石高70厘米，宽47厘米，在修路捐款人名单中刻有"萧玉胜助钱壹千文""蒋万兴助钱叁佰文"等字样，这既证实了萧朝贵确是鹏隘山人，也真实反映了其"并非富豪大户，但又略有余钱"②的经济状况。

下古棚村位于鹏隘山槽的南段，由此往东南4公里，就是杨秀

---

① 《天情道理书》，载中国史学会主编《太平天国》（一），上海人民出版社，1957年版，第371页。

② 黄培棋：《紫荆山〈建造佛子路碑〉的史料价值》，载《学术论坛》1981年第5期。

清居住的东旺冲新村；再走约3公里，即到达瑶人聚居的涩田村；若翻山东走15公里，则是宣二里金田村和新圩。从下古棚南去不远，越过一座山坳，可出罗渌峒的上中下三峒，直达黔江边的碧滩。下古棚村是一个瑶、壮、汉三族杂居的村落，以瑶族为主体，其中也杂居一些壮人和汉族客家人。

萧朝贵画像

萧朝贵（约1822—1852），其族属有壮、瑶、汉三说，莫衷一是。他出生贫苦农家，以佣工及种山烧炭谋生，迁居鹏隘山下古棚村，即重返故土后，结识了比邻而居，且操同样职业的杨秀清，两人形如兄弟，情同骨肉。不久，他娶了杨秀清的义妹杨宣娇为妻。1846年（清道光二十六年）春，冯云山到大冲设馆教书，经常招呼挑担赶集路过的杨秀清、萧朝贵共饭同宿，促膝谈心。萧朝贵"痴信上帝教"后，积极奔走于武宣、象州一带，利用自己与这一带壮、瑶民的乡亲戚谊，动员群众，敬拜上帝。因此，他成了当地拜上帝会的领袖人物，被亲昵地称为"萧将军"。

1848年（清道光二十八年）初，因冯云山入狱、洪秀全离桂回粤，拜上帝会一度出现了管治真空，人心浮动，组织趋于涣散。为维系拜上帝会内部人心，10月5日，萧朝贵效仿杨秀清"代天父传言"戏法，伪托"救世主天兄耶稣下凡附身"教导会众，而此时，重返紫荆山的洪秀全就住在萧玉胜家，"常教杨宣娇读天父诗"[①]。由于取得了"天兄代言人"的威权，萧朝贵终于克服了会众中生出的许多纠纷，消除了各

---

① 王庆成编注：《天父天兄圣旨》，辽宁人民出版社，1986年版，第4页。

今桂平市紫荆镇木山村鸟瞰

地组织中存在的分裂现象①。萧朝贵在拜上帝会中崭露头角，很快就成了举足轻重的领导核心人物之一。与将杨秀清首次假托"天父下凡"传言的日子确定为"爷降节"一样，后来天朝也把萧朝贵第一次"代天兄耶稣传言"的日子，确定为"哥降节"，成为太平天国《天历》中的六个宗教节日之一——《天王诏旨》曰："九月初九哥降节，靠哥脱罪记当初。"②

因洪秀全自命为皇上帝的第二子、天兄耶稣之弟，杨宣娇为皇上帝的第六女儿，故萧朝贵又成为"帝婿"、妹夫。1851年（清咸丰元年）底，他在永安被褒封

---

① 洪仁玕述、韩山文著、简又文译：《太平天国起义记》，载中国史学会主编《太平天国》（六），上海人民出版社，1957年版，第866页。
② 《天历六节并命史官作月令诏》，载太平天国历史博物馆编《太平天国文书汇编》，中华书局，1979年版，第48页。

《天兄圣旨》开篇即记述"天兄"首次"下凡"时的情形

《天王诏旨》曰："九月初九哥降节，靠哥脱罪记当初。"

为"西王"。李秀成称赞他"勇敢刚强，冲锋第一"[1]，官方的《天情道理书》说他"及至扶助真主，统带雄师，冲锋破敌，灭怪诛妖，丰功盖世，永远威风"[2]，对萧朝贵均给予了高度的评价。

---

[1]《李秀成自述》，载中国史学会主编《太平天国》（二），上海人民出版社，1957年版，第788页。
[2]《天情道理书》，载中国史学会主编《太平天国》（一），上海人民出版社，1957年版，第371页。

（五）洪秀全首次自称"天王"——东乡冯九庙旧址

冯九庙，又被误称为"九仙庙"，坐落于今广西来宾市武宣县东乡镇屯应村稔子山脚。该庙始建于何年，又毁于何时，因籍载阙如，均已无考，现仅从立于庙前的《重修冯九庙石碑题名》碑知道，1874年11月（清同治十三年十月），地方乡绅曾带头捐款重新修庙。庙里原供奉着一尊1米多高的樟木质的冯九神像，有一口高1.3米，直径0.8米，重约500公斤的大铁钟。1958年，因村中水碓房扩建，该庙建材被拆用，铁钟也被投入"大炼钢铁"的熔炉中。1981年，村民在原址上重建庙宇（后进），重塑神像。1996年，再建前进，至此，庙堂基本恢复原貌。

重建的东乡镇屯应村冯九庙

该庙坐东南朝西北，二进三开间，双坡硬山顶。前进为砖瓦木结构，圆形拱门，上挂"冯九庙"横匾；后进为混凝土结构，红色琉璃筒瓦，正脊饰以双龙戏珠瓷塑。总面宽25米，进深18米，建筑占地面积450平方米。前后二进，拾级而上，后进约12米宽的正殿供台上，除了奉祀冯九夫妇神像，还供奉着几尊偶像菩萨。

立于庙前的《大清同治壹拾叁年岁次甲戌孟冬月重修冯九庙石碑题名》碑

2006年，当地村民又在庙的左边开辟出一小间，作为"盘古庙"，以祭祀中国神话中开天辟地的始祖大神。

冯九其人，在地方志书中没有任何记载，只知他是东乡当地传说中的人物，据说他共有九兄弟，个个都是"将军"，他因排行老九，故名。尽管对冯氏兄弟生活的年代及事迹已无人能说清楚，但是，当地老百姓却对冯氏立庙祭拜，敬之若神明。因是乡土宗教，"不列祀典"，故地方志书也没有任何记录，但根据实地的调查，在东乡的确曾有过多座祭祀冯氏兄弟的庙宇，迄今依然存在的，除屯应村的冯九庙，在尊头村有冯大庙，白沙村有冯二庙（现称大庙），达昊村有冯三庙，堡村有冯四庙，马到村有冯八庙（现称冯圣庙）。现如今，当地的老百姓仍一如既往虔诚地进庙烧香祭拜。

今武宣县东乡镇达昊村的冯三庙

历经几毁几建的屯应村冯九庙和冯九庙奉祀的冯九夫妇神像（右下）

  冯九庙所在的屯应村，是从东乡进出猪仔峡、双髻山的咽喉之地，在清代，它是柳、武、象、浔、梧诸地的交通要冲，民国《武宣县志》在一幅地图中，将东乡至紫荆山的这条陆路标注为"通衢大道"。1847年8月（清道光二十七年七月），洪秀全从东乡前往紫荆山，走的就是这条进山的必经之道。当路过屯应村冯九庙时，他进入庙内，"举笔题诗"斥庙。对此，《太平天日》的原始版本——英国剑桥大学图书馆藏本是如此记述：

  七月十五日　主同观王黄为正由赐谷到勒马由勒马到东乡十七日由东乡路过逢九妖庙　主入庙命观王黄维正捧砚　主举笔题诗在壁云

  朕在高天作天王　尔等在地为妖怪　迷惑上帝子女心　脑然敢受人崇拜
  上帝差朕降凡间　妖魔诡计今何在　朕统天军不容情　尔等妖魔须走快
  是日到紫荆珊南王喜出望外[①]

  东乡"题诗斥庙"是太平天国前期史上的一件大事。在这里，洪秀全第一次将"太平天王大道君王全"，从梦幻变成了誓言。他以"诗言志"，痛斥"迷惑上帝子

---

①《太平天日》，载《太平天国官书十种》，华文书局有限公司，1948年版，第470~471页。

从东乡至紫荆山的"通衢大道"

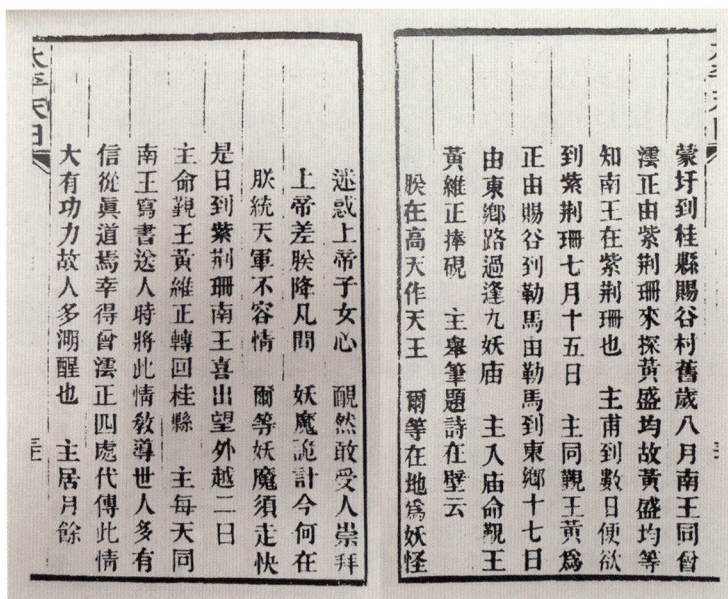

《太平天日》剑桥大学
藏本原文

女心"的"妖魔",并首次自称"天王"。因此举意义非同凡
响,故学术界对洪秀全此举及"题壁诗"一直给予高度关注,
但遗憾的是,在追述该事件时,迄今仍几乎众口一词,将事
件称之为"诗斥九仙庙",把诗歌也称为《斥九妖庙题壁诗》,
"冯九庙"变成了"九仙庙",庙的名称竟弄错了。

庙的名称出现错误，追根溯源，始作俑者应是清末士人汪士铎，他留下的记清咸丰年间事的《乙丙日记》，是目前所见的最早也是唯一提到"九仙庙"的记述：

> 象州有九仙庙，云乃某某之神故，有母尚存。州牧朱以捕贼未获，祷之而获，以为神助也，祀而赠神以袍。洪作诗责神，谓其不孝而毁其庙，人益畏之，以洪为神人矣。[①]

但从上述内容看，其更近似"甘王打死母亲，得道作怪的传说"[②]，故所记应是1847年10月（清道光二十七年九月），洪秀全率众捣毁甘王庙事，庙宇也应该是象州大樟的"甘王庙"。事情本与洪秀全东乡"题诗斥庙"无关，但书中提及"九仙庙"的名称，却使后人在面对《太平天日》的记载时，难免产生一些联想，并望文生义，误认洪秀全在东乡"举笔题诗"之庙也是"九仙庙"，结果以讹传讹，真假莫辨，而后来的文献整理、标点断句也应是受此影响。

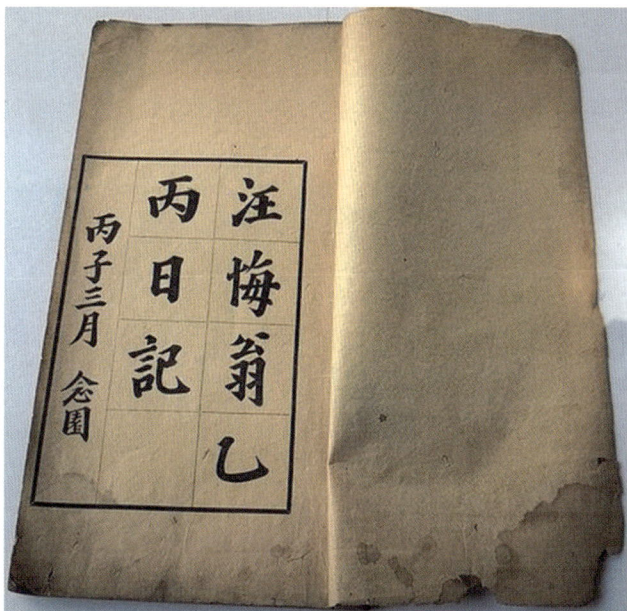

《汪悔翁乙丙日记》民国印本

《太平天日》刻本封面

---

① 汪士铎：《汪悔翁乙丙日记》，文海出版社，1936年版，第70~71页。
② 钟文典：《太平天国起义与乡土宗教》，载《广西师范大学学报（哲学社会科学版）》1988年第1期。

汪士铎，号悔翁，江苏江宁（今南京市）人，太平军攻占金陵时，他正在城中，故被编入男营，在天京居住了9个月。在此期间，嗜书如命的他阅读了大量的天朝文献。他后来记述的太平天国史事，除了亲身的经历和见闻，还参考、引用了许多天朝的官书，如在"象州有九仙庙"这段话之后，他就注明"此上乃洪贼自叙曰新诏书"，可见是来源于《太平天日》等天朝编纂的史书[①]。他写作时虽参考了天朝官书，但因不是广西人，也从未到过当地，加上对天朝文书的避讳笔法一知半解，故在记洪秀全的两次"题诗斥庙"时就出现了错乱，前次弄不清庙的名称，仅记"有某庙者"，后次则不懂是象州甘王庙，"云乃某某之神故"[②]，竟臆造出了一个"九仙庙"。

　　《太平天日》是目前仅存的太平天国自编的史书，1930年代，王重民先生根据剑桥大学藏残本，将其排印入《太平天国官书十种》《太平天国史料》。该书原刻本是没有标点符号的，"由东乡路过逢九妖庙"，其中的"逢"是名词，是为避冯云山姓氏之讳而使用的同音代字，此句正确的解读应是"由东乡路过'逢（冯）九妖庙'"。其实，此避讳改字用法在书中随处可见，如上述引文就出现"黄（王）为正""紫荆珊（山）"两处。上帝教信奉"独一真神皇上帝"，反对一切偶像，故对民间宗教的坛壝祠庙，一概恶意避讳贬斥为"妖庙"。除"逢九妖庙"，该书在记洪秀全的另外两次"题诗斥庙"时，也分别书为"六窠妖庙"和"甘妖庙"，三座"妖庙"所使用的避讳方法一致。

　　《太平天日》后来分别收入"中国近代史资料丛刊"《太平天国》（共8册）、《太平天国诗文选》、《太平天国文献汇编》（全9册）、《太平天国印书》（上

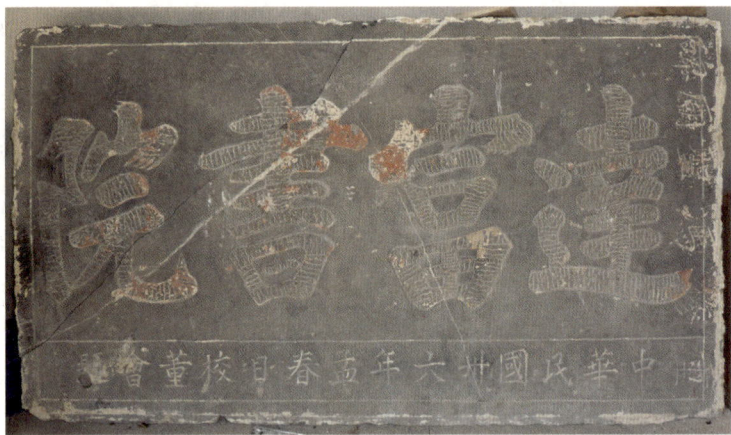

东乡达昊村"达富书院"内的《重修冯圣庙碑》（只幸存碑名）

[①]根据罗尔纲先生考证，太平天国政府编纂的历史叫作"诏书"，而《太平天日》标明"诏书一"，是目前仅见的太平天国自编的史书，故它应是汪士铎《乙丙日记》材料的主要来源。

[②]汪士铎：《汪悔翁乙丙日记》，文海出版社，1936年版，第70~71页。

中国近代史资料丛刊
《太平天国》(共8册),
神州国光社出版

下册)等史料集,并在编辑、出版中被标点断句,结果就出现了"由东乡路过,逢九妖庙"①的文本,语言的意境发生了很大的变化。在这里,"逢"字被视作动词,按照《现代汉语词典》,那就作"遇到""遇见"解,这样,"遇到九妖庙"似乎就理所当然,进而"九妖庙"也顺理成章。如果再将之实名化,说"庙内奉钟离权、张果老、韩湘子、李铁拐、曹国舅、吕洞宾、蓝采和、何仙姑等世俗八仙,兼祀观音娘娘,合称九仙"②,并由此而做出改"九仙庙"为"九妖庙",是太平天国的"恶

---

① 《太平天日》,载中国史学会主编《太平天国》(二),上海人民出版社,1957年版,第647页。
② 钟文典:《太平天国起义与乡土宗教》,载《广西师范大学学报(哲学社会科学版)》1988年第1期。

至少有近200年历史的冯九庙（1996年）

意避讳"[1] 的推断，那"九仙庙"的存在更几乎成了铁板钉钉的事实。在这种标点、论证及推断的误导下，于是就出现了"诗斥九仙庙""九妖庙题壁诗"等不正确的说法。

其实，没弄清寺庙真实名称的根本原因，还是缺乏深入的调查研究，不了解地方的真实情况，结果是人云亦云，以讹传讹。在武宣和象州，无论地方史志，抑或乡村民间，确实从未出现过"九仙庙"的踪影，也未有过"九仙"偶像崇拜的现象。但是，在通往双髻山、紫荆山的交通要道上，却真实地立着一座冯九庙，根据遗存的碑刻，其至少已有近200年的历史。在1958年之前，武宣东乡圩、锦卜村、屯应村的群众，每逢农历三月三，都集结到庙里敲锣打鼓，舞狮舞龙，杀猪祭拜，祈求保佑。

因此，只要了解并正视客观的历史和现实，那寺庙名称的纠结就能迎刃而解——洪秀全在东乡"举笔题诗"、自称"天王"之祠庙是屯应村的冯九庙，而"九仙庙"子虚乌有，并不存在。

---

[1] 吴良祚：《太平天国避讳方法探略》，载《浙江学刊》1988年第2期。

（六）"毁坛庙神像"的象征性庙宇——大樟甘王庙旧址

甘王庙，又称甘王祖庙、三江大庙，坐落于今广西来宾市金秀瑶族自治县大樟乡互助村六龙屯，在屯东南面三江口的半山腰处。其始建时间已无考，"文革"中被拆毁。1989年，当地村民在旧址墙脚和门槛台阶的基础上重建。庙宇坐南朝北，台阶式二进间，总面宽15.6米，进深11.6米，建筑占地面积180多平方米。砖木混凝土结构，抬梁式木构架，前后各有4根立柱。红色砖墙，双坡悬山顶，红色琉璃筒瓦，正脊饰以双龙戏珠雕塑。后进正殿在"威灵显圣"横幅下，除奉祀甘王爷，还供奉着几尊偶像菩萨。门额上悬挂"三江大庙"横匾，两边挂"西粤无双士，南朝第一人"门联，它是属于大瑶山区的一座比较普通的庙堂。

1989年重建的甘王祖庙及奉祀的"甘王爷"（右下）

甘王是在桂中流传最广的被神化了的人物，他姓名甘佃，大樟乡古车村（今互助村）人，大约生活在10世纪的南汉时期，其事迹志书如此记载：

家富好施，贫而告者，未尝少吝。著灵异，决祸福，无不奇中。一日，聚邻里曰："吾厌世矣，示众以修身事。"言讫，瞑目而逝，乡人设庙象祀之。后封为惠济感应候，元加封惠济显应圣公，明加封王号。国朝道光、咸丰间，迭显灵迹，靖寇安民。事闻，敕封威灵王，列入祀典，地方官春秋致祭。[①]

甘王庙被毁后遗存的门槛台阶（上）及石础（下）

甘王既然如此灵验，且又"列入祀典"，故许多地方都为之立庙塑身祭祀，除在古车村三江口建立甘王祖庙，中平圩有甘王总庙，寺村圩有甘王大庙，州城有甘将军庙，州内各村庄也多有甘王庙，总数以百计。此外，在桂平、武宣等地也有不少的甘王庙。因此，甘王成了以大瑶山为中心的象州、浔州等地普遍敬畏的乡土之神，民间尊为"甘王爷""甘王圣公"。每年农历七月二十八日即甘王的生日，当地都会举行为期三天的庙会及祭拜甘王的仪式，搭台唱戏，舞狮舞龙，唱山歌，抬"甘王爷"神像巡游，谓之"神游""出巡"，形成当地瑶、壮族民间一种独特的宗教信仰。

---

① 清同治九年《象州志》下，《纪故·第四帙》。

始建于明成化年间的桂
平弩滩甘王庙

象州中平圩仁义河边的
甘王总庙，曾是太平军
前线指挥部，北墙外绘
有多幅相关壁画

　　1847年10月（清道光二十七年九月），拜上帝会总机关转移到高坑冲后，洪秀全、冯云山每天"写书送人，时将此情教导世人，多有信从真道焉"[1]。他们"劝人敬拜上帝，劝人修善。……敬上帝者，不得拜别神，拜别神者有罪"[2]，这就与当地社庙遍布及偶像崇拜多元化的现实产生了冲突。据调查，当时"在紫荆山，从大冲到三江圩，十五华里间就有盘王、雷王和朗厂三座庙宇。与此同时，村村有社坛，到处立上'田头伯公石'"[3]。不仅如此，地方势力还往往将这些社、庙神明"正

————————————————————

① 《太平天日》，载中国史学会主编《太平天国》（二），上海人民出版社，1957年版，第648页。
② 《李秀成自述》，载中国史学会主编《太平天国》（二），上海人民出版社，1957年版，第787页。
③ 广西师范学院史地系：《太平天国起义几个问题的调查》，载广西太平天国研究会编《太平天国史研究文选》，广西人民出版社，1981年版，第272页。

捣毁甘王庙 （桂平市金田起义博物馆，油画）

明代铸造的"甘王爷显圣"花钱

题诗毁神（《太平天国通俗画史》插图）

统化"，并依此形成村落联盟组织，维护既得利益及秩序。因此，拜上帝会要获取更大的发展空间，当务之急是"毁坛庙神像以神其说"[1]，并借此瓦解村落联盟，打破乡村原有秩序。

洪秀全在迁居高坑冲之后不久，就听人讲起大樟三江口甘王庙的种种怪异传说，都说甘王显法，十分灵验。该庙是众多甘王庙之"祖庙"，在当地人心目中享有至尊地位，也被地方视为"正统"神明的坐标。大樟三江口就在紫荆山之西麓，从大冲过去并不远，为此，洪秀全决定拿这座在当地最有影响力，也最具象征性意义的庙宇开砸，他说："此正是妖魔也，朕先救此一方民。"他要为会众在紫荆山的"毁坛庙神像"做出示范。

10月24日，洪秀全和冯云山、曾云正、卢六等5人翻山越岭，前往象州县大樟三江口。次日，在到达甘王庙后，洪秀全先拿竹竿猛敲甘王塑像，历数其打死母亲等十款大罪，继而命冯云山等人"将妖眼挖出，须割去，帽踏烂，龙袍扯碎，身放倒，手放断"。然后以"太平天王"的名义题诗在壁云：

> 题诗行檄斥甘妖，该诛该灭罪不饶。
> 打死母亲干国法，欺瞒上帝犯天条。
> 迷缠男妇雷当劈，害累世人烧定烧。
> 作速潜藏归地狱，腥身岂得挂龙袍？

随后"又写天条及王诏贴壁"，警告如重立妖庙，"定与此妖一同治罪"。接着，冯云山亦据此题诗在壁，诗曰：

---

① 清光绪二十年《浔州府志》卷四十九，《列传·武宣》。

大樟三江口甘王祖庙远眺

奉天讨伐此甘妖，恶孽昭彰罪莫逃。

迫我弟妹诚敬拜，诱吾弟妹乐歌谣。

生身父母谁人打，敝首邪尸自我抛。

该处人民如害怕，请从土壁读天条。[1]

事毕，一行5人如释重负地赶回紫荆山。

洪秀全捣毁甘王庙的行动在当地引起了巨大的反响，"自打破此妖，传闻甚远，信从愈众"，紫荆山区由此掀起了一阵强劲的"毁坛庙神像"风潮，这正如当地人所说："洪秀全、冯云山在紫荆山拜上帝，不拜邪神，到处打听有什么神坛庙宇，见了就打，连大树底下、田头地边设的土地伯公社坛都一扫光。"[2]而其中尤以蒙冲的雷庙被砸震动最大，牵涉最广，并由此引发了一场历时半年的政治官司。

---

①《太平天日》，载中国史学会主编《太平天国》(二)，上海人民出版社，1957年版，第649~650页。

②饶任坤、陈仁华编：《太平天国在广西调查资料全编》，广西人民出版社，1989年版，第110页。

（七）引发了一场政治官司的神庙——蒙冲雷庙遗址

雷庙遗址位于今广西桂平市紫荆镇蒙冲村长田屯。清朝前期，在紫荆山蒙冲就有祭祀"五谷诸神于扶由水口，雷王列神于木山之中"的两座庙宇，但因"二庙均非形胜，兼之卑湿颓坏有年"，1815年（清嘉庆二十年），蒙冲石人村乡绅王东城等人倡议将"两庙合祀"，并带头捐资，于长田屯重建了新的雷庙，因庙内供奉三神明——"左谷神，右雷神，及原祀配享之神"，故该庙又称"三圣宫"。两庙合祀后，还供奉文昌和关帝。地方乡绅之所以要将二庙合祀重建，目的是要借此神庙"伏魔以助天，施开化以纠民"[1]，维护地方的社会秩序。

紫荆山蒙冲雷庙遗址

1847年10月（清道光二十七年九月），洪秀全、冯云山等赴象州县大樟捣毁甘王庙后，在紫荆山区迅速掀起了一场"毁坛庙神像"风潮，山内大小神坛庙宇均被波及，而坐落于蒙冲花蕾水边山坡上，"这里附近很多人来拜"的雷庙，当然也不能幸免。12月下旬，洪秀全、冯云山率领会众直奔石人村，愤怒地捣毁了雷庙。对于雷庙被毁的具体经过，籍载阙如，但通过采访当地老人，从他们的口述中仍可略窥一二。据他们说，"洪秀全带领会众打蒙冲雷庙，走到庙门，大家高喊'斩妖！'然后举起竹杠就打。把大小几十个菩萨全部打倒在地，还扯去他们的胡子，

---

① 清道光元年《始建三圣宫碑记》，该碑原立于紫荆蒙冲村长田屯雷庙内。

今桂平市紫荆镇蒙冲村雷庙坪俯瞰

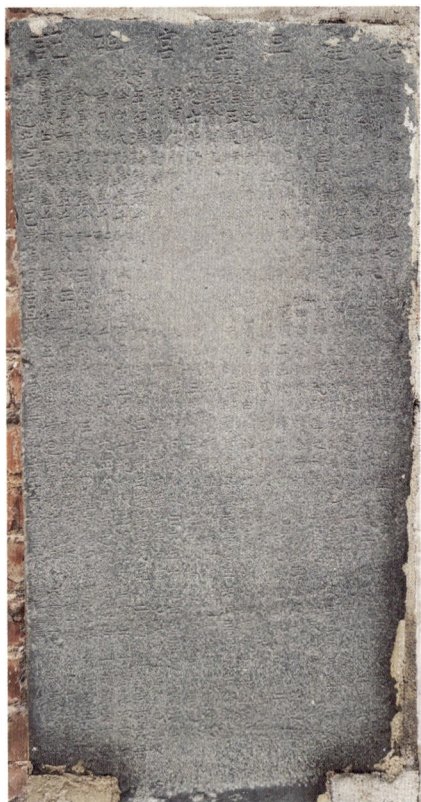

遗存的《始建三圣宫碑记》石刻

以示惩罚"①。

雷庙被砸后，没有再恢复起来，因年久失修，加上当时有钱有势的王氏头面人物的逃离，庙宇逐渐变成了一片废墟，唯立于1821年（清道光元年）的《始建三圣宫碑记》尚且留存。1983年，该碑石被搬移并镶嵌于今金田村犀牛岭"金田起义碑廊"。

洪秀全、冯云山率众捣毁雷庙，给久已伺机寻衅的乡绅王大作、王作新找到了抓人的由头。1847年12月28日（清道光二十七年十一月廿一日），王作新秘密调动团丁，以突然袭击的手段拘捕了冯云山，并把他交给保正以便转解官府审办。拜上

---

① 广西师范学院史地系：《太平天国起义几个问题的调查》，载广西太平天国史研究会编《太平天国史研究文选》，广西人民出版社，1981年版，第273～274页。

官府拘捕了冯云山和卢六（《太平天国通俗画史》插图）

帝会的曾亚孙、卢六闻报，立即出动会众把冯云山抢回。但王作新不甘罢休，他以冯云山"为结盟借拜上帝妖书，践踏社稷神明……迷惑乡民，结盟聚会，约有数千人。要从西番旧遗诏书，不从清朝法律"[①]等情，指控其"阳为传教，阴为谋反"，连同起获的抄书数本及门联"证据"[②]，向江口司巡检衙门提出了控告，继又具文向桂平县递呈。为此，江口司巡检王基拘

清代桂平监狱门前石鼓（广西壮族自治区博物馆收藏）

---

①方玉润:《星烈日记》，载太平天国历史博物馆编《太平天国史料丛编简辑》(第三册)，中华书局，1962年版，第82页。

②据王作新曾孙王朝森口述，王作新曾把冯云山的"暂借荆山栖彩凤，聊将紫水活蛟龙"门联，窜改为"聊将紫水活金龙"，以作为冯云山谋反的证据。

谋划起义（桂平市金田起义博物馆，油画）

捕了冯云山、卢六，并于1848年2月（清道光二十八年正月）解送桂平监狱管押，由此开启了一场历时半年的政治官司。

因"打砸雷庙"而引发的这场政治官司，影响颇为深远。在此事件中，卢六冤死牢狱，拜上帝会痛失干城，领导力遭到了削弱；而冯云山被押、洪秀全回粤，拜上帝会出现的管治真空又给杨秀清假托天父、萧朝贵假托天兄下凡传言创造了机遇。这场"打庙"官司虽然以冯云山因"无籍游荡"而被"递籍管束"，并重归紫荆山而告终，但此时拜上帝会的领导结构已发生了重大的变化，杨秀清、萧朝贵身份和地位的上升，特别是"代天父天兄传言"权力的取得，改变了拜上帝会原有的政治生态，直接影响了此后领导集体的凝聚力和行动力。

紫荆山乡绅王作新故居（上屋）

（八）拜上帝会的死对头——乡绅王作新故居

王作新故居坐落于今广西桂平市紫荆镇蒙冲村石仁屯78号。故居是一座靠山临水的院落，坐西北朝东南，现存院子占地面积约1520平方米，由门楼、正屋、前院、天井、杂物房等组成。现正屋为二进五间两廊布局，总面宽27米，进深9米，建筑占地面积243平方米，它以河卵石砌基脚和底墙，将黄泥拌沙石舂上墙（门面则用青砖砌底墙，泥砖筑上墙）。泥砖木结构，双坡悬山顶，小青瓦屋面。院子前面有一口大水塘，东北面的山顶上原有一块酷肖立人的巨石，"石人村"由此得名，后因当地曾姓人将巨石炸毁，"石人"已不复存在，村名遂演变为"石仁"。

王作新（1813—1870），祖籍广东嘉应州（今梅州市），曾祖父达瑞于1753年（清乾隆十八年）由粤迁桂，定居桂平紫荆山大广鸭冲，后又迁花蕾山塘村。道光年间，

今桂平市紫荆镇蒙冲村石仁屯

王作新故居及屋前水塘俯瞰

祖父文斗再迁居石人村（当时属武宣县管辖）。之后，通过多年苦心经营，家境逐渐富裕起来。到父亲东城时，王家广置田产，年收租谷数万斤，成为紫荆山区首屈一指的富户。东城发财后，在离祖屋不远处择地另建新居。祖屋在花蕾水下游，叫下屋，而新居在花蕾水上游，故名上屋。王作新与父亲此后一直居住在上屋。作新生有6个儿子，按长幼依次为乾元、万元、季元、良元、鹏元及锦元。

故居正屋后座的王家祠堂

　　王氏家族十分重视子弟的教育培养，激励他们读书仕进。正是在这种"崇儒重文"的家庭环境熏陶下，王作新与堂兄王大作一个是附生，一个是贡生，是当时紫荆山区难得的一对秀才，也因此成了封建秩序的卫道士。1844年（清道光二十四年），冯云山刚进大冲教书时，王氏兄弟为摸清其底细，曾以聆听讲学和切磋诗文之名，登门拜访过冯云山，而通过互相交谈，特别是冯在书馆门口贴出对联后，他们立即警觉"来者不善"，并断绝了与冯的来往。大作还命儿子德钦四处奔走，"谕其乡人，勿为所惑"[1]。拜上帝会到处砸社毁庙

---

① 1920年《桂平县志》卷三十四，《列传一贤能》。

王作新故居东北面门楼

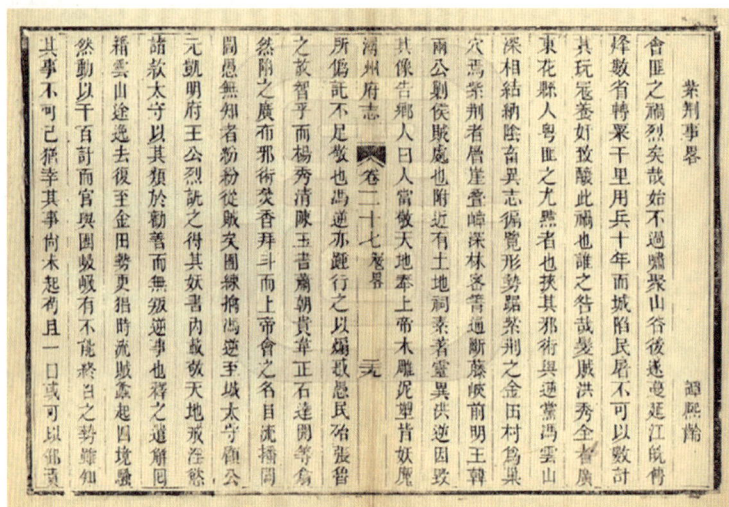

清同治《浔州府志》所
载之《紫荆事略》，对
"打庙官司"有较详细
的记述

后，他俩更看出此乃"先打神，后打人"，意在"争王夺国"①。雷庙是王氏父辈倡建的，它的被砸，终于使其与拜上帝会的矛盾公开化。

为了把拜上帝会的"逆谋"消灭在萌芽状态，1847年（清道光二十七年）底，王作新在调动团练拘捕冯云山未遂后，以起获的数本抄书及窜改过的门联为证据，向江口司巡检衙门提出了控告，并具文向桂平县递呈，指控冯云山"为结盟借拜

---

① 饶任坤、陈仁华编：《太平天国在广西调查资料全编》，广西人民出版社，1989年版，第111页。

在王作新唆使下，王谟村团练在古林社（上图）截击了太平军的后队

上帝妖书，践踏社稷神明……迷惑乡民，结盟聚会，约有数千余人。要从西番旧遗诏书，不从清朝法律，胆敢将左右两水社稷神明践踏，香炉破碎"①。为此，冯云山针锋相对，辩解自己"遵旨敬天，不犯不法"，同时要求追究王作新"索诈诬控事"②。这场"打庙官司"因诉辩双方各执一词，加上地方官吏的"因循敷衍"而拖延了近半年。1848年6月（清道光二十八年五月），桂平知县贾柱根据浔州知府顾元恺所做的批示，判冯云山无罪释放，但因冯为"无业游民"，官府派两名差人把他递解回原籍，以交由当地"管束"。

冯云山在回籍的途中，巧妙地说服、感化了两位解差，然后一起重返了紫荆山。又经过两年多的组织和发动，紫荆、金田一带拜上帝会的势力日益壮大。1850年7月（清道光三十年六月），洪秀全发布总团营令，"通告各县之拜上帝会教徒集中于一处"。为此，分布在各地的拜上帝会众迅速行动，从四面八方"挈眷而来"，汇聚金田。在金田团营的过程中，会众与团练的矛盾和斗争也更加尖锐，磨擦在所难免，王作新、王大作见大势不妙，絜家逃往武宣县城躲避。

1851年1月（清道光三十年十二月），金田起义后，太平军挥师大湟江口。3月，

---

① 方玉润：《星烈日记》，载太平天国历史博物馆编《太平天国史料丛编简辑》（第三册），中华书局，1962年版，第82~83页。
② 李滨：《中兴别记》，载太平天国历史博物馆编《太平天国资料汇编》（第二册上），中华书局，1979年版，第6页。

撤出江口，经新圩、紫荆往武宣，但在途经古林社时，"王作新唆使王谟村人截击太平军的后队"，掳去10余人。太平军大怒，攻入王谟村，杀死刘星旋、刘上珍等13人，并"派人去找王作新，没有找到，在他家的门口贴了一副对联：'得转还仇千古恨，更深夜静细思量'，并放火烧去王作新的小楼"①。7月，太平军从象州再

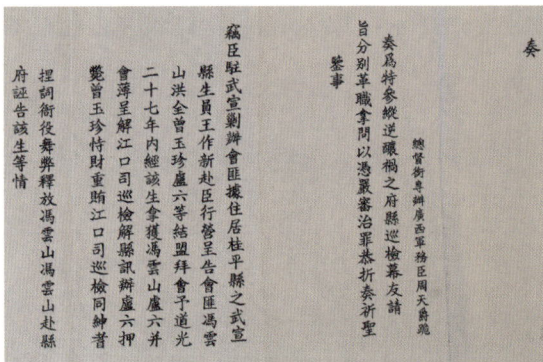

周天爵奏请将桂平县知县王烈等革职拿问折（复制品，桂平市金田起义博物馆收藏）

次回师紫荆、金田，为此，王作新"集团助剿"，全家族上阵，与太平军兵戎相见，结果，其三子季元，侄子伯元、仲元、士元，以及武生罗思扬、罗思展、童生罗浩、罗启生等皆阵亡。据时人所述，在此期间，"作新家族八十余人皆被害"②，可谓举族以死殉道。

王作新墓碑（王作新故居收藏）

王作新作为拜上帝会的死对头，在乡绅中算是少有的颇具见识的人，如对冯云山的观察、判断就很细致到位，如果不是地方官吏疏忽，"纵虎出柙"③，或许，拜上帝会的历史会改写，故史志称"云山而死，则秀全之乱不成"④，也正因如此，金田起义事发后，清广西巡抚周天爵对在"打庙官司"中"不作为"的官员进行了追责，顾元恺、王烈、王基等皆被革职拿问，而有先见之明的王作新则受到了嘉奖。据传，朝廷曾有意召他进京做官，遭婉拒后，地方官吏又保举他担任县主簿之职。他去世后，受赠"文林郎"谥号，在新圩"忠义祠"内供奉牌位，享尽哀荣。

① 饶任坤、陈仁华编：《太平天国在广西调查资料全编》，广西人民出版社，1989年版，第190～191页。
② 李滨：《中兴别记》，载太平天国历史博物馆编《太平天国资料汇编》（第二册上），中华书局，1979年版，第7页。
③ 张德坚：《贼情汇纂》，载中国史学会主编《太平天国》（三），上海人民出版社，1957年版，第289页。
④ 清光绪二十年《浔州府志》卷五十六，《纪事》。

四 花洲团营

花洲位于今广西平南县西北45公里，清朝时属鹏化里思和水。其北有羊牯顶，东面远处是海拔1162米的东王山，近处是花石顶，南面是白崖顶，西面为蒲术顶，与瑶山毗连。连绵数十公里，高山环绕，山深路僻，形势十分险要，是进可攻退可守的兵家必争之地。

1850年7月，洪秀全发布总团营令。不久，洪秀全、冯云山隐藏于花洲北面的山人村，谋划和指挥各地会众齐集金田。随后，胡以晃、蒙得恩等人在花洲团集会众，编立营伍，并与清军和团练展开了激烈的战斗。花洲团营成为金田总团营的缩影，"迎主之战"的胜利为洪秀全、冯云山平安回归，发动和领导金田起义提供了保障。

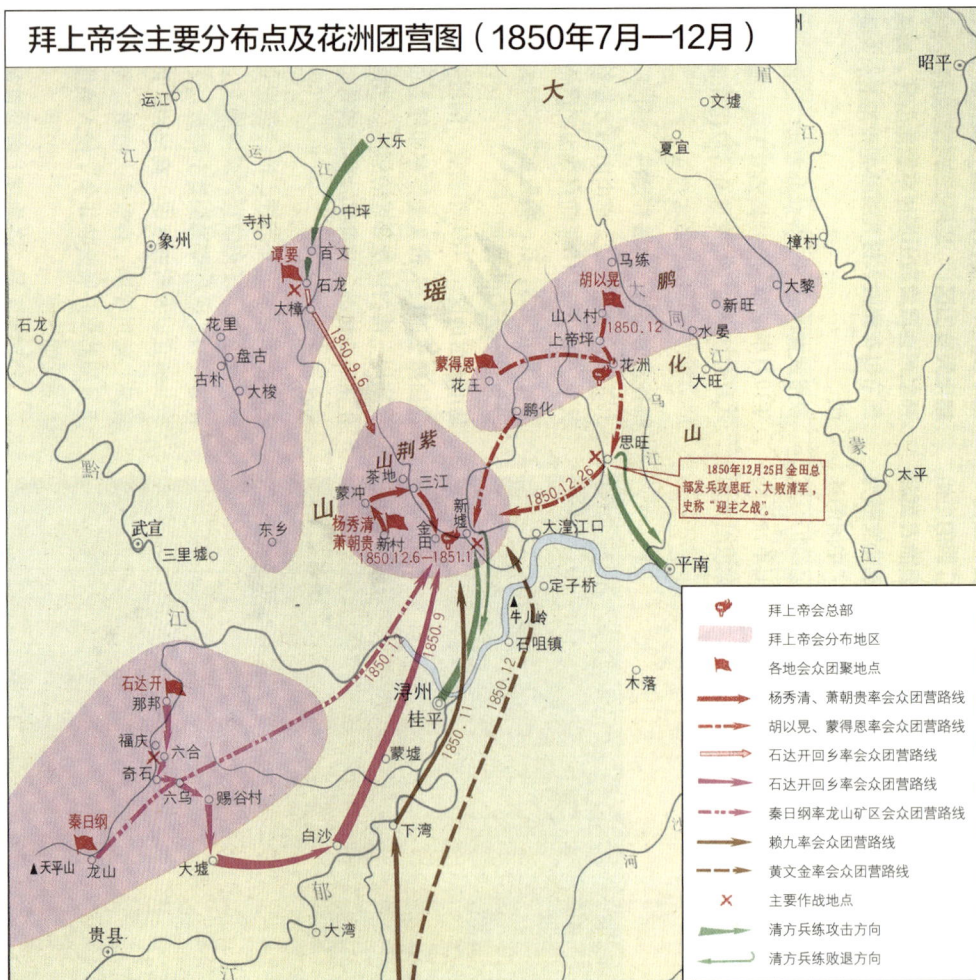

拜上帝会主要分布点及花洲团营图（1850年7月—12月）

（一）功名不就的"武秀才"——豫王胡以晃故居

胡以晃故居坐落于今广西平南县官成镇新平村罗文屯，距县城约30公里。故居为其父亲胡琛建造，始建于1813年（清嘉庆十八年）。房屋依山而建，坐西北朝东南，原主体二进三开间，左右有附屋，砖木及夯墙结构，悬山顶。原有房15间，现尚存正厅、厢房等5间，面宽25.7米，进深8米，建筑占地面积205平方米。主体为打磨的青砖夹泥砖筑砌，有廊柱，柱顶架斗拱，檐墙有彩色壁画。

太平天国豫王胡以晃故居

罗文村是平南路三里的一个村庄，村前是一片开阔的盆地，四面高山环抱，小溪从村中穿过，流水潺潺，河上搭建有桥梁，山清水秀，颇有"小桥流水人家"的景致。胡以晃祖籍为江西省临江府新喻县，明末清初，其太高曾祖父胡其灼迁居平南县八峒，到高曾祖父胡斌时，再迁罗文村。由于其灼善于钻营，乘瑶民"四野奔散"之机，广置山场田地，故很快便成了当地的"山乡巨富"。

胡以晃高曾祖母覃氏墓，现仍立于平南县官成镇新平村高帝屯独牙蜈蚣山南面。该墓葬于清乾隆

高曾祖母覃氏墓碑

故居房屋雕梁画阁

平南县路三里罗文村

坐落于罗文村的胡氏宗祠

初年，清咸丰初年被清军挖掘破坏，1861年（清咸丰十一年），重新修葺并立碑。其坐北朝南，为半球形墓冢，占地面积138平方米，原为砖墓，现只有墓门残留青砖。墓门左面墓碑高96厘米，宽63厘米，碑文共182字，字径大的4.7厘米，小的2.5厘米，对胡氏家世的记述甚为清晰，是研究太平天国豫王胡以晃的重要实物资料。

进入平南的胡氏发展至第四代，家族财势更为显赫，以晃祖父胡赞运和叔祖父胡嗣运，一个声称"富至粮租五百余石"，一个夸耀"膏亩粮租千石"。到父亲胡琛时，由于其善"操胜算，展鸿图"，占有田地5000多亩，年收粮租竟达48万斤，这一财富量级不仅使其"家震声扬"，而且成为"雄霸一方"的人物，"通称豪富杰绅"。

胡以晃画像

胡以晃（1812—1856），字杏云，兄弟三人，他居老二，小名胡二妹。1821年（清道光元年），"家本素封"的他却遭遇了父亲去世、家道中落的变故，他9岁就成了孤儿，主要靠收取名下田地四五万斤的粮租生活。长成后，他"曾应童子试"，考中了武庠生，即武秀才。在赴省城应科时，"才艺压场，本选高魁，惟尾场大弓所误，顿虚虎榜题名"[①]。因乡试落第，功名不就，加上在分家产时，兄弟之间又有过节，此外，还受到八峒公福社有钱有势的卓氏的打击和排挤，他心灰意冷，

---

① 胡如松等修订：《胡氏族谱》，载黄素坤《天国成败与花洲团营人》，北京燕山出版社，2001年版，第374页。

平南县大同里山人村

萌生退意。1839年（清道光十九年），27岁的他悄然离开了罗文村祖居，独自"迁大同里山人村结造庐舍"，并在这个僻静的小山村里，过起了深居简出的生活。

1845年（清道光二十五年），冯云山进入紫荆山"布道聚众"后，也经常跨越鹏化山区开展传教工作，胡以晃家资富有，"慷慨好客，仗义疏财，有侠士风"，正是他物色的重点对象。1847年（清道光二十七年），冯云山亲赴山人村，登门造访，而此时的胡以晃正处于心情压抑、郁郁不得志之中，经冯云山的一番劝说开导，他很快就接受洗礼，加入了拜上帝会。

皈依新教后，胡以晃开始变卖田产，资助拜上帝会开展活动。"群逆常聚食其家"，他传教活动的范围从大同里、鹏化里，逐步扩大到金秀瑶山以及藤县大黎山区，成为平南、藤县一带拜上帝会的首领。金田起义时，他已超过40岁，虽是首义主要领导人中年事最长者，但冲锋陷阵，所向有功，亦荣列太平天国"五虎上将"之一。1851年（清咸丰元年）底，太平天国在永安封王，他受封"春官正丞相"。1854年（清咸丰四年），又被褒封为"豫王"，成为太平天国前期八王之一。

山人村庐舍里的八仙桌 （广西壮族自治区博物馆收藏）

1977年8月和1981年10月，其故居及高曾祖母覃氏墓碑先后被公布为平南县文物保护单位。

（二）"粗通笔墨"的自耕农——赞王蒙得恩故居

蒙得恩故居坐落于今广西贵港市平南县大鹏镇大山村马玲屯，距县城西北约50多公里。马铃屯周围都是高山，一条溪水绕山边蜿蜒流淌，蒙得恩的家在村的最西头，建在溪边小丘陵的坡上。房屋为泥砖瓦木结构，坐西朝东。主房一座两廊，三间正屋，边接两旁廊屋，共有房子12间，建筑占地面积约400平方米。屋前有泥墙围圈起来的长方庭院（晒场），墙基用大石砌成。大门外有一口鱼塘，屋南面有通花王水边的石阶小道，屋后青竹婆娑。

太平天国赞王蒙得恩故居

蒙得恩故居正屋

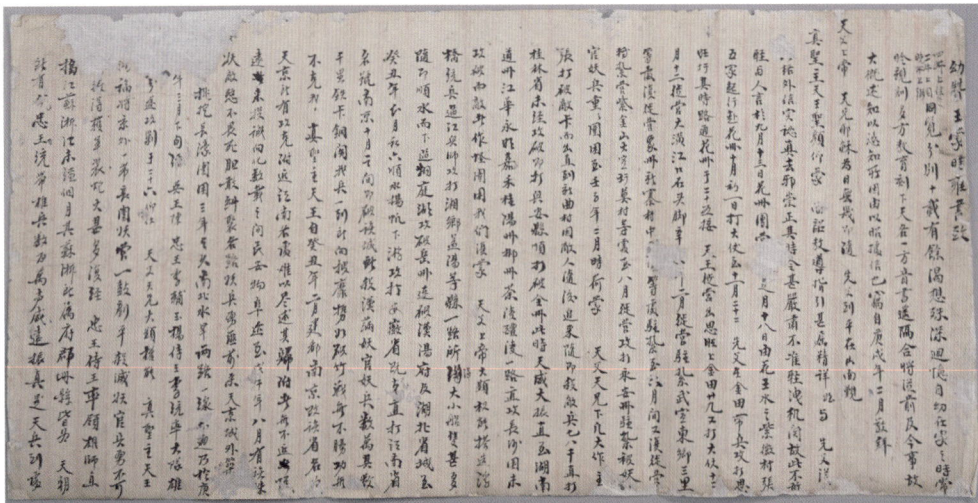

幼赞王蒙时雍家书 （复制品，平南县博物馆收藏）

1862年（清同治元年），幼赞王蒙时雍修家书一封，托人从天京千里迢迢地送回家乡，信中希望亲属前往天京"同享富贵""以安宗亲，断不使仍似前时之苦难"①。为此，一些亲属开始变卖家产，准备前往天京"跟蒙时雍同食天禄，享受荣华富贵"。年底，蒙得恩叔父蒙德扬与侄儿上安、上国，将马玲屯的祖屋以"铜钱肆拾伍千文"的价格，卖给了八寨村的张俊智、张俊睿兄弟。张氏兄弟买到手后，在原房屋基础上将平房改为了楼房，但房屋的主体结

卖买房屋田园的"契纸"（平南县博物馆收藏）

构基本未变。当年双方卖买房屋田园的"契纸"，至今仍保存在张氏后人手中，成为研究太平天国前期历史的重要物证。

1989年7月，该故居被公布为平南县文物保护单位。

①《蒙时雍家书》，载中国史学会主编《太平天国》（二），上海人民出版社，1957年版，第758页。

蒙得恩画像

蒙得恩（1806—1861），原名上升，"因敬拜上帝，上字犯讳，改名得天；复因天字崇隆无比，故又改名得恩"①。祖籍广东南雄县，汉族客家人。其先祖明成化年间，迁居佛山，不久再迁广西平南。到高曾祖父蒙道先时，又移居鹏化里马玲村。之后子孙繁衍，分布各地。祖父创下了一些家业，打下"一仓谷一栏牛的家底"。后来三个儿子分家，父亲蒙显扬分得的田地大部分在马玲村。得恩同胞兄弟四人，他年纪最大，以下依次为上国、上信、上弼。一家人除上弼迁居桂平宣一里，余下三兄弟仍住在祖屋，"同耕同食"。因父亲去世较早，胞弟尚幼，家庭开销较大，故得恩在农闲时还兼做一些小本生意，他经常挑货郎担游村串户，赚些小钱，帮补家用。

蒙得恩五世祖父蒙道先墓位于鹏化里大山村教化屯屋背山上，该墓坐东北朝西南，墓长13米，宽8米，墓穴3.5米，墓堆径2米，高0.90米，封堆外围用青砖砌筑。墓碑在冢后，于1825年（清道光五年）立，碑高75厘米，宽50厘米，碑文大字径为3.5厘米。碑上刻有墓主及其子孙六代67人的名字，辈序是文、朝、廷、扬、上、时，其中，蒙上升、蒙时雍、蒙上国、蒙上弼等人的名字赫然碑上。

蒙得恩之五世祖父蒙道先墓冢

蒙得恩之五世祖母韦氏墓冢

蒙得恩五世祖母韦氏墓位于鹏化里花王村更垌屯西南半坡上，该墓葬于1752年（清乾隆十七年），重修于1796年（嘉庆元年）。墓冢呈半球形，冢后立石碑一通，

---

① 《蒙时雍家书》，载中国史学会主编《太平天国》（二），上海人民出版社，1957年版，第756页。

蒙得恩父亲使用过的琉璃青酒壶 （平南县博物馆收藏）

碑高67厘米，宽48厘米，碑文大字径4.5厘米，小字径1.5厘米。墓穴占地面积60多平方米。

两座墓碑为考证蒙得恩的家世及民族成分提供了重要的依据，具有很高的史料价值。1977年8月，两座墓碑被公布为平南县文物保护单位。

蒙得恩当家时，房屋、耕牛、农具基本齐全，"年收稻谷万斤左右"，算是当地比较普通的自给自足的自耕农。但是，这种"自耕自食"境况只能维持温饱生活，要想出人头地几乎不可能，这对"粗通笔墨"，"平日迷信坟山风水，好谈八字相命"的他来说是十分苦恼和无奈的，紧邻的八寨村的罗家和张家有钱有势，使他自惭形秽，感到"两大之间难做人"。罗家还经常欺负蒙家，不仅挑唆流氓无赖调戏妇女，而且明目张胆霸占山场、坟地或田园。正当他感到无比愤懑，在苦恼中挣扎的时候，上帝教传入了花王水，"不敬邪神，同拜上帝，共食天禄"的宣传似醍醐灌顶，使他决定"走去拜上帝，吃天禄"。

1850年3月（清道光三十年二月），蒙得恩开始"敬拜天父上帝、天兄耶稣"。不久，他与儿子蒙时雍一道，爬山涉水，来到桂平鹏隘山"面觐真圣主"洪秀全，"仰蒙面诏教导，指引甚属精详"，从此，父子俩"格外信实认真，去邪崇正"[1]。得了"圣主"真传并回到家乡

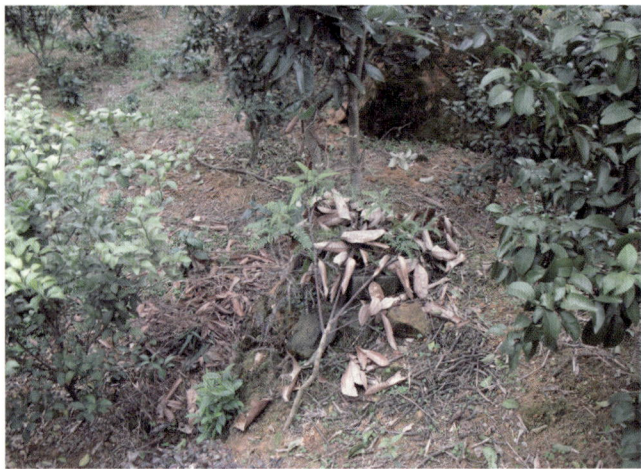
景华村"拜旗坪"的掩体洞穴遗址

---

[1]《蒙时雍家书》，载中国史学会主编《太平天国》(二)，上海人民出版社，1957年版，第755页。

后，他立即开展了宣传和发动工作，许多乡民加入了拜上帝会。在今大鹏镇景华村边的山岭上，有一个叫"六壬坪"的小平台，面积2000多平方米，1985年，在为建设小学校舍挖掘地基时，曾发现了一个洞穴。据当地的老者说，这个洞穴就是当年蒙得恩组织"拜旗"时扯旗人卧藏的地方。现在"拜旗坪"上虽然种满了农作物，但掩体洞穴的遗迹仍清晰可见。

经过半年多的努力，蒙得恩收纳信众的工作有声有色。他走遍了鹏化、思洪、花王、邓塘四水的大小村落，动员了一大批汉、壮、瑶等族群众参加拜上帝会，有些甚至是"全家兄弟、叔侄、男妇都参加拜上帝会去了"[1]。在这些立志"同拜上帝，共扶真主"的会众中，涌现出了一大批能征善战的干才，如花王水界冲坪的莫仕暌、罗得村的吉能胜、旺村的赖昌永、灯盏村的张善超等，这支活跃在鹏化山区的拜上帝会武装，在后来的金田团营起义中，发挥了非常重要的作用。

太平天国定都天京后，蒙得恩深受洪秀全的信任和重用，"掌握重权，总理国事，备极勤劳"[2]。1859年6月（清咸丰九年五月），被褒封为"赞王"。

太平天国赞王蒙得恩故居俯瞰

---

① 钟文典：《太平天国人物》，广西人民出版社，1984年版，第318页。
② 《蒙时雍家书》，载中国史学会主编《太平天国》（二），上海人民出版社，1957年版，第756页。

（三）"打救政胜二人"之据点——敬王林大居故居及墓冢

　　林大居故居位于今广西平南县平南镇平田村新屋儿屯。其始建于清乾隆年间，坐西北朝东南，为青砖白瓦木质结构，五井两廊平房，建筑占地面积约280平方米。整座建筑颇具气派，屋内雕梁画栋，古色古香，"屋脊上气壮山河的龙凤和屋角上射向天际的凤尾"较有特色，而尤其是"太平天国西王手书的'天下归洪'四个大字和（会众）练武时在正梁和桁条留下的密似鱼鳞的刀枪痕迹"[1]清晰可见，弥足珍贵。但毕竟历经了200多年的岁月沧桑，加上年久失修，至1980年代，该屋宅桁梁腐朽，装潢"崩烂失色"，砖墙摇摇欲坠，随时有坍塌之危险，为此，林氏族人于1996年"慷慨集资"，进行重建。

太平天国敬王林大居故居遗址

　　现建起的房屋仅为原故居的正厅部分，其主要为林氏宗亲聚会议事的场所，故曰"众人厅"。建筑占地面积约60平方米，青砖瓦木结构，硬山顶，黄色琉璃瓦面，飞檐翘角，正脊饰以"双龙戏珠"琉璃雕塑。在修建过程中，虽称"力图保留原有风貌又别具现代特色"，但由于未能做到修旧如旧，加上保护不善，当年萧朝贵"天下归洪"手迹、拜上帝会教众练武时留下的"刀枪痕迹"已荡然无存。

---

[1] 林铭淦：《"众人厅"重修序》。石刻镶嵌于"众人厅"门首左侧墙壁上。

1996年重建的"众人厅"

林大居画像

林大居（1797—1873），又名大有，号敬轩。其祖籍福建漳州府南靖县，明代迁广东罗定州东安县。至清康熙年间，高祖父林仲捷再迁广西平南县路三里平田村，是为平田林氏居桂之始迁祖。仲捷有两个儿子，长子德君后迁居鹏化里六背、狮灵村，幼子佐君（大居曾祖父）仍留在平田。父亲悦松为太学生，娶庞氏，生二男二女，长男大龄，次男大居，兄弟俩均为国学生，在当地算是出身书香门第之"知书识礼者"。清乾隆年间，经商的大龄出资修建飞檐青砖瓦屋，此为当时村中唯一的新屋，故该地方后被称为"新屋儿屯"。

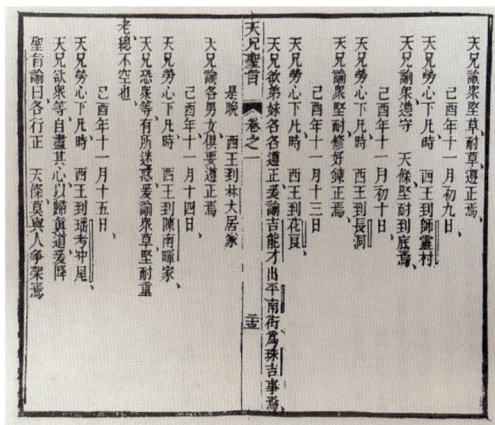

《天兄圣旨》记载"西王到林大居家"

1847年（清道光二十七年），洪秀全、冯云山到平南教人敬拜上帝，大居与堂兄弟大儒、大端、大立等皈依新教，成为忠实的信徒。1849年10月（清道光二十九年九月），平南发生了拜上帝会骨干王为政、吉能胜被捕入狱事件，为营救"政胜二人"，萧朝贵在几个月的时间里，日夜奔波于平南各地，29次伪托天兄下凡，号召

故居屋前，当年会众习武练兵的跑马场

会众同心协力，"科炭救护"。在此期间，12月26日晚，萧朝贵曾来到林大居家，假托天兄下凡，"谕各男女俱要遵正焉"。1850年1月13日（清道光三十年十二月十二日），萧朝贵又到花洲冲尾，除教导众人"扶王遵条"，还"题林大居及其子世福、世发、世拔诗云：'山林凫雀叫声玲，大河湖水福居仁。长起连灯花毯结，福人发达大小明'"①。

林大居家是"打救政胜二人"的重要据点，他在协助萧朝贵工作的同时，还积极开展了拜上帝会的活动，如在家里开武馆，在房屋前后空地建跑马场，组织并教导会众习武练兵。同时，还在3公里外之秀水岭一侧的地坪设"上帝坪"，用于会众"拜旗"，并收纳信徒。9月初，萧朝贵、韦昌辉再次来到大居家，派遣他设计调取象州以"妖宿"名义讲话之李来得，加以惩处。10月17日，胡以晃号召会众赴花洲团营，为此，大居举家相从，参加了花洲团营的一系列战斗。金田起义后，他随军征战，表现不凡。1855年（清咸丰五年），在天京荣升"真忠报国襄天候"。1860年（清咸丰十年），天朝发布《幼主诏旨》，他与王为政、吉能胜等17

---

① 王庆成编注：《天父天兄圣旨》，辽宁人民出版社，1986年版，第24～27页。据《林氏族谱》，林大居只有敷海、敷钟两个儿子，故世福、世发、世拔应是他的孙子。

秀水岭"上帝坪"遗址

太平天国敬王林大居墓冢

人，被列入"平在山勋旧"名单，"俱升封义爵"①。翌年，又被褒封为"敬王"。

1864年7月（清同治三年六月），天京城陷国破，林大居侥幸脱险，在经历了千辛万苦之后，只身回到了家乡。回归平田村后，他改名大有，深居简出，过着孤苦的晚年生活，直至1873年6月（清同治十二年五月）去世，享年77岁。他过世后，被埋葬于新屋儿屯东南的黄京岭上。墓冢坐北朝南，为呈半球形的土堆墓，高1.2米，直径2.5米，占地面积约10平方米。2006年4月，林氏后人对该墓冢重新进行了修整，并树立了新的墓碑，碑上铭刻着其生平事迹。

2012年7月，其故居及墓被公布为平南县文物保护单位。

---

① 《封杨庆善等爵诏》，载太平天国历史博物馆编《太平天国文书汇编》，中华书局，1979年版，第72页。

（四）鹏化里的土经纪——补王莫仕暌灵墓

莫仕暌灵墓位于今广西贵港市平南县大鹏镇高坪村高楼屯的高坡上，坐西朝东，占地面积42平方米。灵墓有坟冢、拜台，墓堆为混凝土覆盖，高0.6米，直径2.8米。墓堆前立有墓碑一通，高1.1米，宽0.65米。2002年冬，当地村民集体捐资，对灵墓进行了重修，树立墓碑并刻写了碑文，碑文简要地介绍了墓主人的生平。

太平天国补王莫仕暌灵墓

莫仕暌画像

莫仕暌，生卒年不详。先祖原居广西荔浦县的青山寨，清朝初年，因兵荒马乱，全家迁至平南县，以耕田种山为业。高楼村位于思洪水北岸，四面高山，水草丰美，但可耕之地不多。因人口不断增加，莫家不得不分家。其高曾祖父文耀迁到了鹏化里花王水之界冲坪，在那里开荒种山，兼搞些木材、山货过日子。

仕暌生于清道光初年，兄弟四人，他排行老二。年纪不大就失去了父母，成了孤儿。幸好舅父是个殷实的小木材商人，把他接回家中抚养，送入私塾读书，使他也"粗有文化"。他为人精明能干，青年时代就经常奔走村寨，出街入市，为人们的买卖做经纪人，交游甚广。由于得到舅父的提携，加上个人善于经营，他终于在当地成家立业，过上了较为富足的生活。

生活虽然有了着落，但似他这样的土经纪，收入并不稳定，还经常受到官府

莫仕暌当经纪人的"当
契"（平南县博物馆收藏）

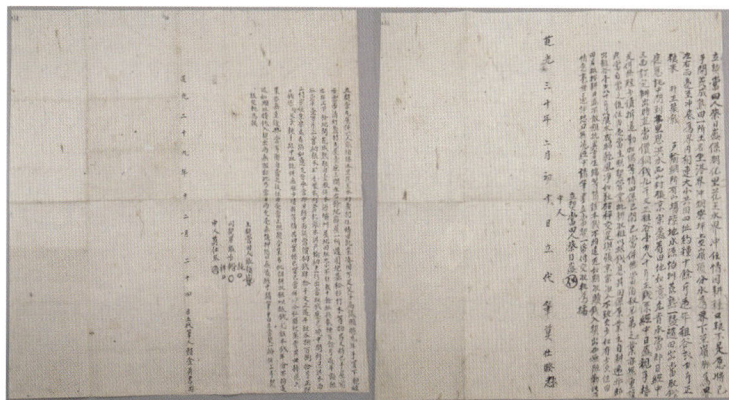

和恶霸的欺压。1849年（清道光二十九年）的某一天，是鹏化圩日，莫仕暌正在牛行里为人做"牛中"即当经纪，突然闯入两位官差要向他收钱，年轻气盛又身强力壮的他哪里忍受得了这窝囊气，没争辩几句就出拳把官差打得头破血流，滚翻在地。闯祸后，他躲回了界冲坪老家，生计自然也没了着落。正在这个时候，蒙得恩在灯盏村、紫微村一带秘密召人拜上帝，一经游说，他很快就加入了拜上帝会。

1850年10月（清道光三十年九月），花洲团营后，莫仕暌追随蒙得恩，参加了在思旺圩的"迎主之战"及随之而来的金田起义，因立下战功而享有"功勋加一等"的荣誉。进入

孕育花洲团营起义的鹏化山区

天京后，他先在干王洪仁玕手下协办外事。1862年（清同治元年），被太平天国褒封为"补王"后，则典理"天刑"。1864年7月19日（清同治三年六月十六日），天京在湘军的强烈进攻下沦陷，他只身冲出重围，变更装束，改名易姓，一路靠帮工或乞食回到了家乡。

回到平南老家后，莫仕暌在高楼村北约2公里的老瘦冲口搭了个茅寮栖身，靠捡牛屎猪粪出卖，或替人帮工，艰辛度日。70多岁去世后，族中兄弟叔侄们尽了最大的努力，为他薄棺殡葬，在老瘦冲口的山冈——大塘坪上营建了土坟，也就是现在的灵墓。2012年7月，该墓被公布为平南县文物保护单位。

平南县鹏化里高楼村老瘦冲

平南县大同里山人村拜上帝会遗址

（五）团营起义秘密指挥部——山人村拜上帝会遗址

山人村拜上帝会遗址位于今广西贵港市平南县马练瑶族乡北胜村山人冲，距县城西北60多公里。山人冲全长10公里，山人村位于中段的那磨峒，其北靠大瑶山，南下越过山梁即达花洲，东与大同里水晏、大旺及藤县大黎相接。全冲重峦叠嶂，密林遮掩，荆棘丛生，人迹罕至，乃形胜之地。明朝末年，知州胡仲康，号山人，曾隐居于此，"山人村"由此得名。

1839年（清道光十九年），胡以晃从路三里罗文村迁到了大同里山人村。他结造的庐舍依山傍水，坐落在一块长宽约4亩的平坡上，坐西朝东。庐舍是一列五间外加两廊的平房，夹杂几间小屋，建筑占地面积约200平方米。房子全部用河卵石砌脚，泥砖作墙，青瓦盖顶。正屋三间，面宽约17米，进深5米。屋前有个灰沙地堂（晒场），绕以泥筑草盖的围墙。大门东向，另有朝南开的取水小门。整个结构格局乃山庄田寮，与罗文祖屋相比，可谓天壤之别。金田起义后，庐舍被清军烧毁，土墙全部被捣平变成了稻田，但一些石头基脚尚有留存，在田基、田坎也能找到一些破砖碎瓦。1960年代，当地村民在遗址上建了一些房屋。1977年8月，

胡以晃的山人村庐舍遗址

该遗址被公布为平南县文物保护单位。

迁居山人村几年后，"家有钱，性豪爽，讲义气，很疏财，好交游"[1]的胡以晃，在冯云山的劝说下，加入了拜上帝会。皈依后，他"素以洪秀全等为友，与冯云山尤昵"。在洪、冯的指导下，他以山人村为据点，用"拜上帝者食天禄享天福"为号召，开展了收纳信众的工作，"拜旗"是其中很重要的一项。

在北胜村中胜坪，迄今仍留存一个当年"拜旗"的遗址，面积约1200平方米，东西长80米，南北宽15米，为一处凸高2米、呈椭圆形的荒坡地坪，是当年"拜旗"的场所。拜旗一般在晚上进行，拜旗之前先将大旗平置地上，为首者暗中用细线系住旗杆顶端。当信众俯首祈祷时，主持人暗自用力牵线，使大旗徐徐竖起，是为"得天意"。据说祭拜的旗帜共有6面，旗的样式是狗牙红边三角蓝旗。

1850年（清道光三十年）春夏之交，随着拜上帝会势力和影响的扩大，地主团练武装也加紧了镇压，双方的交锋进入了白热化阶段。7月，洪秀全以教主身份发

---

[1] 饶任坤、陈仁华编：《太平天国在广西调查资料全编》，广西人民出版社，1989年版，第121页。

北胜村中胜坪"拜旗"遗址

今平南县马练瑶族乡北胜村山人冲

出了总团营令，要求各地会众"时维十月初一日（11月4日）"前齐集金田，编制营伍，准备起义。为了领导者的人身安全，也为了有一个更隐秘的指挥中心，9月2日，遵照"天兄"的指示，洪秀全、冯云山在胡以晃的迎接下，赴山人村"避吉"密藏。洪秀全住在胡以晃的庐舍里，面对团营"八面燎起，起不复息"的大好形势，情不自禁地写下了豪迈的咏史述志之《时势诗》，诗云：

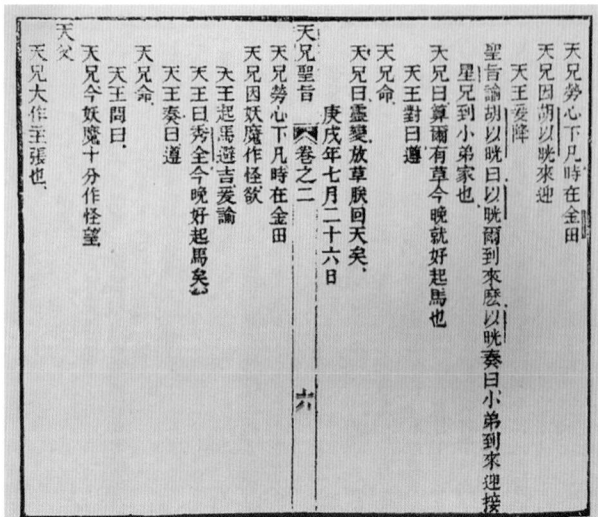

萧朝贵伪托天兄下凡，命胡以晃赴金田迎接洪、冯到山人村密藏。

近世烟氛大不同，知天有意启英雄。
神州被陷从难陷，上帝当崇毕竟崇。
明主敲诗曾咏菊，汉皇置酒尚歌风。
古来事业由人做，黑雾收残一鉴中。[1]

他自比汉皇明主，以"上帝"的平等、博爱相号召，以"斩邪留正""救世安民"为己任，"国势情形及本人志愿，均明白表示"。

为了迎接团营起义，胡以晃一方面奔波各地筹措粮饷，"祭旗会众"，另一方面则加紧打制武器。他意识到"要做大事，还得有刀枪"，因此，他派人在山人冲开炉铸铁，打制武器，参与打制刀枪等兵器的既有汉人师傅，也有瑶族工匠。打制武器处遗址，位于今北胜村打铁坪屯东南50米处，南北长约100米，东西宽约50米，占地面积约5000平方米，在遗址上曾出土过木炭及打制武器遗留下的铁渣等物，证实该处确为当年打制武器的地方。

团营令发出后，山人村实际成为统一指挥各地会众团营的秘密指挥部。为了

---

[1] 洪仁玕述、韩山文著、简又文译：《太平天国起义记》，载中国史学会主编《太平天国》（六），上海人民出版社，1957年版，第869页。

打铁坪打制武器处遗址

羊牯顶营远眺

大阨营远眺

稳住山人村大本营，确保洪秀全、冯云山的安全，胡以晃组织会众，构筑了四座营盘，山人村营处于中心，南面有双田营、羊牯顶营，北面有大阨营。山人村营是“侍卫营”，主要任务是保卫洪秀全、冯云山的安全，由胡以晃亲自驻扎，其面积约600平方米，四周用泥石构筑了高1米多、厚约1米的营墙。营盘南面是山梁，营门朝山梁开启。营盘当中用四根10多米长的杉木搭起一座岗楼，以作为观察敌情的瞭望台。虽然经历了170多年的风吹雨蚀、开荒砍伐，但该营盘的土围墙和闸口等遗迹，迄今仍清晰可辨。

山人村营土围墙遗址

（六）拜上帝会的副中心——花洲团营遗址

花洲团营遗址位于今广西贵港市平南县国安瑶族乡花洲村，广义来说，应为花洲山区。其地处马练、大瑶山的三边交界处，周围数十公里，崇山峻岭，沟壑纵横。它北靠大瑶山，西与紫荆、金田毗邻，往东直达藤县大黎。中间一冲蜿蜒而出思和，往前再走20公里的深冲高峡，才出平原，可谓交通要津，地势险阻。

平南县鹏化里花洲村旧貌

鹏化山区与紫荆山毗邻，冯云山进入紫荆山"布道聚众"，其活动的范围也涵盖了这一地区。鹏化里大小村庄数十个，80%以上是客家人。大同里居民除汉人外，还有瑶、壮族人居住。他们全以耕田种地为业，境遇之艰苦，与紫荆、鹏隘山民相似，故反抗的意识也十分强烈。为了更广泛地收纳信众，胡以晃、蒙得恩除了宣传"敬拜上帝，身家安全；五谷丰登，六畜兴旺"，还打出了"同拜上帝，共食天禄"的口号，许多汉、壮、瑶族的贫苦农民纷纷加入，皈依人数不断增加，到1848年（清道光二十八年），鹏化、大同里也成为"多事之区"，而处于该区域中心的花洲村，则成为金田村之外的拜上帝会的副中心。

花洲村旧屋屯拜上帝会据点遗址

　　花洲的拜上帝会不仅人数众多，而且十分活跃。位于旧屋屯的瑶族民居就是当年会众集中听"讲道理"及议事的地方，是拜上帝会重要的活动据点。而位于花洲冲尾林长坳的上帝坪，则是会众集合"拜旗"的场所。不仅如此，胡以晃还曾秘密架设了五架打铁炉，收集废铁，以打农具出售为名，打制刀枪等武器。团营开始后，此地又变成了部队的营盘，而且是最大、最重要的营盘。拜上帝会在这里训练兵马，修造武器。这是一个约7000平方米的半坡台地，四面群山环绕，既开阔平坦，又隐秘安全，很适合团集会众。1981年10月，该遗址被公布为平南县文物保护单位。

　　拜上帝会宣扬"肯拜上帝者，无灾无难，不拜上帝者，蛇虎伤人。敬上帝者，不得拜别神，拜别神者有罪"[①]，因此，花洲的会众除了"拜旗会众"，还"遇庙撤毁"。1849年9月18日（清道光二十九年八月初二日），会众把社山口的社公石打碎丢下水潭，为此，车旺村地主翁振三以会众捣毁神坛、"聚众谋反"为藉口，调

---

① 《李秀成自述》，载中国史学会主编《太平天国》（二），上海人民出版社，1957年版，第787页。

花洲村上帝坪遗址

集团练抓走了会众多人，这引起了会众与团练之间的武装冲突。会众攻入村中，没收浮财，火烧翁宅，并处死了他的两个儿子，为此，平南官府拘捕了王为政（洪秀全表侄）、吉能胜。为援救他俩，萧朝贵29次伪托天兄下凡，奔走平南各地，号召会众"齐心科财救护政胜二人"。营救虽未取得成功，但患难相救的积极作为，大大增强了会众的凝聚力。

1989年在上帝坪出土的护手角柄刀（平南县博物馆收藏）

今平南县大鹏镇花王村紫微屯

1850年7月（清道光三十年六月），总团营令发出后，团营即呈"八面燃起，起不复息"之势，但因萧朝贵有"千祈秘密，不可出名先，现不可扯旗"[1]的指示，故平南会众的团营行动较晚。直到10月17日，胡以晃始号召会众在花洲团营。动员令发出后，最先响应的是鹏化里的蒙得恩，21日，他即率花王、思洪水的会众"由花黄水之紫微村张五家起行赴花洲"[2]。紧接着，藤县大黎里的二三百会众也开进了山人冲古稔村，而各地的会众亦纷纷从四面八方向花洲汇集，他们一路上打菩萨、毁庙宇、焚烧地主团练房屋，斗争的目标十分明确。到达目

上帝教众砸毁鹏化里花王庙后，遗存的铁钟（平南县博物馆收藏）

---

① 王庆成编注：《天父天兄圣旨》，辽宁人民出版社，1986年版，第76～77页。
② 《蒙时雍家书》，载中国史学会主编《太平天国》（二），上海人民出版社，1957年版，第755页。

的地后，团营会众被分为四营，分驻于花洲顶、上帝坪、仰天螺、公太岭等处，队伍共有3000多人。当年团营的营盘及扎营地点仍留存有营墙和战斗掩体等遗迹。

花洲村猪鳢岭屯大血坪古战场

平南知县倪涛因"乱事已发"，急调各地团练及瑶丁围困花洲。首先出场的是大同里的团练，全里精干武装倾巢而出，来势汹汹，但刚到山人冲大沙岭即被会众打得一败涂地，败退双田村。接着上阵的鹏化里团练自恃练丁强悍，又有不少善走山路的瑶丁，攻势尤为凶猛，但同样被会众奋力击退。此役双方交战十分惨烈，鲜血染红了大片山地，以致原来无名的荒山，却留下了"大血坪""血河"等地名，并在古战场上残留累累白骨。

（七）花洲团营鏖战急——六桂之战战场遗址

六桂之战战场遗址位于今广西贵港市平南县思旺镇六桂村，地域包括福船、六桂、下炉等村屯，下炉屯为最主要的战地，遗址分布总面积约30万平方米。其为鹏化山余脉八峒山西南麓之丘陵地带，发源于鹏化山的思旺水在村西边流过，自北往南注入浔江。经过170年的岁月沧桑，当年的营垒、战壕早已难觅踪迹，但是，当地出土的几件有代表性的铁制火药武器，却真实地反映了"团营鏖战"这段悲壮的历史，证实这片土地曾经历过血与火的战斗洗礼！

1850年10月17日（清道光三十年九月十三日），平南拜上帝会首领胡以晄吹响了"花洲团营"的号角，鹏化山及其辐射地区——西起鹏化里花王水界冲坪，东至藤县大黎里，北自金秀大瑶山罗香，南到惠政里、路三里直至城郊，2000多会众闻风而动，从四面八方汇集花洲。拜上帝会众的大规模集结，引起了清朝地方官府的警觉和恐慌，平南知县倪涛急调大同、鹏化、惠政三里的团练及瑶丁，组织兵力围剿花洲。大同里、鹏化里的团练虽然人数众多，气势汹汹，但一进入花洲山区山人冲，与武装的教众一驳火即溃不成军，最后都大败而归。

为迅速扑灭已经发生的"乱事"，特别是阻止会众向桂平金田村转移，惠政里团练吸取了大同、鹏化里团练败绩的教训，他们到花洲后没有再贸然进攻，而是采取拦截围堵的战法，在花洲通往思旺的坳口插满木桩，企图截断会众前往金田团营的道路，将之困死在数十平方公里的花洲山区。

花洲团营之"六桂之战"战场遗址

数十平方公里的花洲山区

花洲山区之山人冲营盘遗址

"六桂之战"主战场——六桂村下炉屯

11月4日，胡以晃率领一支会众劲旅从花洲出发，捣毁坳口的木桩，经古榄，连夜偷袭惠政里团练和清秦川巡检司张镛驻守的隘口，在福船至六桂之间的丘陵地带，与清军激烈交战，把敌人打得抱头鼠窜，败回思旺圩。拂晓，六桂之战结束，是役击毙练丁48人，瑶丁8人，倪涛仓皇逃走，此即幼赞王蒙时雍家书中所说的"十月初一日打大仗"[①]。至此，从花洲村至花王水等数十村庄，均被拜上帝会武力控制，平南、藤县大黎及金秀罗香等地会众在花洲"团集会众，编立营伍"的任务初步完成。之后，蒙得恩率领数百教徒驰赴金田团营，胡以晃则率队"由花洲攻思旺"，继续战斗在平南境内。

思旺镇六桂村出土的铁炮和铁手枪 （平南县博物馆收藏）

1982年，平南县文博部门在今思旺镇六桂村收集到两件文物，一件是一支铁手枪，另一件是一门铁炮。手枪锈蚀得比较严重，但尚基本保留手枪铁架；铁炮重30公斤，细长形，炮身头细尾大，有七道加强箍，上铸呈Y形的耳轴铁架，炮尾呈象鼻嘴。药室有点火孔。据捐献人李发新说，这两件火药武器出自六桂村的一个庙地，该庙在100多年前的一场通宵达旦的战火中被毁，在废墟里，村人发现了这两件铁制武器。由此推断，这似乎应该是"十月初一日打大仗"即六桂之战时遗留下来的铁制火药武器。

[①]《蒙时雍家书》，载中国史学会主编《太平天国》(二)，上海人民出版社，1957年版，第755页。

（八）团营"迎主之战"——思旺之役战场遗址

思旺之役战场遗址位于今广西贵港市平南县思旺镇，距县城西北约20公里。思旺古称永隆，是平南四大商业古镇之一，早在清乾隆年间就有粤商在圩中建立会馆。其不仅物产丰富，商贸昌盛，而且地理位置十分重要，它北靠大瑶山，西邻大湟江口，是平南前往桂平江口、金田的交通要隘。永隆江从圩镇腹地贯穿而过，思旺之役就发生在江畔两岸，战斗遗迹迄今虽已荡然无存，但在永隆桥头的古榕树下，后人建立了"遗址纪念碑园"，以供人们参观凭吊，寄托缅怀之情。

1850年7月（清道光三十年六月），洪秀全发布了总团营令。10月17日，平南鹏化、大同、八峒、花黄水以及藤县大黎等地的拜上帝会众在胡以晃、蒙得恩、陆顺得等人的领导下，开始向花洲集结，编制营伍，操练兵马，准备奔赴金田，"同拜上帝，共食天禄"。在花洲团营中，会众遭到了清军和地主团练的联合进攻，双方展开了三场血战，会众在战场上英勇杀敌，连战皆捷。11月4日，在六桂之战大败清军和团练之后，"胡以晃由花洲攻思旺"[1]，构成了咄咄逼人的进攻势态。

拜上帝会众在花洲团营，特别是在战场上的猛烈攻势，给清方造成了严重的威胁。清廷闻报后惊惶失措，为迅速平息事态，即令贵州总兵周凤歧督兵镇压，为此，周分遣浔州协副将李殿元、游击宋煜、都司陶玉德等率兵至思旺，会同倪涛、张镛等扼守要塞。同时，清兵勇还包围花洲，以木桩插满地面，妄图封闭路口，以堵截会众外出的去路，将洪秀全、冯云山、胡以晃等人围困在山人村，然后一网打尽。

---

[1] 苏凤文：《广西昭忠录》卷一，《张镛传》，清光绪十五年刊本。

平南县思旺圩旧貌

　　洪秀全、冯云山等人被围，即派人至金田告急。刚"复
开金口，耳聪目明，心灵性敏，掌理天国军务"[1]的杨秀清闻
报后，立即派先期到达金田的蒙得恩，率精壮会众数百人，
于12月25日乘夜由金田过五峒山，杀隘卡戍卒，突然奔袭思
旺圩清军，并预置后队接应。李殿元、倪涛仓卒应战，一触
即溃。胡以晃率部乘机杀出，击毙敌人56人，并焚毁了花良
村团长陈宗淮的宅院。清军寡不敌众，倪涛率败兵仓皇退守
思旺。27日，蒙得恩会同胡以晃，统率义军3000人夹击思旺

---

[1]《天情道理书》，载中国史学会主编《太平天国》（一），上海人民出版社，1957
年版，第367页。

花洲团营"迎主之战"——思旺之役战场遗址

平南县鹏化里花良村

今平南县思旺镇永隆桥头的"迎主之战"遗址纪念碑园

圩，再次大败清兵，阵斩署巡检张镛、廪生吴尚宪、监生朱名扬及兵勇数十人。

平南思旺之役是拜上帝会众与清朝正规军的第一次正面激烈交锋，起义军内外密切配合，大获全胜。12月28日，洪秀全、冯云山与胡以晃等人从花洲移营思旺圩，洪秀全在众人的簇拥下返回金田大本营，花洲团营的会众也同时到达，故是役又称"迎主之战"。

2012年12月，该战场遗址被公布为平南县文物点。

五

郁林策应

郁林即今玉林市，位于广西东南部，为"千年古州"，总面积约1.28万平方公里。以丘陵台地为主，南连雷州半岛，西接钦州，扼通往海道之要冲，而境内北流、南流两江又是西江与北部湾的连接点，故既是交通枢纽，亦为商贸重镇，素有"岭南都会"之誉。清代为直隶州，领博白、北流、陆川、兴业4县，是广西最大的客家聚集地。

1847年，洪秀全、冯云山在浔州、象州等地宣传上帝教，赖九、黄文金等人受洗后，即在家乡"设坛传教"，陆川、博白信众与日俱增，声势浩大，成为拜上帝会的"五个斗争基地"之一。1850年，郁林会众策应北上团营，广东信宜凌十八也率军取道郁林响应。虽然凌军终未如愿，但陆川、博白数千附义之师却冲破清军的重重阻拦，胜利地到达金田，成为金田团营起义的一支重要的生力军。

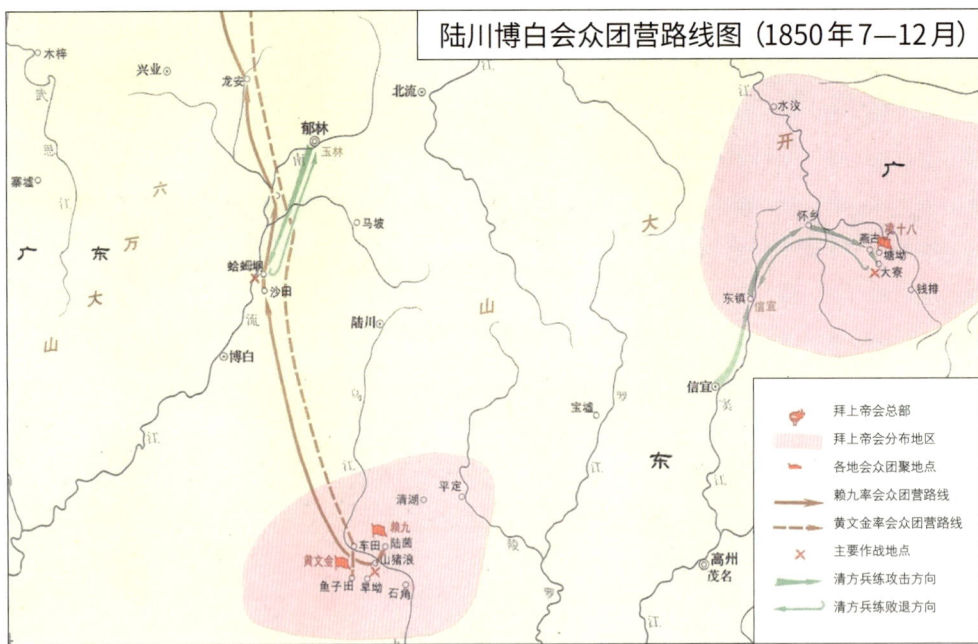

陆川博白会众团营路线图（1850年7—12月）

（一）"设坛传教"的穷铁匠兼拳师——赖九故居遗址

赖九故居遗址位于清湖堡下堡陆茵村门前岭，在今广西玉林市陆川县古城镇陆因村。该地距县城东南约60公里，正当两广交界，与博白县文地和广东的石城（今廉江市）、化州相邻。当地居民几乎都是从福建、广东等地迁徙过来的客家人，操客家方言（涯话）。赖九故居坐西朝东，泥砖瓦木结构，建筑占地面积约300平方米。在赖九率众离乡赴金田团营后，屋宅被清军焚毁。经历170多个春秋，原址虽早已夷为平地，但"四小间房屋的地基仍在"，后村民用泥砖在其上搭建了一排杂物平房，成为今遗址上唯一的构筑物。

拜上帝会的一方首领赖九故居遗址

赖九画像

赖九（约1823—？），绰号沤铁九，地主乡绅叫他"铁猫九"，根据民间口碑及初步的考证，其大名应为《天兄圣旨》和清方奏折中曾多次提及的"赖世举"[①]。其祖籍福建省汀州府永定县（一说上杭县），南宋末年，迁广东省翁源县，明万历（一说天启）年间，先祖为了"易地谋生"，再迁广西省，"至陆川县陆茵村立籍"。其家境贫寒，父母早丧，因常受房族地主赖刚惠的欺压，在家乡难以立足，故10多岁就外出谋生，除"跟人打铁"，还到桂平、贵县、北流一带拜师练习武术。他个子虽不高，但粗壮结实，孔武有力，人也机灵。两三年间，他不仅掌握了一门打铁制造的好手艺，而且练就了一身善使拳棍刀枪的好武艺，成为一位游走乡间的穷铁匠兼拳师。

赖九打铁用过的铁砧、铁锤（广西壮族自治区博物馆收藏）

①钟文典：《拜上帝会的一方首领赖九》，载《广西文史》2005年第3期。

陆川县清湖堡下堡陆因
村门前岭

陆因村大坡坪（上帝营）
遗址

　　1847年（清道光二十七年），洪秀全、冯云山在以紫荆山为中心的浔州、象州等地宣传上帝教，他"与之潜通"，在贵县加入了拜上帝会。回到家乡后，他在开炉帮人打铁、设馆教人功夫的同时，还"设坛传教，礼拜上帝，七日一次"[①]。他家旁边的一个大坡坪是信众拜会的"上帝营"，他以"有田大

---

①1924年《陆川县志》卷二十一，《兵事编》。

今陆川县古城镇陆因村俯瞰

博白县山文村山猪浪祠堂旧址

家耕，有钱大家使，有饭大家吃"①相号召，吸引了许多来自各地的信众，加上有几百学功夫徒弟的参与，"受其迷惑者甚

---

① 饶任坤、陈仁华编：《太平天国在广西调查资料全编》，广西人民出版社，1989年版，第136页。

桂平县下湾圩古渡口

众，声势日大"。随着会众力量的壮大，他一方面开炉打造月铲、刀、矛等武器，另一方面率众捣毁神坛社庙及神像，并打死了赖刚惠聘来的"教打师"及20多名打手，"打开地主谷仓，任穷人来挑谷子"，放火焚烧财主的房屋。

拜上帝会势力不断扩大，"人多到一千几百"，这个以陆因村为中心，包括陆川清湖、良田，博白文地，广东化县平定的两粤三县交界地区，成为拜上帝会最活跃的"五个斗争基地"之一。1850年7月（清道光三十年六月），洪秀全发布总团营令后，赖九（赖世举）与余福科、黄成德曾联袂前往桂平白沙圩边的旧合村，面见"天兄"萧朝贵，希望迎接洪秀全、冯云山到陆川、博白暂住，前往指导当地会众团营。此请求虽因洪秀全、冯云山"不得空"而未如愿，但带回了"天兄""圣旨"："尔回去转说兄弟，各要坚草（心）耐草（心），千祈遵天条也。"[1]

回到陆川后，根据拜上帝会的团营令，8月，赖九在陆因村"上帝营"集结会众，放火烧了地主恶霸的房屋，然后拉队北上。在进军途中，与博白旱坳村的表

---

[1] 王庆成编注：《天父天兄圣旨》，辽宁人民出版社，1986年版，第49页。

弟黄文金部会师于博白山猪浪村（今山文村山珠垠屯），并一起"在山猪浪祠堂拜上帝"。为此，陆川知县恩龄令团绅谢兴朝等起乡练捕拿"上帝佬"，赖九、黄文金率信众与数百乡练大战于山猪浪，义军旗开得胜，"乡练溃败，其徒益伙，附城及县北亦多人入会者"[①]。

10月，赖九与黄文金率众乘胜北上，驻师郁林州沙田圩东边的水车江村，并在圩北面的蛤母峒村大败郁林福绵的千余练勇。之后，义军越过成均、仁厚，再经龙安、蒲塘，迅速进入桂平大洋圩。11月23日，赖九在金田大本营派来部队的接应下[②]，率军驰抵郁江畔，"夺下湾船只，扬帆望紫荆山而去"[③]，胜利地到达金田村，这支以客家人为主体的队伍成为金田团营起义中的一支重要的生力军。

但是，1851年1月金田起义之后，无论是太平天国官方文书、清方奏报，还是地方志书和私家著述，以及民间传说等，赖九或赖世举都失去了记载，这位当年曾在桂东南叱咤风云的拜上帝会的一方首领，太平天国的"有功之臣"，从此竟杳无音信，成为一个至今令人费解的历史谜团！

陆因村赖氏宗祠及奉祀的赖九塑像

①1924年《陆川县志》卷二十一，《兵事编》。
②《郑祖琛等奏郁林等股前往金田并张必禄病故折》，载中国社会科学院近代史研究所近代史资料编辑室编《太平天国文献史料集》，中国社会科学出版社，1982年版，第72页。
③清光绪二十年《郁林州志》卷十八，《纪事编》。

（二）"客家大县"的教众首领——堵王黄文金故居遗址

黄文金故居遗址位于今广西玉林市博白县文地镇平旺村旱坳屯。该地距县城东南约70公里，正当两广交界，与陆川县古城、良田和广东的石城（今廉江市）、化州相毗邻。当地居民多是从福建、广东等地迁徙过来的汉族客家人，操客家方言（涯话）。故居坐西南朝东北，泥砖瓦木结构，总面宽约45米，进深约38米，建筑占地面积1710平方米。屋宅虽早已崩塌，但在荆棘丛生的废墟中，仍遗存了部分石头基脚及青砖底墙，给后人留下了抹不去的历史记忆！

太平天国堵王黄文金故居遗址

黄文金画像

黄文金（1832—1864），祖籍福建兴化府莆田县，1319年（元延祐六年），始迁祖黄昱迁居广东高峰铺东村（今廉江市石城镇上县村）。明朝时，二世祖柏珊迁入广西博白县文地那大村，到四世祖彦英，再迁山文村。至曾祖父景彰（璋）时，遂定居旱坳村，以务农为生。父亲金孟，为人忠厚淳朴，膝下有文耀、文金、文玉三个儿子。文金素怀大志，曾从师习武，骁勇过人。1847年（清道光二十七年），洪秀全、冯云山在浔州、象州等地"布道聚众"，拜上

黄文金设坛拜教、招纳信众的旱垇村旧貌

今博白县文地镇山文村山珠琅屯

帝会迅速发展到了"客家第一大县"的博白。"上帝会教徒多数为客家人"①，因此，文金带领胞弟文玉、堂弟文英及其他客属村民，很快就接受洗礼，成为上帝教的信徒。他在旱垌村设坛拜教，并在鱼子田、平山、那花、佛子坡等村屯设立功夫馆，组织会众练习武艺，"打神打庙"，建立拜上帝会组织。

1850年7月（清道光三十年六月），洪秀全发布总团营令后，黄文金立即组织当地会众在佛子坡村设立大营，操练兵马，博白及广东石城、化州等地的客家人纷纷前来入营。拜上帝会势力的迅速发展，引起了当地官绅的恐惧与仇恨。博白知县游长龄急忙组织团练百余人，围攻会众大营所在地——佛子坡村，拜上帝会众与之激战一天，团练招架不住，战败逃回扶南村。会众乘胜追击，用大木撞塌围墙，攻入村中，杀死为首的劣绅黄姓四兄弟及几十名练丁，声威大震，附近数十村屯的农民踊跃加入，拜上帝会众迅速地发展到数百人。

今玉林市沙田镇关塘村蛤母峒屯

---

①洪仁玕述、韩山文著、简又文译：《太平天国起义记》，载中国史学会主编《太平天国》(六)，上海人民出版社，1957年版，第870页。

佛子坡之战后，黄文金"率子弟兵数百"，与陆川陆因村的表哥赖九的数百会众，汇合于博白山猪浪村（今山文村山珠埌屯）。8月，陆川知县派团绅谢兴朝率练勇跟踪追击，双方在山猪浪展开了一场激战。黄文金、赖九两支队伍前后夹击，打得团练抱头鼠窜，逃回陆川。10月，黄文金与赖九率众北上，同赴金田团营，黄家有"（同堂）兄弟十人奉母随洪杨革命去"[1]。义军从博白挺进郁林州沙田圩，驻扎圩东边的水车江村，并在圩北面的蛤母垌之战中击溃了郁林州福绵的千余练勇。之后，黄文金率部分会众乘胜北上，在龙安圩西北面的白马江（又称柑子塘），有3000多名在贵县来土械斗中失败的客家人投奔，这支骤然壮大起来的"客家军"直奔桂平大洋圩。

山文村"黄文金纪念堂"及奉祀的文金塑像

11月，赖九率部分会众在桂平下湾圩征调民船，往"紫荆山与发匪洪秀全合"。黄文金则率另一部分客属会众，秉持客家民系的"爱拼"特性和"硬颈"精神，沿陆路继续北上。12月，在金田大本营援兵的接应下，黄文金在桂平石嘴圩（今石咀镇）渡口指挥渡江作战，率军横渡浔江，胜利到达金田。金田起义后，黄文金随太

---

[1]《廉江上县黄氏族谱》卷十，1931年重修，廉城东阁楼印刷，第104页。

黄文金故居旁的"黄景璋祖宗、文金纪念堂"

平军南征北战,这正如他的堂弟、昭王黄文英所说:"我哥子打了多少好仗,夺了
多少地方。"[①]他在沙场上屡立战功,并以"黄老虎"绰号而威震敌胆,后被太平天
国褒封为"堵王"。

　　黄文金在他的家乡——桂东南与粤西南交接的"客人"聚居大区享有较高的声
誉,1984年,博白县文地镇的黄氏族人积极筹款,在山文村兴建了"黄文金纪念
堂";2007年,又在平旺村旱坳屯黄文金故居遗址旁,修建了"黄景璋祖宗、文金
纪念堂"。当地人以客家"敦亲族敬先辈"的特有传统方式,隆重纪念这位"天国
开基建大功"的虎将军。

---

①《黄文英自述》,载中国史学会主编《太平天国》(二),上海人民出版社,1957年版,第857页。

五 郁林策应　**187**

（三）"四出红旗接仗"杀敌——蛤母垌之战战场遗址

蛤母垌之战战场遗址位于今广西玉林市沙田镇关塘村蛤母垌屯，距市区西南约20公里。蛤母垌始建于清乾隆年间，原是一个只有二三十住户、百余人口的小山村，居民大多是从广东迁入的客家人，操客家方言。其地处山间谷地，"客居"依笔架岭而建，村前的一条小溪——门口圳自东南向西北潺潺流淌，注入苏立江，再汇入南流江。村周边虽然均为高低起伏的丘陵，但中间地势相对较为平缓，它是从陆川、博白北上桂平金田的必经之路，因而成为清朝练勇与拜上帝会众兵戎相见的战场。

蛤母垌之战战场遗址

1850年10月（清道光三十年九月），陆川、博白的拜上帝会众在博白山猪浪（今山文村山珠琅屯）大败练勇，获取胜仗后，赖九和黄文金率师顺势北上，经博白黄凌、径口、茶根，直抵郁林州西南20公里之沙田圩，并在圩东水车江村的陈家祠堂设立指挥部。为剿灭广西"匪乱"，清廷急忙调兵遣将，除委任向荣为广西提督赴桂指挥"剿办"，还责令地方"严防迎剿"。为此，郁林知州顾谐庚"募练勇千余，并集练壮，亲身督剿"①。他与福绵团总唐桂攀率练勇在沙田圩北面的蛤母峒村扎营，利用该地丘陵错落的有利地形，布下防务阵势，重点扼守由南往北之交通孔道，以堵截陆川、博白的会众北上到桂平金田参加团营。

面对郁林州练勇的重重布防，义军巧布疑阵，以智取胜。他们"没有什么枪枝，便用大秤木当大炮，架在营盘的炮眼上吓官兵"②，同时充分利用当地客家人多势众，且有不少上帝教徒的人脉优势，安排附近各村的

沙田圩水车江村旧貌

会众皆伪装团练出迎官军。练勇不知是计，步步陷入伏击圈，义军"遂尽变红巾，四出红旗接仗"③，在蛤母峒一带奋勇出击。遭到义军的突然袭击，练勇大惊，狼狈逃跑，顾谐庚冲出包围，窜回州城。义军遂顺势追击，杀敌无数，并在村东边的长冈击毙唐桂攀，大获全胜。

蛤母峒之战后，赖九率军继续北上，附近各村群众"尽从贼去"，会众增至五六千人。义军在欧樟堡稍作停留，"意欲多结党，与作大队赴紫荆山"④。而此时，顾谐庚正加调博白、北流壮勇及团练，企图"合力击剿"义军，以报战败之仇。义军"且拒且走"，冲破敌人的重重阻拦，经成均、仁厚，再趋龙安、蒲塘，在击败北流知县阮正惠统率的500名练勇与州练后，直奔桂平大洋圩。11月上旬，义军在桂平下湾征集民船100余艘，驾船扬帆渡过郁江，抵达金田。

---

① 清光绪二十年《郁林州志》卷十八，《纪事编》。
② 饶任坤、陈仁华编：《太平天国在广西调查资料全编》，广西人民出版社，1989年版，第154页。
③ 清光绪二十年《郁林州志》卷十八，《纪事编》。
④ 清光绪二十年《郁林州志》卷十八，《纪事编》。

水车江村陈家祠堂入口
台阶遗存

击毙团总唐桂攀的长冈
战地遗址

郁林州龙安圩白马江
（柑子塘）

今桂平市石咀镇古码头渡口

    与此同时，黄文金率领的另一部分会众也沿陆路北上，师经龙安圩西北面的白马江（又称柑子塘）时，有3000多名在贵县来土械斗中败阵的来人投奔，这支骤然壮大起来的附义之师，经桂平大洋、麻垌，再沿郁江东岸挺进，最后在石嘴圩（今桂平市石咀镇）渡口抢渡浔江，胜利到达金田。

（四）金田团营的收官之役——石嘴渡之战战场遗址

石嘴渡之战战场遗址位于今广西桂平市石咀镇，距市区东北约13公里。其地处浔江东南岸，因江边岩石伸向江心，酷似一张"嘴"，故名。明代建永安圩，清代为吉二里石嘴圩。其"水陆俱通"，交通便利，顺水东下10公里到大湟江口，登岸北去约10公里为新圩、金田；且商贸繁盛，有"大小铺户约六十余间"，是邻近各圩的货物集散地，"以米为大宗"之著名米市。圩旁的渡口码头自上而下长50多米，宽约3.8米，用花岗石条铺砌100余级台阶。渡口现今虽繁华不再，但古码头原貌保存尚好，它成为当年水运发达埠头以及太平军抢渡浔江主战场的历史见证。

石嘴渡之战战场遗址

1850年10月（清道光三十年九月），郁林州蛤母峒之战后，赖九、黄文金率军继续北上。顾谐庚调遣博白、北流壮勇围追堵截。会众冲破敌人的重重阻拦，在欧樟堡稍作休整后，前往龙安圩，再奔蒲塘，"所至毁庙宇神像，民多毁庐絜家相从者"①。11月上旬，义军进入桂平大洋圩，之后，赖九与黄文金分头行动，赖九率领部分会众"夺下湾船只，扬帆望紫荆山而去"；黄文金则率另一部分会众从大洋

①1924年《陆川县志》卷二十一，《兵事编》。

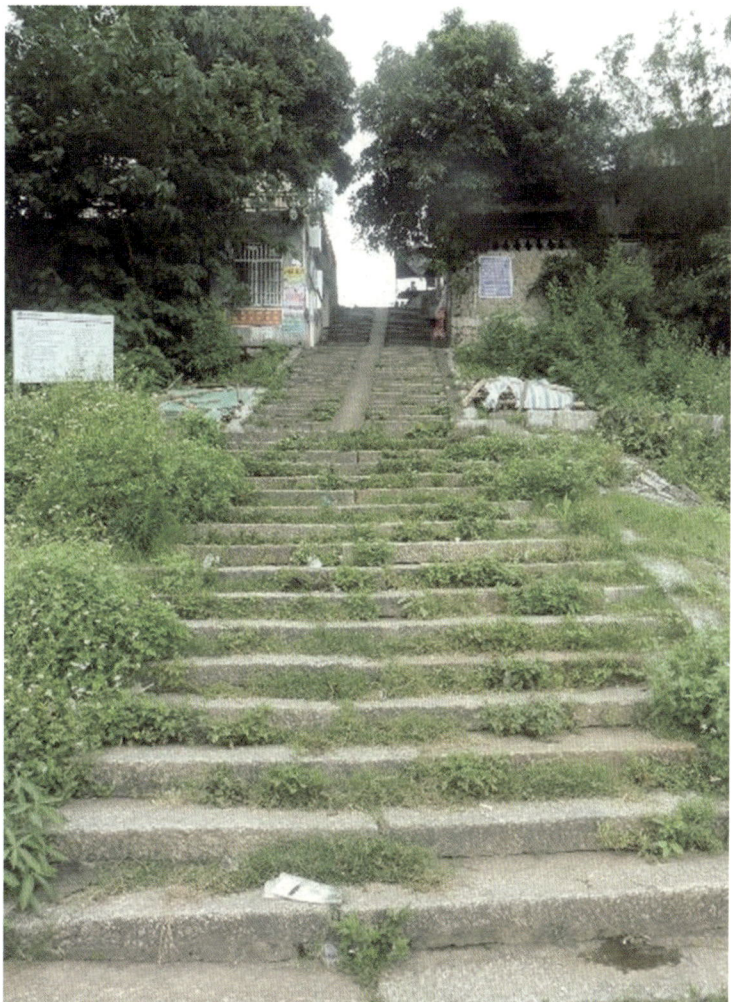

桂平石嘴渡口古码头

镇的大莫村起程，沿陆路往拜上帝会众总团营的目的地——金田方向继续前进。

黄文金军在行进中，不断有来人、矿工及饥民归附：一是在来土械斗中失败的来人。是年9月，贵县"土来启衅"，历时40多天，在械斗中"败走无归"的3000多来人"乃合博白教匪数百，聚郁林白马江"①。另一部分来人"事败后半合矿

———

① 清光绪二十年《浔州府志》卷五十六，《纪事》。

附义之师驻扎的石嘴浔江南岸

徒恶类，随会匪而去"①，也归附黄文金的队伍。二是贵县龙山矿工队伍。龙山银矿是拜上帝会的重要教区，矿区有不少信徒，"迨金田起义，矿工悉附之"②，其中除部分在9月随石达开经大湾肚，渡黔江入金田，大部分是在11月底，选择取道蒙圩、石嘴圩，然后渡浔江去金田。三是苏十九领导的桂平饥民队伍。苏十九在中都、木根、马平、罗秀等地抢夺官衙富绅粮仓，赈济饥民，被官府四处围捕缉拿，在走投无路下"遂勾客民依附洪秀全"，1000多人在途中加入博白、陆川的附义之师。

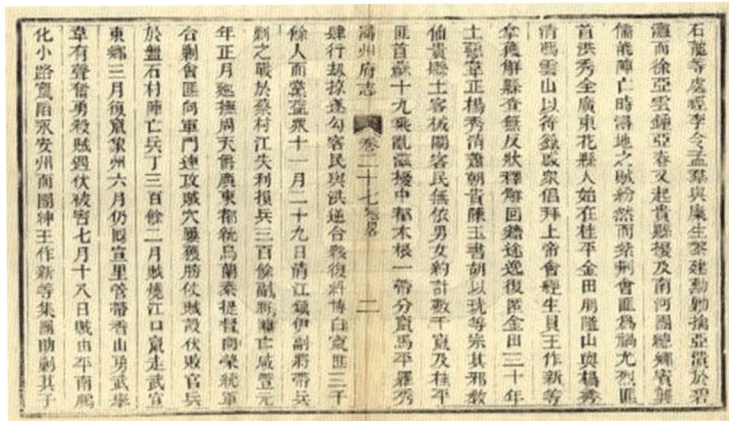

清同治《浔州府志》记述了参与械斗来人、苏十九部饥民加入黄文金附义之师情形

---

① 清光绪十九年《贵县志》卷六，《纪事》。
② 1934年《贵县志》卷十一，《实业》。

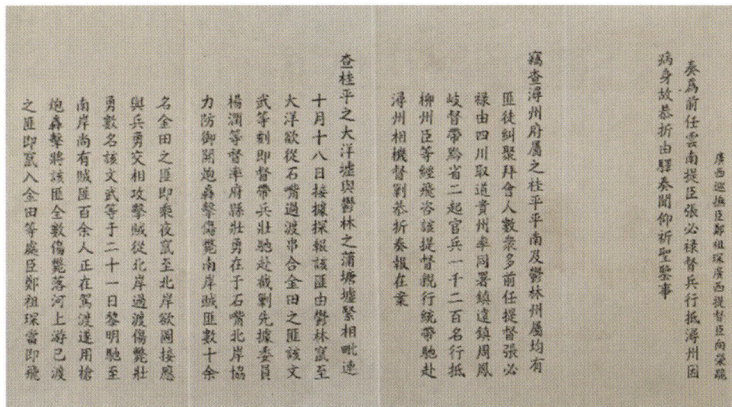

郑祖琛、向荣奏郁林会众前往金田汇聚折（复制品，桂平市金田起义博物馆收藏）

　　黄文金所率义军由于沿途不断有来人、矿工、饥民等加入，队伍不断发展壮大，人数已不下万人，这引起了清方的高度关注。12月16日，广西巡抚郑祖琛与向荣随即发出"郁林会众前往金田汇聚"警报，责令地方官员务必在浔江北岸死守，严防"该匪……欲从石嘴过渡，串合金田之匪"①。义军到石嘴后即进驻定子桥、旱雷岭，至此已无路可选，正如清方所料，因大江阻隔，会众要前往金田就唯有横渡浔江，到达北岸，于是，一场强渡浔江的战斗由此打响。

清军设防的石嘴浔江北岸

①中国社会科学院近代史研究所近代史资料编辑室编：《太平天国文献史料集》，中国社会科学出版社，1982年版，第71页。

桂平石嘴渡口浔江下游之牛儿岭远眺

12月21日，黄文金指挥这支由多种成分组合的附义之师，从石嘴渡及下游各处强渡浔江。清浔州府官员杨润等"督率府县壮勇"，在浔江北岸各处设防，居高临下开炮轰击，顿时，枪声大作，火光冲天。义军冒着敌人的炮火，驾船渡江，有数十人伤亡。而预先得到消息的杨秀清，早已派兵从金田"乘夜窜至北岸，欲图接应"，从敌人的背后发动袭击，打退了清兵的进攻，"伤毙壮勇数名"，以武力有效地支援了南岸的义军，并接应会众陆续从石嘴渡口及下游的牛儿岭渡江。

24日黎明，得到增援的清兵再次发动攻击，一支清兵驰至浔江南岸，义军尚有百余人正在驾渡，兵勇即用枪炮猛烈轰击，正在渡江的战士"全数伤毙落河"，鲜血染红了江水。不过，此时已是这场渡江作战的尾声，由于有金田大本营派出出援兵接应，加上清军内部"府县各怀意见"[1]，作战部署不统一，义军大部队已从

————————

① 清光绪二十年《浔州府志》卷五十六，《纪事》。

义军横渡浔江的牛儿岭野渡口

石嘴渡之战主战场——古渡口水域

下游的牛儿岭野渡口顺利过了江，并随即"窜入金田等处"。31日，当大部队到达金田时，清贵州江协副将伊克坦布正衔总兵周凤歧之命，率军前来金田围剿团营会众。翌日，这支附义之师立即又投入金田之战中，协助大本营义军大败清兵，取得了蔡村江大捷。

石嘴渡之战是拜上帝会金田团营的收官之役。渡江作战的胜利，使这支由客家会众、矿工、来人、饥民组成的人数众多的大部队得以顺利汇集金田，与贵县、平南、武宣、象州等地的拜上帝会众胜利大会师，从而奠定了金田起义的军事斗争基础。同时，该役也是拜上帝会金田大本营直接出兵参加的战斗，从这个意义上来说，它与几乎同时的平南思旺圩之战遥相呼应，向清王朝第一次展示了团营之后拜上帝会的军力，预示着一场疾风骤雨式的农民起义和农民战争的来临。

（五）领导大寮起义的"种蓝人家"——凌十八故居

凌十八故居坐落于今广东信宜市钱排镇北内村塘坳屯，在山坳坪地的小溪边。房屋始建于1789年（清乾隆五十四年），坐西南朝东北，为土木结构的平房，二进四合院格局，正座一厅四房，左右有侧间，对称布局。屋宅总面宽14.1米，进深17.2米，建筑占地面积242.52平方米。双坡平脊悬山顶，小青瓦屋面，泥土筑垒土墙。墙壁平直规整，转角方正，垒筑在红褐色土台面上，土色灰白，厚约40厘米。

名震一方的拜上帝会首领凌十八故居

凌十八画像

房屋二堂有木屏风一座，正中为"安德堂"匾额，两边配以"安分心常乐　德深意少忧"堂联，字体均为楷书，柔和端庄。据当地老人说，"这些字都是他（指凌十八）亲手写的"[1]。1850年春，凌十八将该房屋转卖给了当地人彭成彩，彭氏及其后人一直居住至今，曾多次重修。2002年7月，该故居被公布为广东省重点文物保护单位。

凌十八（1819—1852），本名才锦，因在同辈兄弟中排行十八，故名。祖籍福建汀州，明末迁广东翁源，后再迁信宜。他自幼随父攻读诗书，写得一手好文章，还学得一身好武艺，性情耿直，爱打抱不平。

---

[1] 饶任坤、陈仁华编：《太平天国在广西调查资料全编》，广西人民出版社，1989年版，第281页

"种蓝人家"凌十八故
居远眺

故居二堂的木屏风及匾
额、堂联

他曾在"大馆"教过书，也参加过文、武秀才考试，均未中
榜。凌家从祖父君相伊始，以种植蓝草、制造蓝靛出售为主
业，到父亲玉超时，因经常受到土著富绅的欺压，遂携眷远
赴广西平南大同里山区，耕山种蓝，拓展祖业。1848年1月
（清道光二十七年十二月），凌十八运蓝籽到平南县出售，并
顺便探望父亲。在大同里山人村，他结识了胡以晃，两人交
谈甚欢。在胡的引导下，他加入了拜上帝会，并结伴至紫荆

凌家耕山种蓝的平南大同里山人村

广东信宜县大寨村旧貌

山谒见洪秀全、冯云山，旋"受伪命回乡聚众，相约举事"[1]。

回到家乡后，凌十八经常在钱上村的凌氏宗祠里聚众布道，"谓劫运将兴，惟拜上帝会可免"[2]。信宜地处粤西北，70%的土地是丘陵和台地，交通闭塞，地瘠民贫，"农民无所得食"，挣扎在水深火热之中。而拜上帝会"普天之下皆兄弟，上帝视之皆赤子""信实上帝终有福，叛逆上帝总有哭"[3]等的

---

[1] 朱用孚：《摩盾余谈》，载太平天国历史博物馆编《太平天国史料丛编简辑》（第一册），中华书局，1961年版，第139页。
[2] 清光绪十五年《信宜县志》卷八，《纪述志三·兵事》。
[3] 《太平诏书》《天条书》，载中国史学会主编《太平天国》（一），上海人民出版社，1957年版，第80~88页。

凌十八率领拜上帝会众"拜旗"起义的大寨村远景

说教，给走投无路的"山僻小民"带来了新的希望，指明了出路，故其较容易为老百姓所接受，"远近无赖从之如市""乡邻入会者甚众"。除"大寮诸近村皆入教"①，罗定、高州等地也有不少农民前来入会。因此，信宜很快就成了广东境内信众最多、影响最大的教区，凌十八也成了拜上帝会名震一方的首领。

1849年（清道光二十九年）冬，凌十八再次前往广西，向洪秀全、杨秀清汇报请示。翌年3月，他从紫荆山返回后，立即将拜上帝会总部从凌氏宗祠移到地形更为有利的大寮村（今钱排镇北内村大寮屯），并积极着手"团营"活动，从而成为拜上帝会最早"团营"的地区，对此，《天情道理书》做了叙述：

> 我们起义之时，伊等亦来，遵天父天兄圣旨，回去团营。亦是同拜上帝，共扶真主，天父时时看顾，场场大胜。②

为发动会众团营，凌十八首先建立"圣库"，他把自家的山林、田地和房屋出售，将所得的340两白银悉数"缴纳于公库"，并以"生同生，死同死，有饭大家吃"③相激励。同时，将会众按军事编制设立男营、女营，加紧军事训练，严明军事纪律。此外，组织会众"打造武器，置买火药"，并分路把四乡的神坛庙宇捣毁。由此，信宜拜上帝会声名远播，电白、茂名、罗定及广西岑溪、容县、陆川等地农民纷至沓来，"聚党二三千人拜上帝会"。

拜上帝会势力的迅猛发展，引起了地方官绅的恐惧和仇恨，信宜知县宫步霄

---

① 清光绪十五年《信宜县志》卷八，《纪述志三·兵事》。
② 《天情道理书》，载中国史学会主编《太平天国》（一），上海人民出版社，1957年版，第386页。
③ 吴兆奇主编：《凌十八起义》，广东人民出版社，1989年版，第173页。

凌十八起义的指挥部——薛氏宗祠

派怀乡汛官同县差一起缉捕会众中的骨干分子，并借款募勇，四处纠集团兵，围攻燕古，窥伺大寮。8月下旬，拜上帝会与乡团的斗争进入白热化，凌十八遂率数千会众在大寮"拜旗"起义。举义后，凌十八被会众推举为"总头目"，他以薛氏宗祠为指挥部，组织会众日夜练武，垒石据险，并以"须发苍白"的王晚为军师，率义军在莲塘等地，击溃了宫步霄所率2000多团练的进攻，阵斩队官余士桢及团勇200余名，吓得清高州知府胡美彦"心胆俱碎"，不得不转向招抚。

凌十八领导的大寮起义虽然始终未以"太平"为旗或命名全军，但举义伊始即声言"我等受金田之命，将起兵以谋天位，凡妖头至营者必诛"；后来从郁林州回师广东，也曾有过"由信宜出岑溪而会金田"[1]的计划，说明其始终崇信拜上帝会，公开申明是太平军的组成部分，接受洪秀全、杨秀清的领导。这支广东最大的会众武装虽最终未能与广西的太平军主力会合，但它极大地激励了两广拜上帝会众，声援了方兴未艾的金田团营，并成为金田起义的先声。

---

[1]朱用孚：《摩盾余谈》，载太平天国历史博物馆编《太平天国史料丛编简辑》(第一册)，中华书局，1961年版，第141～143页。

（六）拜上帝会众攻打的首座州城——郁林州城遗址

郁林州城遗址位于今广西玉林市玉州区。"郁林一州，内则襟带梧浔，外与高廉雷钦接壤，介岭负海，捍卫尤亟"[1]，南流江以其独特的地缘优势和舟楫之利，成为连结中原与岭南、内陆与海洋的黄金水道。由于"通江达海"，地理位置十分重要，996年（宋至道二年），郁林州治从兴业县移至南流江畔之南流县（今玉州区），并创建州城，以夯土版筑大城与子城。至明朝洪武年间，又"创筑州之新城"，城垣"周五百一十五丈，高一丈九尺，厚九尺；女墙九百零五；城门楼四"，内外墙以砖包砌，夹层夯土。此后，历任官吏亦不断修缮扩建。

郁林州古城墙原貌

清朝道光年间，对州城又进行大改造，先"大修州城基，悉甃青石高丈余，上始砌砖"，后又"重修州城，添窝铺二十三间，炮台二十一座……四城门及瓮城门悉包裹铁皮，西南二方挖掘濠堑，深广一丈"。经过历代的修治，州城可谓固若

---

① 花杰：《重修郁林州城垣记》，载清光绪二十年《郁林州志》卷二十，《艺文编》。

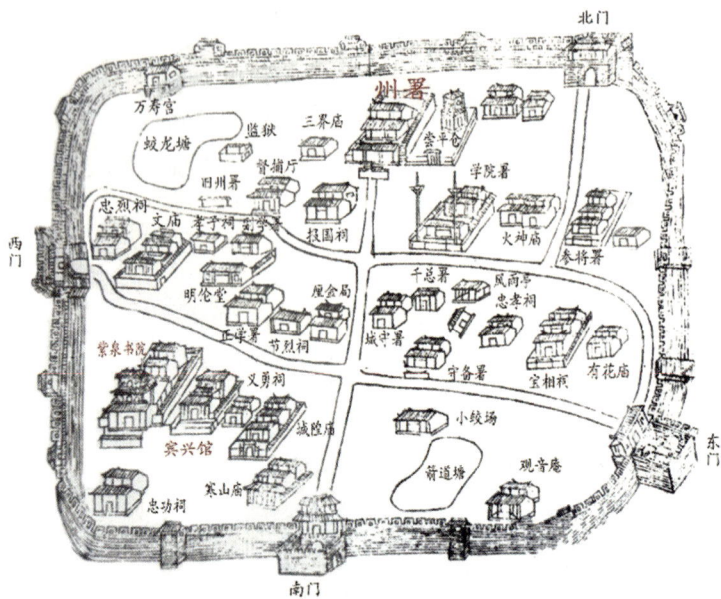

清光绪《郁林州志》之
"州城内图"

郁林州古城遗址

金汤，易守难攻，这也成为"道光咸丰间，狼奔豕突十有余年，诸郡县罔弗糜烂，而郁林独屹然获全保障之功"[1]的重要原因。1939年，为防御日寇空袭，大部分城墙被拆毁，千年城垣由此不复存在。

————————————

[1]清光绪二十年《郁林州志》卷五，《建置·城池》。

凌十八转战粤桂路线图
（1850年7月—1852年7月）

凌十八于1851年3月31日进围郁林，郁林知州颜谢庚等被堵于福绵。5月4日撤回。

凌十八于1851年2月14日由大寨进军广西。1851年6月中旬返回大寨怀乡。

凌十八于1851年8月7日占领罗镜，1852年7月10日失败。

图例：
- 凌十八拜旗起义地点
- 凌十八围攻地点
- 凌十八入桂路线
- 凌十八回粤路线
- 主要作战点
- 省级界

　　凌十八在信宜大寨发动起义时，广西拜上帝会也号令平南、贵县、武宣、象州、陆川、博白各地会众向桂平金田团营。面对各路会众纷起，清廷深感忧虑，急令在广西"专责剿贼"的李星沅、周天爵、向荣等严加防范，切不可使凌十八与"金田会匪合伙"，同时从云南、贵州等省调兵入桂"助剿"。顷刻之间，广西战云密布。

　　在团营大潮的推动下，1851年2月14日（清咸丰元年正月十四日），凌十八身佩雪白长刀，统率4000多名会众从信宜怀乡出发，前往广西附义。义军经高州、茂名，攻占化州之宝圩，活跃于粤西、桂南的天地会帮股数千人群起声援。3月15日，义军与博白天地会刘八部联合，攻入博白县境，毙伤练勇130多人，然后经陆川县马坡圩直上。31日，义军大部队进至郁林州城下，并在西街、南街择险设营，从而拉开了拜上帝会金田团营以来首次攻打州城的战幕。

西南城外的老南桥及文昌阁（右上角）和郁林州文昌阁门额横匾（右下）

郁林州虽为桂东南重镇，但义军兵临城下之际，城中"守备皆虚，虽有四万余人，而可助守城者不满千"。困守城内的官绅一面筹粮组勇，凭借坚固的城墙分区防守；一面飞咨北流、兴业、陆川、博白各县，急调勇练增援。根据清军的防务状况，义军及前来支援的各路会党"一万三四千人"，在

清光绪《郁林州志》之"州城外四厢图"

郁林州南门城楼旧貌

　　环城各要地及附近村落筑建起营垒，对州城构成了合围态势，而凌十八则以西南城外老南桥头的文昌阁为大本营。文昌阁修建于1742年（清乾隆七年），其"甃石成台，建阁其上"，建筑主体为三层宝塔，塔内供奉之文昌神"自嘉庆六年列入祀典"[①]，故是当地一座十分重要的祠宇。义军占领文昌阁后，在宝塔的顶层架设大炮，凌十八居高临下指挥攻城作战。

　　4月1日凌晨，攻城战打响，"炮声震天"。义军在击退城外各路增援壮勇的同时，先借附城民居为掩护，挖掘地道，穴地攻城；继以火药罐抛向守敌，又用棉花渍油火焚城门；再以楼梯数十架，"缘梯而上"抢登城墙。在20天里，"贼百计攻城，内亦百计御之"[②]，因清军占据铁城，负隅顽抗，州城始终未能攻克，而义军攻城旷日持久，损耗较大，被迫转取守势。此时，在咸丰帝"凌十八匪党……必须设法堵截"[③]的御旨下，云、贵等各路官兵及博白、北流练勇已陆续开赴

---

① 清光绪二十年《郁林州志》卷七，《建置·坛庙祠宇》。
② 清光绪二十年《郁林州志》卷十五，《人物列传一》。
③ 《清文宗显皇帝实录》卷三二，咸丰元年辛亥四月丙子，《谕军机大臣等》。

武宣县东乡江勒马古渡口

城外，总数逾万人，不仅在数量上占绝对优势，而且对义军形成了反包围。在敌人数度的内外夹击下，义军虽英勇抵抗，但在双方的交战中损失惨重，伤亡"二千有奇"，军师王晚不幸阵亡。

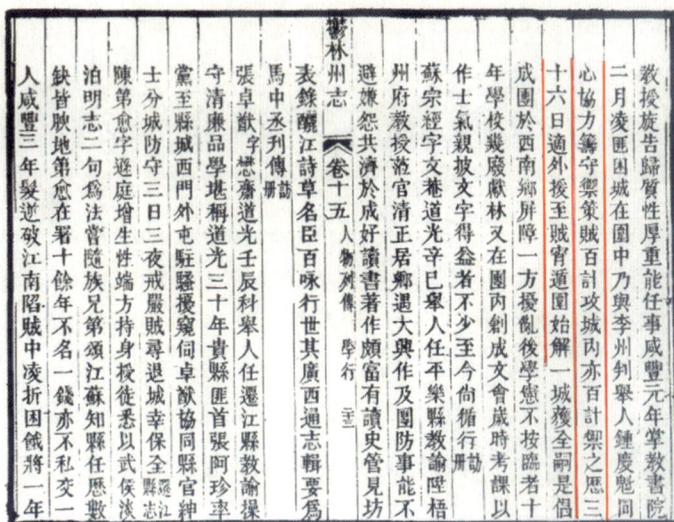

清光绪《郁林州志》，对凌十八军攻打郁林州城之战做了详细的记述

　　当凌十八在指挥攻打郁林州城之际，太平军正从桂平紫荆山西出武宣东乡，与清军激战于莫村、三里、灵湖、台村

广东罗定州罗镜圩街巷一隅

一带。3月23日，洪秀全在东乡"登极称王"，建立五军主将制。4月以后，太平军从东乡三次挥师西进，意图抢渡黔江，以"迎凌十八、刘八两股万余贼"①。但太平军两度攻打旧县江口圩，一次强攻勒马古渡口，均遭叛投清军的张钊（大头羊）水勇阻击，没有强渡成功。此时，郁林攻城战犹酣，凌十八无意亦无法撤围北上，从而错失了会师的良机。

5月以后，郁林一带连日大雨。义军攻城一时已无望取胜，北进桂平、武宣的道路又被清兵堵死，而军需供应日益紧缺，军心士气颇受影响。清军虽未发动强大进攻，但兵勇日渐增加，与城内守军互相配合，导致义军腹背受敌，处境日益危险。

矗立在信宜市洪冠镇洪上村响水庙前的凌十八塑像

---

① 清光绪二十年《浔州府志》卷五十六，《纪事》。

5日凌晨，义军以向城中发炮为掩护，冒雨从东、南两个方向迅速撤离。待清军发觉，义军已安全远去，经陆川回师广东。撤回信宜后，凌十八义军主要活跃在大寮、怀乡一带，在与清军的交战中颇有斩获，并一度进军罗定州，占领罗镜圩。1852年7月（清咸丰二年六月），在广东巡抚叶名琛的指挥下，清军分三路发起猛攻，起义军虽然骁勇善战，视死如归，但终因众寡悬殊，全部壮烈牺牲。

凌十八义军没有按金田团营的预定计划起程，在团营途中又犯了先攻城后会师，且旷日持久地攻打郁林州城的战略错误，因而耽误了时间，失去了与太平军主力会师的机会，终致孤军奋战而亡。但是，这支数千人的队伍坚持斗争两年之久，转战两省三州六县，既牵制了敌人数以万计的兵力，又使其"糜饷八十余万（两）"，从而极大地支援了太平军的突围作战，使之能一次又一次地取得移营进军的胜利，功不可没！

六 金田起义

金田村位于今广西桂平市金田镇，距市区东北约22公里，地处紫荆山南麓，后枕犀牛岭，左为蔡村江，右为思盘江，东南为大湟江口，10多公里一马平川，土地肥沃，物产富饶，人口众多。其背倚险势，前临富源，清朝道光、咸丰年间，成为拜上帝会酝酿和发动反清起义的圣地。

　　1844年，冯云山来到宣二里传教，金田村成为拜上帝会的一个重要据点。1850年春，拜上帝会将总部由紫荆山迁到金田韦昌辉家，之后发布总团营令，要求各地会众齐集金田。1851年1月，趁蔡村江大捷之势，洪秀全、杨秀清率两万多会众，在犀牛岭祭旗誓师，宣告起义，由此揭开了轰轰烈烈的太平天国农民运动的序幕。

金田起义路线图（1851年1—9月）

（一）金田起义的奠基礼——蔡村江大捷战场遗址

蔡村江大捷，亦称金田之战，其战场遗址位于今广西桂平市金田镇彩村。遗址主要有两处，一是斩杀多名清军将领的蔡村江桥。该桥架设在蔡村江面上，用竹篾围捆马卵石设置桥墩，上面铺设用5根杉木拼成的木排。虽是简易木桥，但它横跨南北，是由紫荆、金田前往新圩、江口的必经桥梁。1959年10月，地方政府在下游约500米处修建了金田大桥，原来的木桥逐渐废弃，迄今已不复存在。但在原木桥所在的两岸，当年战斗的痕迹仍依稀可辨，尤其是北岸那棵古榕树，依然郁郁葱葱，屹立江畔。当地人在原桥头的榕树旁建立了用以祭祀的"桥头社"。

二是战役的中心——鸡母氹村。其地处蔡村江南畔，是一个有黄、梁两姓六七十户人家200余人口的小村庄，因地形状似母鸡，村中有两个小水坑，小水坑在当地白话（粤语）中叫"氹"（taam5），故名。其地主要是驻扎拜上帝会女兵的女营。而金田之战的中心地带，即战斗最激烈的战场也主要在这里，故当年战争的遗迹历历在目。20世纪五六十年代，村民曾在水坑周边拾到过一些锈迹斑斑的刀、矛等兵器。因该地不适宜耕种，现在那里竹木茂密，杂草丛生，遗址已被杂乱无章的灌木丛所覆盖。

蔡村江桥——金田之战古战场遗址

1850年12月（清道光三十年十一月）底，拜上帝会众在平南思旺圩大败清军，簇拥洪秀全、冯云山回到金田，拜上帝会的团营顺利完成。1851年1月1日（清道光三十年十一月廿九日），拜上帝会众在金田村祝捷，人声鼎沸，欢声雷动。驻扎浔州的清军总兵周凤歧深受刺激，感到事态严重。为摧毁金田团营基地，捕杀拜上帝会众，遂派清江协副将伊克坦布等率贵州兵千余人，在地主团勇的配合下，渡过浔江，先

蔡村江桥头遗址

蔡村江南畔鸡母氹古战场

金田之战图（1851年1月）

于牛田集结，再由车较村分兵前进，企图从左右两面向金田村发起进攻。

洪秀全、杨秀清得悉清军来犯，迅速进行战前动员，适逢黄文金率万余附义之师抵达，义军兵强马壮，于是分三路布阵设伏，右路盘古岭、界硐和左路烟村、王谟的义军，分别由杨秀清、萧朝贵指挥；中路金田、大简的会众主力则由洪秀全、冯云山亲自督战。清军不知前有埋伏，直扑金田，当进至鸡母𡐴村时，中路义军正面迎敌，其余各路伏兵四起，从左右两面夹击清军，将之围困于望螯岭。七营官兵猝不及防，阵势大乱，伊克坦布急命兵勇后撤，企图抢渡蔡村江，退走新圩。但当他策马逃奔至蔡村江桥时，会众伏兵已直逼蔡村江边，战士跃入江中，用力摧坍木桥，伊克坦布连人带马跌落江中，立被枭首。被杀的还有把总、千总等清军将弁10多人。

伊克坦布连人带马跌落江中，立被枭首（桂平市金田起义博物馆，雕塑）

金田之战主战场——桂平宣二里金田村

　　洪秀全、杨秀清命令各路将士"乘胜追袭"，再围清军。周凤歧急忙从桂平率军驰援，与会众苦战一昼夜，之后，始率残兵"溃围而出"，逃回桂平县城。义军击退了大举进犯的清军，歼灭清军300余人。这是拜上帝会自团营以来所经历的规模最大、斩获最多的一次战斗，史称"蔡村江大捷"。它保卫了拜上帝会的团营基地，为随后发动的金田起义献上了奠基礼。

（二）揭竿起义肇金田——"金田起义地址"

"金田起义地址"位于今广西桂平市金田镇金田村西北侧之犀牛岭。犀牛岭为南北走向的丘陵土岭，长约750米，宽约330米。该岭距桂平市区约28公里，地处紫荆山口，前为金田平原，后枕紫荆群山，北邻紫水河，东靠集市新圩，地势十分险要。

"金田起义地址"——古营盘（右下）及犀牛岭鸟瞰

　　1851年1月11日（清道光三十年十二月初十日），洪秀全38岁生日，2万多拜上帝会众借祝寿之名，在洪秀全、杨秀清等人的领导下，在犀牛岭上的古营盘祭旗誓师，"恭祝万寿起义"[1]，从而揭开了轰轰烈烈的太平天国农民运动的帷幕。其驰骋18省，攻克600城，奠都天京，颁立制度，置官设守，开创了一个与清王朝相对峙的农民政权10余年之久，把我国旧式农民战争推向了顶峰。

　　1961年3月，国务院公布第一批全国重点文物保护单位，将金田村犀牛岭作为"金田起义地址"，列入"革命遗址及革命纪念建筑物"第二号（编号：2—2）。1995年，"金田起义地址"被广西壮族自治区党委和人民政府命名为"爱国主义教育基地"，2011年，又被列入全国红色旅游经典景区二期名录，成为国家级的红色旅游经典景区。目前，犀牛岭上的文物遗存主要有古营盘、拜旗石、防御工事的

---

[1]《洪仁玕自述》，载中国史学会主编《太平天国》（二），上海人民出版社，1957年版，第851页。

太平天国起义（国画）

堙壕、秘藏武器的犀牛潭、练兵场等。

古营盘位于犀牛岭之北端，由素土夯筑而成，相传为明代瑶族首领侯大苟领导的大藤峡瑶民起义军所筑（一说是明朝官军为围剿紫荆山中的瑶民起义军而修建），1850年（清道光三十年）金田团营后，拜上帝会众把它重新构筑，加高加固，并在四周夯筑泥墙，挖掘壕沟，用作练兵场所，保卫起义的大本营。古营盘南北长68米，东西宽38米，周长220

桂平金田村犀牛岭古营盘

米，四周围以高3米、底宽2米的土城墙，城墙是用紫土夯筑的，十分坚固。

古营盘的"全国重点文
物保护单位"标志碑

营盘南面为出入口，1941年，乡人曾立"太平天国纪念碑"①，该碑已毁，现代
之以"全国重点文物保护单位"标志碑。营盘两旁有用泥土夯筑的堑壕，堑壕之外
各筑一道高3米、厚2米的泥墙，这也就是传说中的对外交通之"暗道"。暗道分
为东西两条，据说，东暗道通往金田村韦昌辉家，西暗道直通犀牛潭。因为当时
是秘密练兵，男女别营，男营在东边，女营在西边，白天男女分别练兵，晚上则
分别从东、西暗道回家。同时，当时是在韦昌辉家打
造兵器，打造好的兵器也是通过这两条暗道运往犀牛
潭，投入潭中匿藏。

营盘中间原是个圆形土台，旁边有一块约1米高的
三角形大石，那就是传说中的旗杆石，又叫"拜旗石"。
1851年1月11日，在"恭祝万寿"的欢呼声中，洪秀
全、杨秀清等几位领导人登上土台，率领2万多起义军
在"拜旗石"前祭旗誓师，宣布起义。"太平"的杏黄

---

① 简又文：《太平军广西首义史》，商务印书馆，1944年版，第188页。

营盘中的"拜旗石"

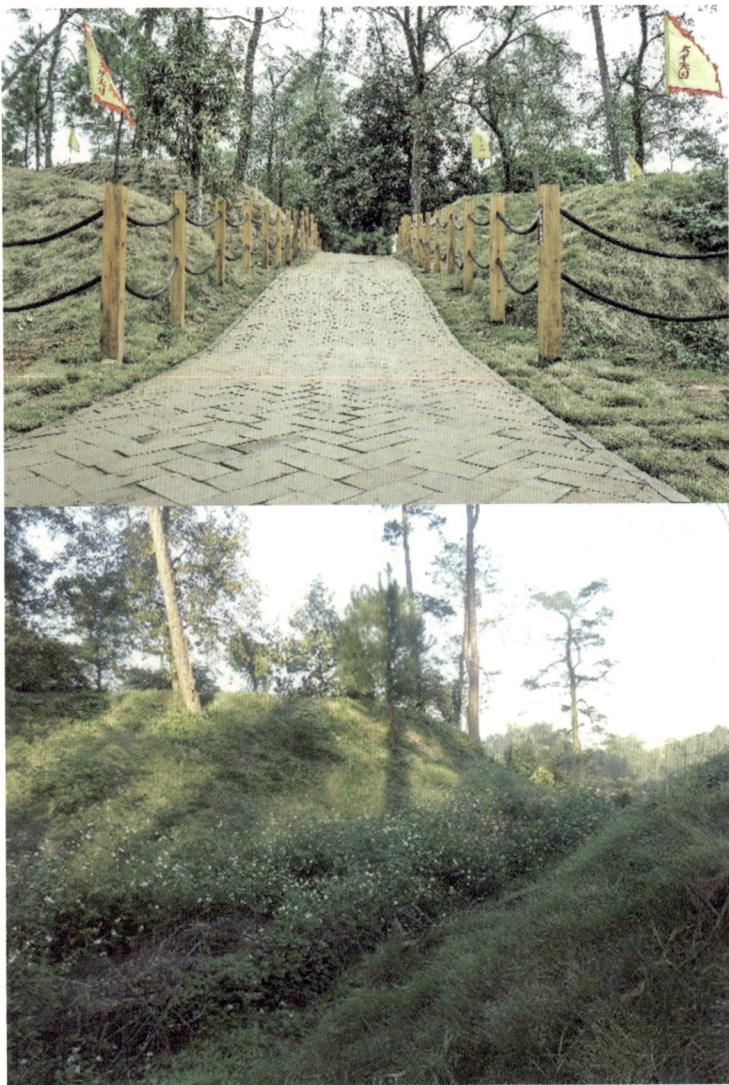

古营盘两旁用泥土夯筑
的堑壕及"暗道"(下图)

大旗从犀牛岭古营盘的"拜旗石"上冉冉升起。起义军的旗帜很快就打出广西，挥向长江南北，在南方18省的上空高高飘扬，为中国近代的历史画卷抹上了浓墨重彩一笔。

　　土城墙外，西北面脚下有一口深水潭，是由紫水改道形成的，名叫犀牛潭，那是当年拜上帝会众为发动起义而藏匿武器的地方。现湖面呈弧形，长约190米，宽约38米，周长430米，其"半环岭脚，水深而寒冽"。起义当天，会众聚集在营盘为洪秀全祝寿，洪秀全对大家说："清妖残暴无道，我们要起来造反，天父皇上帝已为我们准备好了大批武器，武器都收藏在犀牛潭里！"大家半信半疑，于是下到潭里，把潭水舀干，果然有很多的大刀、长矛等武器，顿时群情激昂，

犀牛潭及起义时使用的武器（右下）

"杀妖，杀妖"之声震天动地。

营盘前方有个方圆二里的绿草如茵的大平坡，此为练兵场，也叫演武场。起义前夕，拜上帝会众就是在这里日夜刻苦操练，从而练就了一身过硬的杀敌本领。

据说当时指挥操练的是杨秀清和石达开，他俩对士兵的要求十分严格，练习跑步时要求跑得像马一样快，说这样才能迅速追上并歼灭敌人。经过勤学苦练，太平军大都练就一

拜上帝会团营起义的练
兵场

双飞毛腿。有个叫覃七的战士，健步如飞，跑得比马还快，人们叫他"马头七"。还有个战士叫陈二，是个大旗手，双手高擎又长又宽的大黄旗，快步如飞，大家叫他"大旗二"。除了练兵，太平军还经常在这里演绎军阵，研习兵法。

此外，犀牛岭上还有一些附属设施，主要是金田起义历史陈列馆、碑廊、洪秀全雕像、遗址标志碑等，陈列馆门额"太平天国金田起义历史陈列"和遗址标志碑"金田起义地址"，均为全国人大原副委员长周建人题写。

金田起义历史陈列馆建于1980年，是一栋花岗石砌墙、琉璃瓦盖顶的两层楼房，因在犀牛岭旁已新建了"金田起义博物馆"，陈列馆现已改作他用。在陈列馆前边还有一个碑

苦练杀敌本领（桂平市金田起义博物馆，微缩场景雕塑）

廊，1981年，太平天国金田起义130周年学术研讨会期间，200多位专家、学者如国内的胡绳、王庆成、茅家琦、郭毅生等，以及国际友人柯文南（英）、小岛晋治（日）、魏求恩（美）等，曾来到犀牛岭参观、凭吊，并留下了大量珍贵的墨宝。1983年，陈列馆将中外专家、学者的题名勒石为碑，用20块

金田起义营盘碑廊（左）、"金田起义地址"标志碑（右）

"金田起义地址"景区东大门

石碑构建了此碑廊，供游人参观、赏玩。

　　洪秀全高大的雕像矗立在练兵场正中，雕像雕凿得十分威武而充满气势。天王洪秀全披发仗剑，栩栩如生，仿佛在重现当年的情景：他站在犀牛岭上，左手握剑，右手挥扬，带领2万多信众祭旗誓师，宣告起义，并指挥千军万马，为斩杀"清妖"、开创新朝而奔赴大江南北，浴血奋战沙场。

矗立在犀牛岭上的洪秀全雕像

金田起义红色旅游经典景区中心广场鸟瞰

果然天国建地上，金田新貌何光妍。

——郭沫若《金田新貌》诗

2016年落成的金田起义博物馆

雕像总高9米，其中基座3米，人像高6米，用97块花岗岩石拼接组合而成，由广西艺术学院教授、著名雕塑家朱培钧、陈禾农夫妇于1990年创作、雕塑。基座上"天王洪秀全"五个大字，由我国著名雕塑家刘开渠先生题写。

在犀牛岭的东南面，有一个近年开辟的金田起义红色旅游经典景区中心广场。广场占地面积14万平方米，在荆山紫水之间，绿树葱茏，清溪环绕，环境十分优美。广场中央矗立着一组金田起义领导集体的"六王群雕"，群雕后面是景区的主体建筑——金田起义博物馆。博物馆坐北朝南，建筑占地面积7165.32平方米，是一座既有当地客家围屋风格，又融入了壮族图腾元素的中式建筑。它由14根柱子撑起八字形坡屋顶，高51米，呈"金"和"人"字形，寓意是1851年金田起义，建立"人人平等"的太平天国，坚持斗争14年。

博物馆主大门上方的"金田起义博物馆"匾额，由著名历史学家茅家琦先生题写。馆内大厅正墙是一幅按人民英雄纪念碑汉白玉浮雕3倍放大的"金田起义"巨大浮雕，浮雕背景下为一个大型沙盘，以三种不同的颜色显示金田起义传教、团营、举义三大主题。馆内共有三个展厅，设风雨前夜、传教太平、团营鏖战、金田起义、永安建制、挥师北上、定都天京、广西籍将领、历史影响9个部分，以丰富的历史文献、文物、图片、绘画以及多媒体等介体，向公众真实、生动地展现了19世纪中期发轫于金田村的这场轰轰烈烈农民运动的不朽历程及伟大意义，成为目前国内以"太平天国"为主题的规模最大的博物馆。

（三）"金田起义出大王" ——大湟江口古码头

大湟江口即今广西桂平市江口镇，又名永和圩、湟江圩，位于桂平东北部，距市区陆路35公里，水路32公里，水路交通尤为便利，"为郡城咽喉"[①]，由此出发，东可达平南、梧州、广州；西上桂平后，溯郁江可通贵县、南宁，溯黔江直达武宣、象州、柳州。该地不仅宽河围绕，有天然险势可依，而且商贾云集，各业兴盛，圩内"大街二条""计大小铺户百余家，人口三千有余"，堪称水陆要冲及商贸重镇，素有"一戎二乌三江口"之说，是浔江流域的三大圩镇之一，其商贸之盛，"为全省各圩之冠"[②]。

桂平宣一里大湟江口古码头远眺

古码头是晚清江口作为广西商贸重镇的载体和象征，其位于浔江与大湟江交汇处，浔江北岸。这两条河江面宽、江水深，便于船只停泊，故"船桨湾泊多于县城南北河数倍"[③]。虽历经200多年岁月沧桑，浔江边码头的斜坡石板台阶迄今仍

---

① 清光绪二十年《浔州府志》卷二，《纪地》。
② 1920年《桂平县志》卷九，《纪地·圩市》。
③ 1920年《桂平县志》卷九，《纪地·圩市》。

浔江流域三大圩镇之一的江口圩

今桂平市江口镇浔江古码头

基本保存，并发挥着乘客上下、货物装卸的功能。

金田起义后，清朝立即组织围剿，钦差大臣李星沅移营柳州，广西提督向荣率楚兵、云南总兵李能臣率滇兵、贵州镇总兵秦定三率黔军，分别"调赴浔州"。为避免被围困，1851年1月13日（清道光三十年十二月十二日），即首义的第三天，太平军即移营东进，挥师大湟江口，正所谓"金田起

大湟江口古码头旧貌

义出大王（湟）"。洪秀全、杨秀清等驻蚌圩北约三里之石头脚陈家大屋，并以此作为行营指挥部，以号令军民，指挥对敌作战。太平军在江口一方面加紧补充粮食和其他军需，另一方面严密布置水陆防御工事，深沟高垒，"以江圩为负隅之固"，时刻防备清军的进攻。

太平军移营大湟江口，一要在这个"舟车辐辏，货贿积聚"①的商埠解决军需补给；二是为了接应"洪冯两族人及在粤之信徒"；三是要在这个四通八达的埠头会合从广东信宜沿水路赶来的凌十八友军，并收编附近的天地会武装，争取码头上众多的舰艇。为此，之前已归附拜上帝会的天地会首领罗大纲，利用在当地天地会山堂中的影响，收罗了活跃在浔、黔江面上的一些"艇军"，附近的民众亦望风归附，义军人数迅速增加，声威大震。而另一支"聚集约有二三千众"的会众

---

① 《创建粤东会馆序》，载饶任坤、陈仁华编《太平天国在广西调查资料全编》，广西人民出版社，1989年版，第433页。

"舟车辐辏，货贿积聚"的江口商埠

清光绪年间绘制的《发逆初逢鏖战图》

武装，也在凌十八率领下，于2月14日由广东信宜怀乡出发，"欲去广西瑶地"附义[①]。

太平军在江口驻扎50多天，虽然在圩市里筹集了军饷，在码头接收了天地会武装，并在牛排岭、屈甲洲的战斗中取得了胜利，歼敌无数，队伍迅速发展至3万多人，但由于广东信宜凌十八的队伍中途受阻，因而未能如期会师，而此时向荣统率的清军在东、北、南三面已形成半月形包围圈，切断了粮食补给线。3月8日，清军焚攻大湟江口，太平军大部退至牛排岭一带，一度"概行食粥，以示节省"[②]。10日半夜，太平军被迫进行第二次移营进军——选择尚未防堵的圩西面，挺进武宣。

太平军撤离江口后，清军"迁怒于该圩"，进行了血腥的报复。在攻占之后，纵兵大肆抢掠老百姓的财物，并将圩中一二千店铺放火焚烧，甚至到处捕杀居民，"诬以逆党或助逆之罪"，使这座繁华的圩镇遭受了一场空前的浩劫。但是，清军的烧杀掳掠并未能镇服民众，适得其反，圩上不少居民因此被"迫得离家而投入洪军"[③]。

---

① ［日］佐佐木正哉：《清末的秘密结社》（资料篇），日本严南堂书店出版，1967年版，第183页。

② 《天情道理书》，载《太平天国印书》（下册），江苏人民出版社，1979年版，第529页。

③ 洪仁玕述、韩山文著、简又文译：《太平天国起义记》，载中国史学会主编《太平天国》（六），上海人民出版社，1957年版，第871页。

（四）太平军行营指挥部旧址——石头脚陈家大屋

石头脚陈家大屋，坐落于今广西桂平市江口镇岭南村石头脚屯，因屋外围墙脚皆用巨石砌筑，故名。其坐东南朝西北，建筑平面略呈正方形，是一座四合式庄院。庄院四面各有一组主屋，其中西北面一组较大。每组主屋均为三进五开间，砖木结构，双坡硬山顶，小青瓦面，前、中、后三座，中间隔以天井，四角横屋通连。

屋内装饰十分考究，"雕梁画栋，堂宇宏敞"[1]。大屋外围墙脚均以巨石砌筑，建有四门，外围四角修有炮楼（望楼），构成布局严紧、规模宏大、富丽堂皇的大庄院。此外，屋墙外三面环以宽约50米、深可没人的壕沟，并设吊桥交通，使整座庄院壁垒森严，固若金汤。

石头脚屯村民均系陈姓同宗，始迁祖陈真明原籍福建省漳州府龙溪县石古冲，在清顺治年间，迁入广西桂平县宣一里寻线村。1749年（清乾隆十四年），四世祖

江口石头脚陈家大屋旧址

---

[1] 罗尔纲:《金田采访记》，载《太平天国史迹调查集》，三联书店，1958年版，第321页。

用巨石砌筑的大屋外围
墙脚

任君时，再迁牛排岭，由于善于农桑养殖，并在江口圩经商，甚至"开设鸦片烟馆、番摊赌场等"，他"获利甚丰，成为富甲一方之亦农亦商大户"。1757年（清乾隆廿二年），其三子秀汉"携乃父所赐家产迁石头脚"，开始"奠基筑宅"，历经数载努力，终于建成首批数十间大屋，"新建筑一律使用烧制之青砖黑瓦，一色的长条

今桂平市江口镇岭南村石头脚屯鸟瞰

洪秀全驻跸陈家大屋之
住处旧址

石干墙脚，尤显宏伟精良"①。

秀汉之后，长子存良、次子首伦在原大屋两旁又进行了
扩建，"三宅连成一气"，屋宅建筑更加魁伟宏大，气势非凡。
存良深谙老前辈的生财之道，投机生意越做越大，在江口、
新圩、平南思旺等地不仅购置了大片土地，年收租谷上百万
斤，而且还开设了多间商店、当铺、烟馆，成为名闻遐迩的
集地主、商人、高利贷者于一身的地方富豪。由于财力雄厚，
故陈家大屋被修治得富丽堂皇，对此，太平天国史专家简又
文先生于1942年造访后，不无感慨道："陈氏祖居原系仿粤东
大祠堂式建造者，中有大堂，甚为王殿。我们身履其地，差

①《陈氏族谱（真明世
系）》，桂平市浔线真
明堂族委员会等编印，
2010年版，第261页。

仿粤东大祠堂式建造的陈家大屋一隅

重新修缮后的陈家大屋俯瞰

可感到当年'太平天子'登殿临朝之威仪焉。"①

　　这座占地面积约9万平方米、拥有200多间房子的豪华庄园传到第八代子绍时，"金田事起，声势浩大"，他"曾与其叔陈秀彪集团防御，不遗余力"②，但因势单力薄，仓皇逃遁。1851年1月13日（清道光三十年十二月十二日），太平军移营大湟江口，洪秀全遂驻跸陈家大屋，并"在陈家中座大厅设大殿"③。洪秀全、杨秀清把这座易守难攻的石头大屋作为行营指挥部，即"以此为全军发号司令之大本营"，指挥太平军与向荣率领的三路清兵，展开了历时一个多月的激烈战斗。

①简又文：《金田之游及其他》，商务印书馆，1946年版，第11页。
②1920年《桂平县志》卷三十七，《列传四·果行》。
③饶任坤、陈仁华编：《太平天国在广西调查资料全编》，广西人民出版社，1989年版，第187页。

江口石头脚之"陈家祠堂"

太平军进据大屋，不仅陈家人全部跑光，附近的田地也被农民耕占，故时有"蓬塘桥塘土地随便耕，石头脚人有死冇（无）生"①之谚语。太平军撤出后，陈氏族人重返家园，大屋又历经几代人的修缮和扩建。至清末，"房屋建筑发展到了最为完善系统的阶段"②。进入民国之后，1921年8月，陈炯明率粤军进入江口，庄院被一把大火几乎烧尽。1944年秋，大屋又遭到日军的占据损毁。历经两场劫难，大屋已残破不堪。到1950年代，该屋大部分房产充公，庄院里的方砖、巨石等建材被多次拆取，用于附近桥梁、渡槽的建设，至此，整座建筑几乎被夷为平地。目前，仅大屋右侧尚残存小部分的房子和基脚，其余建筑早已坍塌，原茂密的竹木林带大部分也变成了农田，西边的护宅河则早已填平。唯有"陈家祠"保存较好，成为这座豪华庄院的历史见证。

1981年3月，该旧址被公布为桂平市文物保护单位。

---

① 梁任葆：《金田起义前广西的土地问题》，载《历史教学》1956年7月号。
② 《陈氏族谱（真明世系）》，桂平市浔线真明堂族委员会等编印，2010年版，第262页。

（五）首义后的首场大胜仗——牛排岭之战战场遗址

牛排岭之战战场遗址位于今广西桂平市江口镇岭南村、长江村一带，在浔江支流大湟江与清水江之间，距江口圩东北约3公里，与石头脚相邻。战场大致范围是从石头脚、牛排岭开始，往东北方向伸展，直至甲洲桥为止。其虽名为岭，但地势并不高，实为方圆十几里之大片田畴，有村庄错落其间。据当地人说，那里实际上是当地老百姓"放牛排"[①]的场所，因为那一带水草丰盛，竹木甚多，是放牧的好地方。

江口牛排岭之战战场遗址

据地方志记载，"甲洲桥，在大宣一里，通湟江。咸丰元年，官军与洪秀全战，败绩在此"[②]。可见，战场的中心位置应该在今长江村甲州桥周边。1980年代，当地群众在甲州桥附近的蛇栏花、马鹦洲、高车等处开荒种地，曾陆续从地下挖出不少成堆放置的炮弹，由此可以证实此区域即当年双方鏖战的主战场。

---

① "放牛排"即将各家各户的耕牛集中起来，交由几个人轮流放牧。
②1920年《桂平县志》卷十七，《纪地·桥梁》。

2019年重建的"长江甲州桥"

牛排岭甲洲主战场遗
址及附近出土的炮弹
（左上）（桂平市博
物馆收藏）

1851年1月（清道光三十年十二月）初，太平军起义并挥师大湟江口后，"金田会匪"立即引起了清廷的震惊，咸丰皇帝曾多次下谕，责令地方官员"自应聚集精兵全力攻剿，庶期扫穴擒渠"①。为此，钦差大臣李星沅迅速移营柳州，调兵遣将，组织围剿：一方面密饬金田、江口附近的5个州县，加紧组织团练，封锁山梁渡口，切断太平军的外援；另一方面则向朝廷要求增兵，加拨钱粮，并很快从各地调来了大量兵勇，如调向荣的楚兵、李能臣的滇兵、秦定三的黔军"赴浔会剿"，清兵

①奕訢等撰：《钦定剿平粤匪方略》卷三，《上命军机大臣传谕》，清同治十一年颁行，清内府印本，第1页。

李星沅等奏向荣统兵进攻大湟江牛排岭情形折（复制品.桂平市金田起义博物馆收藏）

力达到了万余人，并叫嚷："擒渠扫穴，在此一举。"[1]

向荣自受命广西提督后，首次掌握兵勇盈万。他设大营于大湟江口东北约8公里的平南鱼鳞塘、马鹿岭，在此调兵遣将，组织和指挥清军从东、西、南三面向大湟江口步步进逼，企图一举剿灭太平军。面对清军强大阵容的围攻，太平军沉着应对，并做好了战守准备。他们利用当地"江河分汊，山径丛杂"的复杂地势，于牛排岭"恃险为巢"，构筑营盘炮垒，俱"以男妇大小守之"；纵深处则埋伏精兵，由萧朝贵、冯云山、罗大纲统率，伺机接应，相机反击；同时，在所有的村落、竹林均埋置地雷，暗设陷坑，严阵以待，随时准备迎击来犯之敌。

2月18日，东路清军计楚、滇、黔三省兵共6000人，配以两

①《李星沅等奏韦正洪秀全等擅帖伪号伪示正筹进剿折》，载中国社会科学院近代史研究所近代史资料编辑室编《太平天国文献史料集》，中国社会科学出版社，1982年版，第81页。

石头脚——牛排岭之战指挥部

粤兵勇，分作三股，楚兵居中，滇兵居左，黔军居右，分别由向荣、李能臣和周凤歧督带，从马鹿岭出动，"一同进攻"石头脚太平军大营。西路清军分两支，水路由候补知府刘继祖率700名水勇从石嘴顺流而下；陆路由署陆川知县张琳率1200名壮勇从官塘北上，均取牵制性攻势，以策应东路的主力清军作战。

东路清军上午发动进攻时，太平军皆隐伏不出，待敌人越过山沟数道，进抵岭外之甲洲桥后，石头脚望楼忽出黄旗，霎时间，牛排岭伏炮齐发，地雷轰鸣，"杀妖"之声震天，2000多名太平军突然从竹林里左右杀出，打得清军弃械丢戈，夺路而逃，逃至盘石村的清兵亦遭伏击重创。而西路清军中午抵达后，更不堪一击，仓皇而退。是役，击毙清守备王崇山、千总汤成光等将弁12人，歼灭清兵勇300余人，向荣"持刀策马"，率残部逃归平南官塘卫，太平军乘胜两路追击，"左右抄截"，大获全胜。

牛排岭之战是太平军与清军主力的正式交锋，面对粮饷充足、装备优良的

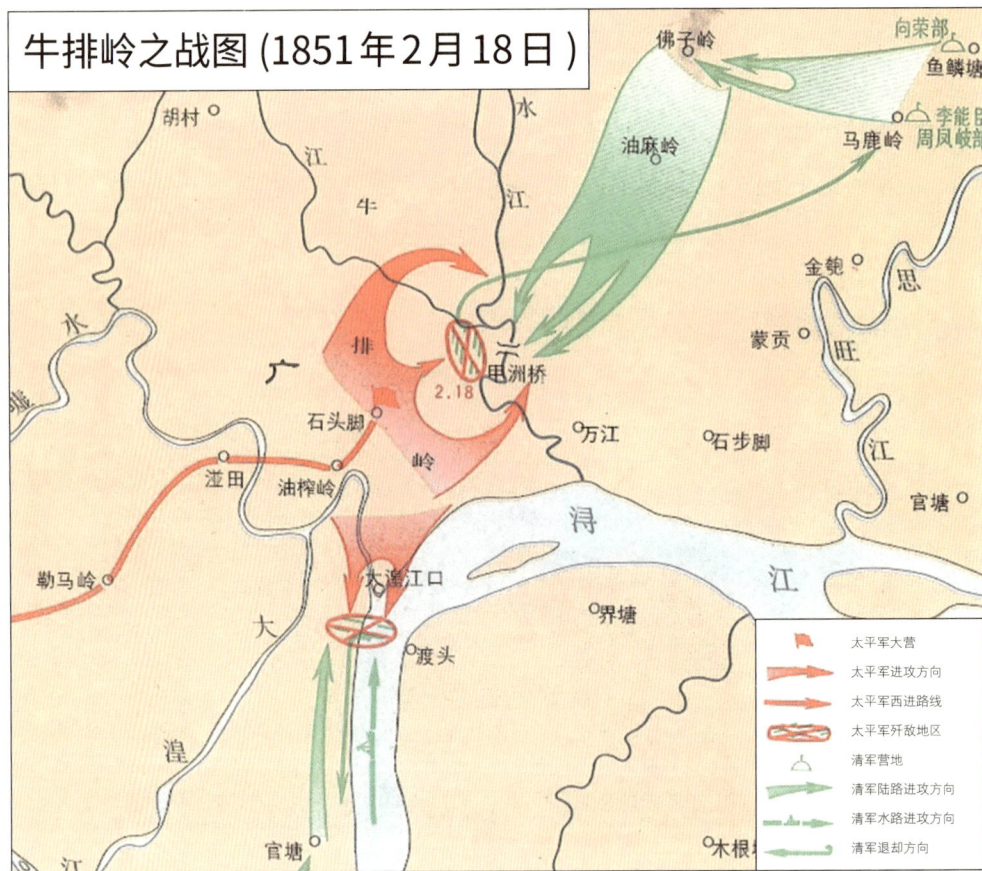

牛排岭之战图 (1851年2月18日)

桂平县宣一里大湟江口牛排岭

10000名敌军，太平军仅以2000多人的兵力，用大刀、长矛、梭镖等原始武器，竟能以少胜多，以弱胜强，挫败了数倍于己的官军，取得了自金田起义以来的首场大胜仗，大振了太平天国的军威。

（六）"洲坑为满"之血战——屈甲洲之战战场遗址

屈甲洲之战战场遗址位于今广西桂平市南木镇桂塘村屈甲屯，在武靖江与紫荆水汇合处。屈甲州是武靖江"经废武靖州，合宣二里紫荆诸山之水"，长年累月冲积而成的一个大沙洲，在屈甲屯东北面约400米，面积约1平方公里。现沙滩是一片杂草丛生的空旷荒地，周围都是农作物，村庄错落其间，当年的战斗工事已难觅遗迹。据当地群众反映，在沙洲内曾出土过刀、剑、矛头及蹄子炮等铁质武器，故此地应是双方激烈交锋的古战场。

1851年1月（清道光三十年十二月），太平军占据大湟江口后，清朝调集了万余兵力，由向荣统一指挥，对太平军实施围剿。向荣亲率东路清兵，扎大营于鱼鳞塘、马鹿岭，而西路清军则由候补知府刘继祖统领，驻扎于石嘴。原游弋于浔、梧江面的天地会"艇军"张钊、田芳等，先表示归顺拜上帝会，后又叛变离去，改投清军，为虎作伥。在刘继祖的督率下，数百水勇巡守在石嘴一带的浔江水面上，控制着大湟江口的上游门户。

桂平县石嘴浔江航道俯瞰

桂平县崇姜里屈甲洲古渡口

今桂平市南木镇桂塘村屈甲屯一角

2月18日，在牛排岭之战打响后，为配合东路主力清军的作战，西路清军也立即出动，刘继祖带领张钊、田芳为首的水勇700名，从石嘴由水路顺流而下，而署陆川知县张琳则率郁林、博白各地壮勇1200余人，在浔江牛屎湾登岸后，由陆路向江口进发。但是，当他们中午到达时，牛排岭之战已定胜负：滇、黔官兵大败先逃，向荣的中路楚兵虽拼死顽抗，因伤亡不少，且左右失援，亦被迫退却。在此战况之下，迟到的刘、张所率水、壮各勇自然更不堪一击，在大湟江码头刚与义军接仗，即仓皇撤出，退回上游石嘴驻地。

正当双方在牛排岭激烈交战时，在西南10多公里的屈甲洲，另一战场战役也同时打响，对此，清光绪《浔州府县》访册云："向荣进兵击石头脚贼巢，而别以一军自牛矢（屎）湾渡江，击大黄江贼。"[1]据考究，此"别以一军"应为刘继祖、

①清光绪二十年《浔州府志》卷五十六，《纪事》。

武靖江环绕的屈甲州风光

张玉林所率兵勇之别动队，也就是说，刘、张在水陆进军大湟江口时，还派出了一支兵勇独立行动。根据向荣的行动方案，这支部队在浔江牛屎湾登陆后，计划从屈甲村北渡屈甲江，然后沿新圩至大湟江口之平坦大路，向东面稳步推进，以策应东路主力清军的正面作战。

对清军的作战意图，洪秀全、杨秀清等人早已料到，故太平军在牛排岭与清军激烈交战时，也在屈甲洲预先做好了埋伏，并在浔江北岸埋设了许多地雷。3月5日，当清兵一出现，太平军先佯败，待诱敌深入埋伏区后，即兵分两路，反戈一击，在屈甲洲渡口南岸竹林里前后夹击，大败清兵，致其"士卒死者数百人，洲坑为满"①。清军接连惨败，损失巨大，锐气顿挫，就连统军主帅向荣也不得不承认：

① 清光绪二十年《浔州府志》卷五十六，《纪事》。

太平军使用过的尖刀（上）、大刀（中）及蹄子炮（下）（广西壮族自治区博物馆收藏）

"官兵大半心寒，已难得力。"①

　　屈甲洲之战与牛排岭之战是同时不同地的两场战役，也可以说是太平军兴之初，与清军主力的第一场正面交锋，义军在战场上取得的胜利，不仅大长了太平军将士的斗志，而且成功地挫败了清军"一举擒渠扫穴"的企图。此后不久，清军在东、北、南三面对大湟江口形成了半月形包围圈，而在西面，由于屈甲洲之战的影响，其始终没有驻军，仅令地方"一体起团带壮，实力防御"②。由于清军无法实现四面合围，这就使已拥3万余众之太平军，得以选择尚未防堵的西路通道，于3月10日实现第二次移营大进军，西进武宣。

────────────

①李星沅：《李文恭公文集》卷十二，《与向欣然提军书》，清同治四年（1865年）刻本。

②中国第一历史档案馆藏：《郑祖琛奏》军录，革·太，第474-1号。

七 东乡登极

东乡位于今广西武宣县城东18公里，西临黔江，东倚紫荆、鹏隘诸山。中间丘陵起伏，深广五六十里，有大小村圩60多处。其为"省南柳州、象州各大郡之门户，亦即通省安危之所系也"，地位十分险要。明代大藤峡瑶民起义，此地曾为主要战场。拜上帝会在紫荆山"布道聚众"，这里也成为重要教区，几位教主都曾在此深耕。

1851年3月，太平军撤离大湟江口后，兵分三队经新圩、金田、紫荆山，移营西进武宣、象州。洪秀全在东乡"登极称王"，建立五军主将制，并率军在武宣三里和象州中平大败清军。但由于清廷部署重兵围剿，加之粮盐缺乏，北上之路又遭封锁，因此，太平军在"移地就粮"和"招齐会众"后，又原路退回老根据地紫荆、金田，徐图进取。

太平军西进武宣形势图（1851年3—5月）

（一）西进武宣首战告捷——三里圩之战战场遗址

三里圩之战战场遗址，现主要尚存两处：

1. 东岭营盘遗址。位于今广西来宾市武宣县三里镇东岭村，其依山环绕而筑，呈圆形，占地面积约 1 万平方米，直至 1980 年代，仍留存有多段约 1 米高的用泥石构筑的工事，后因不断遭到自然的和人为的破坏，现仅遗存一些土石遗迹。该营盘原为向荣清军所筑，后经双方激烈交战，被太平军占领，成为太平军驻兵及攻防的重要据点。

2. 石子坳陷马坑遗址。位于今广西来宾市武宣县三里镇台村之东北面。石子坳两边陡峻，中间是一羊肠小道，当年太平军在这一带地方设伏，在道路上挖掘了许多的陷马坑，坑长约 1.5 米，宽约 1.2 米，深约 1 米，坑底设置密密麻麻的锋利竹签，上面覆盖薄草或黄土伪装。太平军以此土办法坑杀来犯之敌，出奇制胜。今陷坑已全部被填平，仅在坳口尚存个别低浅的凹坑，依稀可辨。

三里圩之战东岭营盘遗址

1851年3月10日（清咸丰元年二月初八日），太平军3万余人撤离大湟江口，经新圩、金田入紫荆山。12日，义军攻破双髻山关隘，过猪仔峡进入武宣县境，占领东乡。15日，太平军前锋直抵三里圩，占灵湖、台村，同时，右翼北抵贝贡、坪田，左翼南至沙安、朋村。洪秀全设大本营于东乡圩旁的尊头村，东西连营六七十里，顷刻之间，"烽烟四起"，对武宣县城造成了极大的威胁，知县刘作肃被吓得六神无主，全无战守准备，手中拿着一根上吊的绳子，急得"掩袂大哭"。

三里为武宣东南部的一个大圩市，距县城约15公里。其地处丘陵，南北走向，东面是大瑶山山脉，山岭绵延；西面平坦，直指县城，是大面积农作物区；西南

三里镇台村石子坳的陷马坑遗址

灵台寺，坐落于三里灵湖村，始建于清初，建筑占地面积617平方米，在三里圩之战中毁于战火

今武宣县三里镇鸟瞰

三里镇灵湖村前的灵湖

面为水流湍急的黔江，三里河自北转西流入黔江，东乡河则在境内东南流过，注入黔江。太平军占领东乡、三里，既可扼省南之咽喉要道，又得攻守形胜之地利，加上该地"谷米为大宗"，稍可缓和军中饥馑之困窘，对军资供应关系影响至大。

针对太平军的移营西进，新任广西巡抚周天爵带兵勇200名赴浔州督战，得知太平军已至东乡，即停驻武宣，仓促布置清兵守城事宜，并扎营于城外彰钟桥。3月16日，向荣率楚、粤官兵抵达三里圩，扎营于圩南面之东岭，候补知府张敬修率东勇随后赶到；刘继祖率张钊部亦抵武宣黔江水面布防；贵州镇总兵秦定三率黔军赴二塘扎营，堵截北面通道；东面双髻山则由练勇防守，计各路清兵勇共1万多人。

面对强大的清军，太平军"以东岭、三里圩为东乡门户，以台村、灵湖之淤田为关栏，以山鞍岭为域限，以莫村一带十余村为埋伏，其精锐大半悉萃于此"[1]，严阵以待。3月19日，太平军先发制人，三路猛攻东岭向荣大营，并与其督率的清军600人激战于台村、灵湖之间。战幕拉开，清军左右翼败逃，中路向荣被围。周天爵督张敬修部400兵勇救援，又被击溃，仅向荣侥幸突围，免于一死，"全局顿挫，气难复振"[2]，太

太平军曾使用过的台枪（武宣县博物馆收藏）

---

① 清光绪二十年《浔州府志》卷五十六，《纪事》。
② 中国第一历史档案馆藏：《徐广缙奏》，军录，革·太，第533—3号。

今武宣县三里镇东岭村

平军首战告捷。

4月3日，周天爵、向荣在重新部署之后，调集外省清兵6000余人，分四路向东岭、台村及三里圩南北发动新一轮进攻，并"于一军之后置一队杀手，斩退走者"。正当周天爵、向荣自以为得计时，太平军早已调集精兵连夜进入伏击阵地待命。洪秀全、冯云山率军从东乡增援三里，萧朝贵坐镇圩中北帝庙指挥。午刻，刘继祖督水勇进攻东岭，即遭2000多名太平军的反击和包围，张敬修、褚汝航、向荣率领的清军相继增援，被洪秀全"麾军围之"，而进攻圩北面的秦定三部也被太平军前后夹击，大败而逃。是役，清军"伤者七十余人，死者共三十余人"，余众大败狂奔。

三里圩之战是太平军为反击清军包围而进行的一场"真血战"。在此战役中，清军投入兵勇6000余人，以分路包抄战术，企图合力攻破太平军东乡大营，"扫穴擒渠"。而面对敌人的四面围攻，太平军也尽出精锐，"视死如归，赤身赴

太平军使用过的刀、矛
等武器（武宣县民间
收藏）

敌"。在洪秀全、冯云山的"亲身督战"下，各路伏兵同时杀
出，清兵猝不及防，全线败退，这正如周天爵所说，其"虽
兵多势众，在在难操必胜者也"[1]。太平军连战皆捷，既保卫了
东乡基地的安全，也赢得了相对安定的局面，军威更壮。

鉴于军中"所有大帅，无与敌者"[2]，且屡战屡败，清军只
能坚垒固守，不敢再轻言出战。不久，李星沅连忧带病死于
武宣军中，朝廷命周天爵暂署钦差大臣，周奏请改用"坐战
之法"，即幻想以挖长壕、筑厚墙、建高垒的办法，去包围和
封锁太平军，并将之歼灭。

---

① 中国第一历史档案馆藏：《周天爵奏》，军录，革·太，第520—8号。
② 周天爵：《致周二南书》，载太平天国历史博物馆编《太平天国史料丛编简辑》（第
六册），中华书局，1964年版，第4～6页。

（二）"萧将军"前军指挥部旧址——三里圩北帝庙

北帝庙，又称玉墟宫，坐落于今广西来宾武宣县三里镇三里街头。其始建于清道光年间，坐东南朝西北，二进三开间，前座与后座之间是天井，左右有走廊相通。总面宽10.75米，进深20.5米，建筑占地面积220平方米。抬梁式砖木结构，青砖墙，双坡硬山顶，黄色琉璃筒瓦，正脊饰以太阳、葫芦、怪兽、鳌鱼等琉璃雕塑。前座门面有两根大理石廊柱，抬梁镂空雕刻花草鱼虫等花饰，檐墙彩绘历史人物故事壁画。整座庙宇雕梁画栋，美轮美奂，突出体现了清代中晚期岭南地区的建筑艺术特色。

北帝庙——太平军前军指挥部旧址

庙宇后座除奉祀"玄武大帝"——北帝，还供奉着关公、谭公爷、马天君、李天王、财神爷、土地神等众多偶像，这些既多又杂的偶像菩萨，是清代广西地区乡土宗教迷信及多神崇拜的缩影①。1928年，该庙曾被官府征用作为团局，神像被全部拆除，建筑破败不堪。2006年，当地群众多方集资，对庙宇进行了较大工程的修复。2017年11月，该庙被公布为武宣县文物保护单位。

---

① 钟文典:《太平天国起义与乡土宗教》，载《广西师范大学学报（哲学社会科学版）》，1988年第1期。

庙宇雕梁画栋，美轮美奂

除奉祀北帝，庙内还供奉着诸多的偶像菩萨

　　萧朝贵出生于桂平鹏隘山区，过继给萧玉胜后，居住在武宣县东乡沙田村（一说上武兰村），"在家种田种山为业"[①]。大约在20岁时，迫于生计，他随父母翻越双髻山，先到桂平紫荆山花蕾、六盘等地谋生，最后落户鹏隘山下古棚村。在耕山烧炭的艰难度日中，他结识了同为"烧炭佬"的杨秀清，并在冯云山的耳提面命下，加入了拜上帝会，成为骨干分子。皈依新教后，为发展更多的信众，他经常翻山越岭，在武宣东乡、三里、二塘、桐岭，以及象州妙皇、大樟、三婆、石龙、百

———————————

[①]《李秀成自述》，载中国史学会主编《太平天国》（二），上海人民出版社，1957年版，第788页。

重峦叠嶂的鹏隘山区

丈、新寨等地，利用在武宣、象州一带的乡情戚谊，动员群众，敬拜上帝，很快就成为当地会众的首领，被大家尊称为"萧将军"。

1848年（清道光二十八年），冯云山被捕入狱，拜上帝会一时群龙无首。为了稳定众心，在杨秀清利用"降僮"巫术伪托天父下凡传言后，萧朝贵也如法炮制，取得了"天兄代言人"的身份，成为拜上帝会的领导核心人物之一。1850年7月（清道光三十年六月），洪秀全发布总团营令，萧朝贵率领一支人马越过双髻山，进驻武宣东乡，一方面接应前来投奔的邱二嫂、苏三娘等天地会武

萧朝贵常翻越的双髻山远眺

装，另一方面则收齐武宣、象州各地的拜上帝会众。为此，他指挥会众与当地团练展开激战，经过血与火的战斗洗礼，东乡有500多会众加入团营的行列。太平天国中的东乡籍将领，除西王萧朝贵，较有影响的有"颇知文义，初为童蒙师"的曾水源和曾钊扬，两人后分别任天官正丞相、天官又副丞相，此外，还有太平天国的首位武状元覃贵福等。

葬于今江苏南京市的
"天朝元勋曾水源之墓"

太平军进入武宣东乡，洪秀全设立大本营

"天兄"在三里多次下凡，传达"圣旨"

1851年1月（清道光三十年十二月），金田起义后，"勇敢刚强，冲锋第一"[1]的萧朝贵统率前军，在牛排岭、屈甲洲等战役中一马当先，英勇杀敌。3月10日，太平军主动撤离大湟江口，经新圩、金田、紫荆山进入武宣东乡，洪秀全在尊头村设立大本营，萧朝贵则率军驻扎三里圩及周边村庄。19日，太平军向驻扎东岭的向荣清军发动袭击，并在台村、灵湖一带大败清兵，首战告捷。23日，洪秀全在东乡莫村"登极称王"，并建立五军主将制，萧朝贵被封为前军主将。

在三里圩作战期间，萧朝贵的前军指挥部就设在北帝庙。该庙坐落于三里圩头，太平军进驻时，"曾经打过三里的北帝庙和土地庙的菩萨"[2]，但由于军事斗争需要，太平军没有毁坏庙宇房舍，而是将之改作前军指挥部，"萧将军"栖身庙中，在这对敌作战的前哨运筹决胜。为了鼓舞斗志，整饬军纪，3月30日，"天兄"在三里多次下凡，传达"圣旨"：一是谕冯云山、秦日纲及众小"放草（心）理事""杀妖之时，要一齐向前"；二是严惩"不遵令者"，如"食洋烟犯天条"之李庚祥，并责打其百长韦志显；三是训诫前军先锋长张玱进，教导他要遵令，所"带五百名兵将"，"要一齐放胆向

---

① 《李秀成自述》，载中国史学会主编《太平天国》（二），上海人民出版社，1957年版，第788页。
② 饶任坤、陈仁华编：《太平天国在广西调查资料全编》，广西人民出版社，1989年版，第192页。

前，不可临阵退缩”[①]。

4月3日，清军在重新部署之后，调集外省重兵，分四路向东岭、台村及三里圩南北发动新一轮进攻，洪秀全、冯云山统筹全军迎战，而萧朝贵则坐镇北帝庙，指挥前线作战。由于认真做了战前动员，故太平军士气高涨，纪律严明，作战勇敢。面对清军的围攻，义军先设伏痛击来犯之敌，继而分路出击，把敌人反包围，围而歼之，从而有效地打退了清军的疯狂进攻，粉碎了其“拼死速战”的图谋。三里圩之战再传捷报，成为太平军继牛排岭之战、屈甲洲之战后的又一大胜仗。

矗立在东乡镇合群村西王广场的萧朝贵塑像

---

① 王庆成编注:《天父天兄圣旨》，辽宁人民出版社，1986年版，第79～82页。

（三）"准备东乡为又一牛排岭"——东乡营垒群遗址

太平军营垒群遗址均分布在今广西来宾市武宣县东乡镇境内，主要有：

1.寨顶山营盘遗址。位于今广西来宾市武宣县东乡镇莫岭村东面的寨顶山之巅，海拔598米，营盘遗址长约300米，宽约100米，上有许多残（泥）墙基脚，当年太平军曾在此构筑哨堡，用以观察县城、三里、勒马等西南方向的敌情。在泥墙基脚周围是深浅不一的壕沟，虽然杂草丛生，但仍清晰可辨。在山麓，太平军还修筑有塔脚、灯草岭、哥敢岭等5个营盘，但因村民不断开荒，现已变为耕地，仅壕沟仍依稀可辨。

太平军寨顶山营盘遗址

2.王年岗营盘遗址。位于今广西来宾市武宣县东乡镇河马村新高沙屯北面的王年岗山顶上，南北走向，呈四方形，长约42米，宽约41米，营盘高出周边地面0.6～1.2米，营盘外面还有高低不等的壕沟和护墙遗存。据当地口碑，当年太平军曾在此掘土为壕，扎营立旗，故村民亦将之称为"旗墩营盘"。这里地理位置险要，峰峦叠嶂，东西两面均为低洼平地山谷，山西麓有一条河流，易守难攻，是太平军镇守东乡、转战象州的重要据点。

太平军王年岗营盘遗址

3.高椅岭峡谷炮台遗址。位于今广西来宾市武宣县东乡镇莫村西北面的高椅岭峡谷，其有高椅岭、佛子坳、禄振、禄广4座炮台遗址。1980年代，炮台台基尚存，后因村民不断开山垦殖，遗址变成了耕地或林地，但历史遗迹仍依稀可辨。1851年4月中旬，数千清军围攻莫村，太平军在高椅岭峡谷打伏击战，曾在几座炮台上用土炮轰击敌阵，终于打退了进犯的清兵主力。

高椅岭峡谷中的太平军
佛子坳炮台遗址

4.屯应村营盘遗址。位于今广西来宾市武宣县东乡镇屯应村，其修建在村口两旁，右边为大营盘，周长近2000米，左边为小营盘，周长近1000米，护墙基本上是用黄土夯筑或

太平军屯应村营盘遗址

掘土为壕，但因岁月久远，大营盘迄今已夷为平地，无遗迹可寻；唯小营盘尚留存几十米的土墙，残存的土墙高0.3～1.2米，厚0.8～1.2米。屯应村地处双髻山西南麓，是从东乡进出猪仔峡、双髻山、紫荆山的咽喉，为进攻退守的军事重地，故太平军扎下双营，重兵把守。

武宣县东乡圩旧貌

东乡是武宣县东部最大的圩市，距县城约18公里。其地处双髻山西麓，"东西六七十里，复山重岭……水陆俱通省城"，既丘陵起伏，形势险阻，又交通便利，四通八达，加上有"大小村圩六十余处"，"村多田广，谷米大宗"[①]，故乃进攻退守之形胜，清方称之为"省南柳州、象州各大郡之门户，亦即通省安危之所系也"[②]。1851年3月10日（清咸丰元年二月初八日），太平军撤离大湟江口后，经新圩、金田进入紫荆山。12日，连破双髻山、猪仔峡关隘，顺利抵达武宣东乡。

太平军兴之初，虽尚无明确的战略方向，但是，在打破清军重重围剿、主动争取同盟军和向外拓展空间等方面，还是表现出了非凡的战斗力。为解决军需补给问题和收编天地会，金田起义后，太平军即移营向东挺进大湟江口，并在牛排岭大败官军，挫败了其"一举擒渠扫穴"的企图。在完成军事任务后，为迅速摆脱清军三面包围，移地就粮，"招齐拜上帝之人"，太平军又出敌不意，再次移营西进武宣，誓言把东乡变成第二个牛排岭，成为清军的葬身之地，正如"专责剿贼"的清钦差大臣李星沅所说："贼由紫荆山窜入武宣东乡，仍是据险之意。……则贼已准备东乡为又一牛排岭矣。"[③]

太平军伏击清军的高椅岭峡谷

---

①1934年《武宣县志》第四编，《经济》。
②中国第一历史档案馆藏：《周天爵奏》，军录，革·太，第521—4号。
③李星沅：《李文恭公文集》卷十三，《与周敬修中丞》，清同治四年刻本。

洪秀全"登极称王"之临时王官遗址

太平军在武宣开展军事斗争的大本营——今武宣县东乡镇莫村俯瞰

太平军占领东乡之后,洪秀全在圩旁的尊头村设立了大本营,萧朝贵则率军继续深入,前锋直抵三里圩、灵湖、台村一带。3月19日,太平军发动了三里圩之战,大败官军数千人,首战告捷。23日,洪秀全在莫村"登极"称天王。4月3日,清军在重新部署之后,调集重兵发起了新一轮进攻,太平军三面出击,重创来犯之敌。18日,周天爵、向荣率五六千清军分三路围攻莫村,寨顶山巅的哨堡发现敌情后,立即发出警报,太平军以高椅岭峡谷为依托,以蜿蜒的河溪和茂密的芦苇、芭芒作掩护,奋力反击,清军伤亡惨重,败退武宣县城。

东乡是太平天国在武宣开展军事斗争的大本营,也是其正式进行军事编制建设的起始地,在这里刊行了太平军的组织法规——《太平军目》,成为目前所知太平天国最早刊印的书。因东乡是双方争夺和交战的重要战场,故这片热土遗存了许多的古战场,特别是古营盘和古炮台。历经170年的岁月沧桑,现在许多的遗址虽损毁严重,但营垒群的痕迹仍历历在目,不断警醒着后人,要永远铭记太平天国这段不寻常的历史!

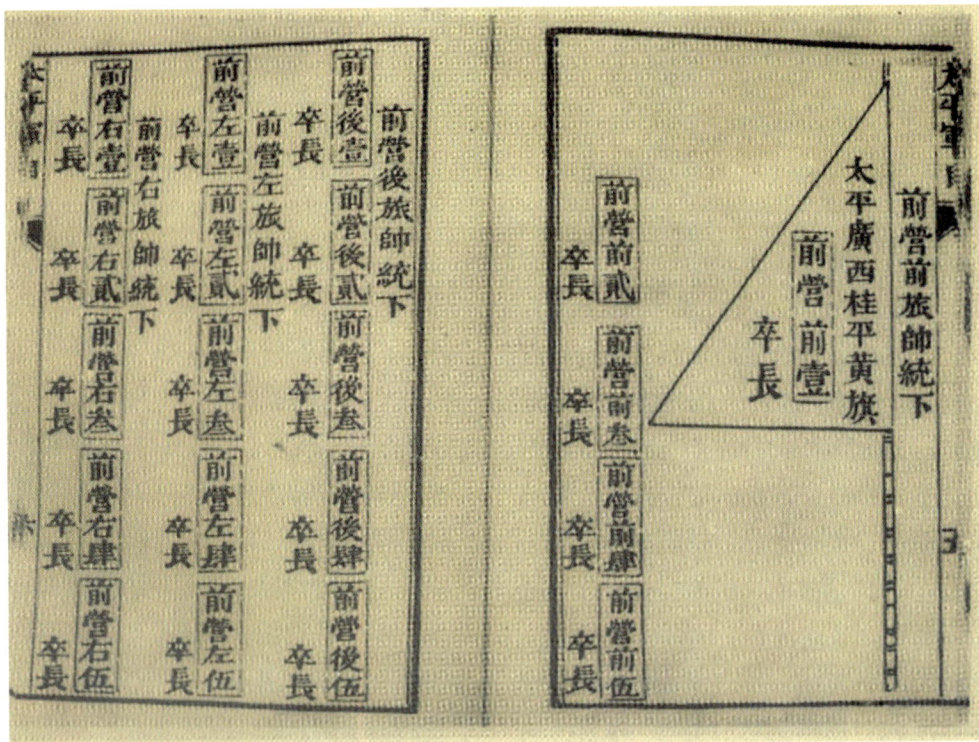

专载太平军组织制度的《太平军目》

（四）洪秀全"登极称王"地——莫村"红屋"遗址

"红屋"遗址位于今广西来宾市武宣县东乡镇莫村。据当地口碑及专家考证，当年洪秀全"登极称王"之盛举，就是在东乡莫村的一座红色的房屋里进行的[①]。因洪秀全曾下令，把用作"登极"的临时王宫之墙壁全部粉刷成红色，故名"红屋"，当地人将之称为"红墙黄瓦堂"[②]。

东乡里莫村"红屋"遗址

"红屋"坐东北朝西南，后虽被清军一把火焚毁，但从遗存的墙基看，其结构应分为三部分：第一部分长约35米，宽30米，即今莫村小学操场；第二、三部分长、宽难辨，现已成为村民的菜地，但坚硬的三合土残墙仍清晰可辨，其长约10米，高0.3～4米，厚0.6～1米，被后人称为"红屋"屋地。据当地村民说，在残垣断壁中，仍留存有点点滴滴或成块的红色痕迹，由此判断，这里应该就是当年洪秀全"登极称王"的地方。2017年11月，该遗址被公布为武宣县文物保护单位。

[①] 这里是采用流行说法。有学者根据《天兄圣旨》，论证洪秀全"登极称王"的时间为己酉年（1849年）冬或庚戌年（1850年）二月二十一日，地点在平在山（鹏隘山）。

[②] 李文湘主编：《太平天国运动在武宣》，武宣县史志办公室编印，2014年版，第191页。

1851年3月23日（清咸丰元年二月廿一日，天历二月廿一日），时值基督教的耶稣升天"复活节"，为此，在三里圩之战取得决定性胜利的大好形势下，洪秀全在三面山环、一面水绕的东乡腹地莫村正式"登极"，自称天王，建号"太平天国"，并把儿子洪天贵福封立为幼主。同时，建立五军主将制，以杨秀清为中军主将，萧朝贵为前军主将，冯云山为后军主将，韦昌辉为右军主将，石达开为左军主将。洪秀全即天王位，立幼主，封百官，建立了太平天国，因而天历"辛开元年二月廿一日"的这一天，成为太平天国的"开国日"①。

洪秀全由"太平王"改称"天王"，在军中设立五军主将，是借助

"红屋"的残垣断壁

武宣县东乡莫村旧貌

---

① 罗尔纲：《太平天国在何时何地建国》，载《太平天国史丛考甲集》，生活·读书·新知三联书店，1985年版，第157~160页。

洪秀全在武宣东乡"登极称王"（桂平市金田起义博物馆·雕塑）

了"天父"在东乡发布的"圣旨"：

> 我差尔主下凡作天王，他出一言是天命，尔等要遵。尔等要真心扶主顾王，不得大胆放肆，不得怠慢也。若不顾主顾王，一个都难也。[1]

　　太平天国领导体制的转变和发展，在政治、军事上加强了领导，有利于军事斗争的进一步发展。正因如此，"天兄圣旨"进一步告诫军中的将士，"要守天条，要遵命令，要和傩兄弟。……要同心同力，同打江山，认实天堂路来跑"[2]。

　　1859年11月16日（清咸丰九年十月廿二日，天历己未九年十月初七日），天朝颁发了《天王诏旨》，正式确定天历每年"二月二十一日是太兄暨朕登极节"[3]，成为太平天国《天历》

---

①《天命诏旨书》，载中国史学会主编《太平天国》（一），上海人民出版社，1957年版，第60页。

②《天命诏旨书》，载中国史学会主编《太平天国》（一），上海人民出版社，1957年版，第60页。

③《天历每四十年一斡旋诏》，载太平天国历史博物馆编《太平天国文书汇编》，中华书局，1979年版，第47页。

洪秀全"登极"称天王之"红屋"旧址

中的六个宗教节日之一。在这里，"太兄"指耶稣，"朕"为洪秀全自称。"登极"作为太平天国的专用词，非指即人主位，而指登神主位，故这是纪念天王洪秀全在东乡登上与上帝"合一作主"之位的节日①。

东乡是拜上帝会深耕的重要教区，莫村有100多人皈依新教，更是教区的中心，正因如此，洪秀全驻跸村中，设立临时王宫，称天王、建国号、创立五军主将制，从而使太平天国的政治、军事体制初具雏形。由于莫村是太平天国的政治、军事重镇，太平军撤离后，清朝政府进行了疯狂

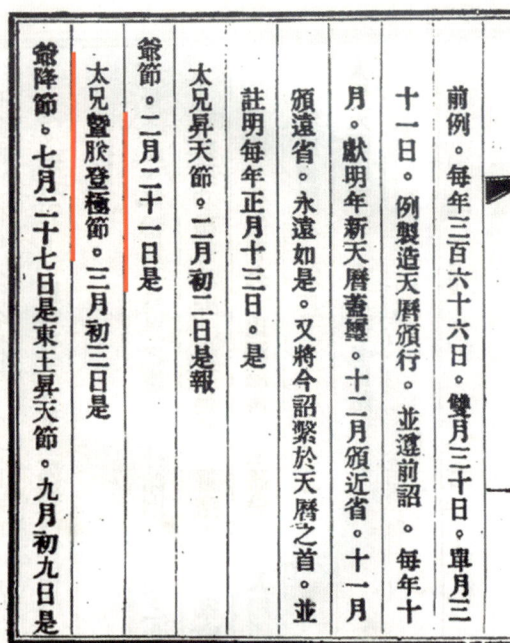

《天王诏旨》确定天历每年二月二十日为"登极节"

----

① 郭毅生、史式主编:《太平天国大辞典》，中国社会科学出版社，1998年版，第154页。

莫村《奉谕众议禁碑》

的反攻倒算，把村中房屋几乎全部捣毁，对村民进行了血腥的屠杀。据今立于莫村梁氏祠堂前的《奉谕众议禁碑》记载，被杀害的人有"数十余口"，幸免于难的村民在外"流离十余载"，直至1866年（清同治五年），官府才允许村民回迁祖地，议订禁约，垦荒复业，休养生息。

（五）"团聚数千到金田"——石龙村拜上帝会遗址

石龙村拜上帝会遗址位于今广西来宾市象州县中平镇架村石龙屯（村）。石龙村是一个地处象州东部的小山村，它在大瑶山脉的西南麓，而紫荆山则在大瑶山的东南坡，从石龙翻越山脊即到紫荆山。1846年（清道光二十六年）之后，冯云山在紫荆山区"传布聚众"，因"西越瑶山即象境"，故象州东部方圆百里的瑶区也成为布教之地。在洪秀全、冯云山的不懈宣教以及怒砸甘王庙行动的影响下，拜上帝会在瑶区发展很快，据瑶族社会历史调查资料，当年"洪秀全派人到大樟一带劝人'拜上帝'，南起大樟，北到大乐，六十里内，都是他们活动的地区"[①]，而中平石龙村正处于该区域的中心，加上有谭要等忠诚的宣教士，故其很快就成为拜上帝会的最大据点。

中平石龙村拜上帝会遗址

①《有关太平天国的片断史实》，载《中国少数民族社会历史调查丛刊》修订编辑委员会编《广西瑶族社会历史调查》（一），民族出版社，2009年版，第80页。

谭要画像

谭要，生卒年不详，象州县中平石龙村人，原为乡村勘舆师（风水先生），常游走于象州、桂平、武宣及大瑶山各村屯，靠帮人勘察住宅基地、坟场，"看风水"、择吉日谋生。为此，他常过大瑶山，前往紫荆山，在与洪秀全、冯云山的交往中，皈依了新教，并"回象私传其教，煽惑乡愚"，州东之中平、寺村、新寨、三婆、大樟和百丈等数十村落，从教"入会者殆千计"。

1850年7月（清道光三十年六月），洪秀全发布总团营令，9月6日，谭要在"其村宰杀牲口，拜上帝，村

今象州县中平镇架村石龙屯

象州会众"夜半往紫荆山"

人汹汹，强半附从"①。拜上帝会众的聚集引起了清地方官兵的恐慌，清大乐司汛闻报后，即出兵前往镇压，拜上帝会众据险拒守，令"兵团不敢近"。当晚，谭要率1000多会众，在夜幕的掩护下，翻山越岭过紫荆山，然后前往金田村，遵旨到团营大本营集结。

谭要肩负"回去团营"使命，原计划是先在石龙汇聚各地会众，然后再集中前往金田团营，但由于在村里杀鸡宰牛，祭旗拜会，动作过大，结果走漏了风声，"有不从者，奔大乐告司汛，司汛以兵团骤至"，甚至"分司遂禀报上宪"。在此万分紧急的情况下，虽然信徒并未齐集，但石龙会众还是匆忙"夜半往紫金（荆）山"，这也是洪仁玕后来在《自述》中所说的"象州亦被迫团聚数千到金田"②。1851年5月（清咸丰元年四月），太平军从武宣北上象州，那些当时未及集结金田的教众，在洪秀全、杨秀清"上象州招齐拜上帝人马"的感召下，纷至沓来归附，太平军随后移营紫荆、金田、新圩。

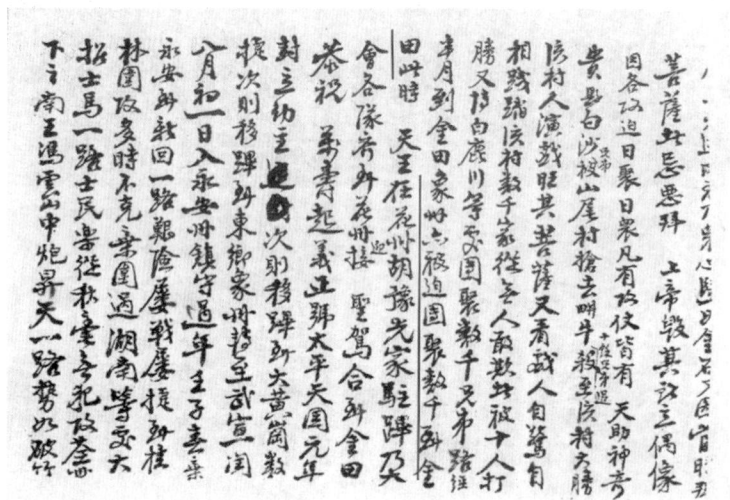

《洪仁玕自述》载"象州亦被迫团聚数千到金田"

---

① 覃元苏：《象州乱略记》，载《太平天国革命时期广西农民起义资料》（上册），中华书局，1978年版，第130页。

② 《洪仁玕自述》，载中国史学会主编《太平天国》（二），上海人民出版社，1957年版，第850页。

谭体元画像

石龙会众是金田团营中最早克期到达集结地的队伍，这支部队在随后的团营起义中发挥了重要作用，并涌现出许多骁勇善战的将领，谭体元即是其中的杰出代表。谭体元（1835—1866），中平石龙村人，1848年（清道光二十八年），在家乡加入拜上帝会，1850年9月（清道光三十年八月），在谭要的率领下，他与兄弟乾元、庆元、文元、士元等同赴金田团营。金田起义后，年仅15岁的他，以"童子兵"身份随军征战。定都天京后，他在翼王麾下转战赣、湘各地。1859年（清咸丰九年），他随石达开回师广西，后又率所部不辞万里，回归天京，深得天王嘉许。之后，隶侍王李世贤统率，转战皖、赣、浙、苏等省，屡立战功，被太平天国褒封为"偕王"。

太平天国偕王谭体元故居遗址

（六）"上象州招齐拜上帝人马"——太平军营垒群遗址

太平军从武宣移营北上象州，先后经过了寺村、百丈、新寨、中平、仁义等地。由于军事斗争的需要，太平军曾在所驻扎过的地方，构筑了许多的营垒工事，尚存的营盘遗址主要有3处：

太平军平贯村营盘遗址

1. 平贯村营盘遗址。位于今广西来宾市象州县中平镇架村平贯屯东面约2公里的营盘岭上，海拔约372米。营盘筑于岭顶，三面均为山槽，仅西面有一条小路通向山顶，易守难攻。营盘东西长约400米，南北宽100米。四周有土墙与壕沟围绕，残存土墙长约1000米，高0.8～2米，厚0.5米；壕沟宽1.5～2.5米，深0.3～1米。营盘内尚存37间房屋遗址，每间占地面积约15平方米，墙高0.6～0.8米，厚0.5米，均用石块与泥土混合砌筑，据说其主要是供太平军将领家眷居住。

2. 甘峰岭营盘遗址。位于今广西来宾市象州县百丈乡百丈村的甘峰岭上，海拔约180米，岭东面是悬崖，崖下是百丈河。营盘占地面积约8767平方米，残存土墙周长约170米，高1.2～2.8米，厚0.8～1.2米。营盘南、西两面原是用石块砌筑的石墙，高约1.5米。石墙之外有人工挖掘的壕沟，长约200米，宽约10米。迄今仅遗存西北面的一段土墙和壕沟，石墙已荡然无存。

太平军甘峰岭营盘遗址

3. 甘阳岭营盘遗址。位于今广西象州县百丈乡庭都村的甘阳岭上，海拔约195米，岭东面是悬崖，崖下是大樟河。营盘残存的土墙长约500米，内高0.8～1.4米，外高3～6米，厚0.4～4米。在岭之半腰有人工挖掘的壕沟，长约550米，宽约10米，当地人称之为"跑马道"。在壕沟之外，是用沟里掘出的泥土构筑的土围墙。

太平军甘阳岭营盘遗址

大瑶山西南麓之武宣、象州东部瑶区

　　1851年3月（清咸丰元年二月），太平军从大湟江口移营西进武宣、象州，除"移地就粮"、解决军需外，"招齐会众"是另一重要的动机。武宣、象州位于大瑶山的西南麓，与紫荆、鹏隘仅一山之隔，故很早就是洪秀全、冯云山等教主的布教之地，"毁坛庙神像"风潮的标志性事件——洪秀全率众怒砸甘王庙，就发生在象州东部之大樟，故武象东部瑶区一直是拜上帝会深耕的重要教区。金田团营时，虽然萧朝贵曾回武宣东乡做了一次接应会众的工作，象州中平石龙村的千余会众在谭要的率领下"夜半往紫金（荆）山"，然后到达金田，但是，由于受当地团练的百般阻拦，更多的会众并未能如期前往参加团营起义，因此，太平军在"移营上武宣东乡、三里，招齐拜上帝之人"后，必然"又上象州招齐拜上帝人马"[1]。

　　5月15日，太平军从武宣东乡、三里等地冒雨启行，突破清军防线，经大琳北上象州。因州城及各要隘有黔兵扼守，太平军在到达妙皇后，转向清军力量相对薄弱的寺村、百丈、新寨、中平、仁义、谢官一带挺进。月底，入大乐圩，杀龙门巡检冯元吉。洪秀全、杨秀清在新寨建立大本营，并设前线指挥部于中平圩的甘王总庙，布前锋于谢官、中平、仁义一线，凭险固守。太平军与清广州副都统乌兰泰、向荣所率清军在这一地带相持近2个月，鏖战多场。该地区除了太平军所

---

[1]《李秀成自述》，载中国史学会主编《太平天国》（二），上海人民出版社，1957年版，第789页。

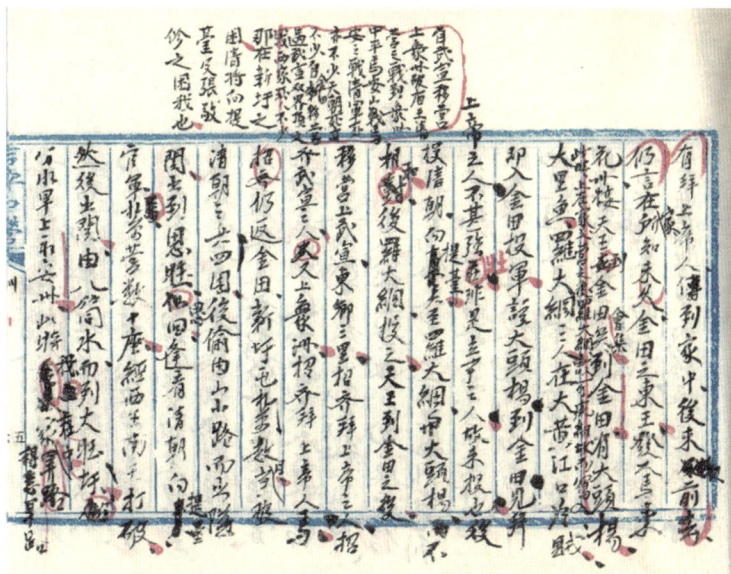

《李秀成自述》说"上象州招齐拜上帝人马"

①《有关太平天国的片断史实》，载《广西瑶族社会历史调查》（一），民族出版社，2009年版，第82页。

构筑的营垒群，清军在妙皇的大、小营盘岭，中平的老虎尾岭、三来岭，罗秀的马鞍山、屯凤岭，大乐的木棉岭、界岭等也修筑了不少的营盘，这是双方军事对抗、激烈交战的历史见证。

太平军进入象州后，当地的拜上帝会众热情高涨，踊跃参军参战，其中以大樟的花炉、落田、奔腾，中平的石龙、古磨，百丈的新寨，妙皇的盘古等村为甚。花炉"当时有五十六户，除一户未参加'拜上帝'以外，其余全部参加"①。

中平圩甘王总庙——太平军前线指挥部

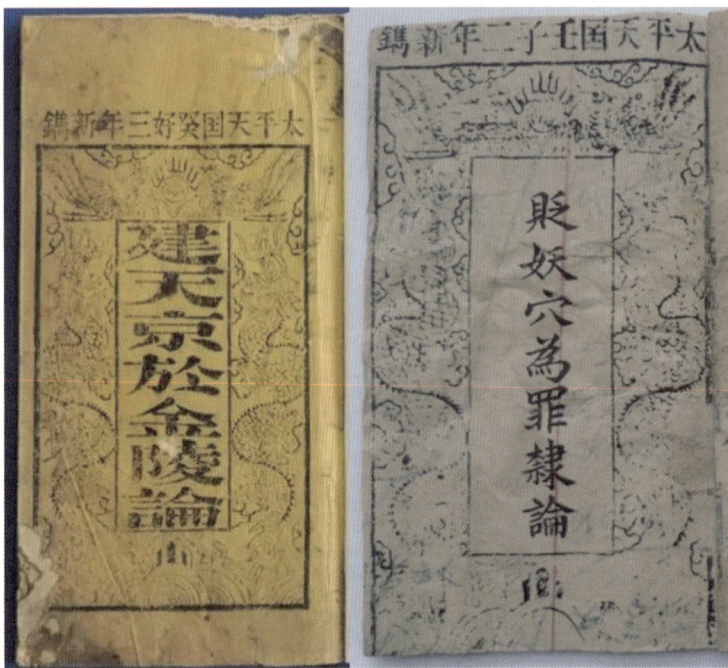

何震川等撰写的《建天京于金陵论》《贬妖穴为罪隶论》等，颇得洪秀全赞赏

古磨、新寨有1000多人参加了太平军，其中不少人烧掉了自家房屋，举家附义，如"人甚文秀"的何震川（1826—？），率"一家二十二口"参加太平军[①]，其中殉难者十之八九。他后来受封"夏官正丞相"，所撰写的《建天京于金陵论》《贬妖穴为罪隶论》等，颇得洪秀全赞赏。

妙皇的盘古、花仪、龙庆、龙保、龙勉、龙头等村，共有40多户人家扶老携幼投军，其中知名的如盘古村"稍知文义"的罗际隆、罗廖氏，夫妻同心，一起加入萧朝贵率领的前军部队，在战场上冲锋陷阵，屡建奇功，并得到了天朝的册封。又如大梭村的覃瑞麟（？—1875），当太平军北上路过村庄时，他带上儿子振鹏跻身行伍，隶萧朝贵部，随军征战南北。因骁勇善战，后被褒封为"节王"，驻守雨花台，授南门左将军。1864年天京失陷后，他隐姓埋名，携家眷潜回家乡务农，直至病逝。

---

①张德坚：《贼情汇纂》，载中国史学会主编《太平天国》（三），上海人民出版社，1957年版，第59页。

太平军"上象州招齐拜上帝人马"，由于得到当地拜上帝会众的积极响应，成效显著。"招齐会众"的目标基本实现，为"招齐仍返金田、新圩"，进行第三次移营进军奠定了基础。

象州罗廖氏在女营做军鞋时使用过的木槌（广西壮族自治区博物馆收藏）

覃瑞麟曾使用过的嵌铜錾皮包木箱（象州县博物馆收藏）

（七）"一千官兵不敌七贼"——独鳌山之战战场遗址

独鳌山之战战场遗址位于今广西来宾市象州县中平、罗秀两镇交界处。它以独鳌山为中心，范围为东北界岭、东面中平圩、南面梁山村、西南寺村圩、北面马鞍山，方圆10余公里。独鳌山位于今中平镇良山村北面，孤峰挺拔，耸立于罗秀河与仁义河交汇处，海拔约228米，长300多米，山石嶙峋，坡陡路窄，临江的东面是峭壁深潭，为战场的制高点，地势险要。

太平军进驻中平之后，为了阻挡其继续北上，乌兰泰所率清军把独鳌山作为重要的屏障，在山上修筑了多个驻兵营盘，虽历经170年的风雨侵蚀，今炮台遗迹尚依稀可辨。在山之东麓，现搭建有鳌山寺，内有诗词楹联壁画等。而尤为值得称道的，是在东面的悬崖上，留有"东南保障"等多方楷书摩崖石刻，2017年12月，该摩崖石刻被公布为广西壮族自治区重点文物保护单位。

1851年5月15日（清咸丰元年四月十五日），太平军自武宣突围北上，先后占领百丈、新寨、中平等地，并在中平圩设立前线指挥部。为阻挡太平军北上，6月7日，甫帮办广西军务之乌兰泰，率4000黔兵从罗秀向南进犯，驻扎马鞍山、独鳌山、梁山村一带，在这一片纵横数十里的山间盆地，与太平军形成对峙。而"戴罪自赎"的向荣率楚军进据东北之界岭，张敬修率壮勇占领西南之寺村，刘继祖督张钊等水勇驻守西面之运江，另有举人韦仁元带团练盘踞南路之大樟，清军总兵力约1.5万人，形成了"逼近贼巢屯扎，克日四面围剿"的态势。

中平独鳌山之战战场遗址

山东面的鳌山寺及摩崖
石刻

　　太平军抓紧备战，"杀猪宰牛，放炮祭旗"[1]。6月8日，义军主动出击，分兵进攻梁山村、独鳌山及马鞍山之敌，开炮轰击乌兰泰古州、威宁营盘。清军仓皇应战，双方互攻，相持至晚。翌日凌晨，太平军4000余人在石达开的统领下，西渡仁义河，与乌兰泰清军在独鳌山一带再度激战。太平军二三百人首先抢占了通往山顶威宁营之南山头，向上发炮轰击。清军顽固抵抗，太平军佯败后撤，诱敌过河。清参将马善宝不知是计，"率众大呼，策马竞渡"，但刚过河即被太平

────────────────

①《向荣致乌兰泰函》，载中国史学会主编《太平天国》(八)，上海人民出版社，1957年版，第686页。

象州中平乡梁山村旧貌

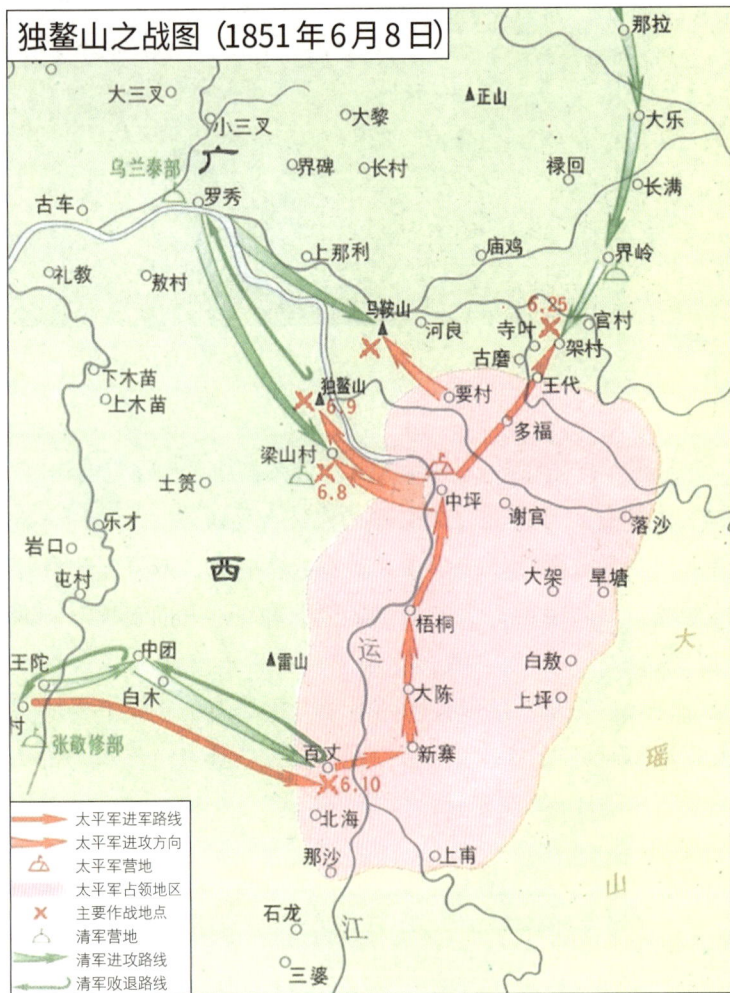

独鳌山之战图（1851年6月8日）

孤峰挺拔、峭壁深潭之独鳌山鸟瞰

军回师反击，开闸放水，隔断退路，进退不得，全部被歼。

入夜后，太平军派出小队冲至独鳌山西麓，架炮轰击乌兰泰大营。7位勇士赤膊提刀，冒死从西山梁登山，攻入清军威宁营炮台，齐声喊杀，对敌人猛刺狠劈。清军千人顿时乱作一团，"被贼兜胁，入水死者半"[1]，其余亦纷纷弃械丢戈，"弃营奔溃下山"。太平军用缴获的20门大炮，居高临下直轰清镇远营盘，"营中死伤甚多"，梁山村的乌兰泰大营全军溃散。是役，太平军阵斩马善宝等清将弁15人、兵勇近300人，大获全胜。

独鳌山之战是太平天国前期战史的著名战役之一。"一千官兵不敌七贼"，这是金田起义中一个以少胜多的奇迹。当地群众曾用歌谣称颂太平军之威猛神勇，歌唱道：

象州官府带兵多，打起仗来乱鸡窝；
天军城墙一声唤，狗官去找螺蛳壳。[2]

---

[1] 覃元苏：《象州乱略记》，载《太平天国革命时期广西农民起义资料》（上册），中华书局，1978年版，第169页。
[2] 太平天国历史博物馆编：《太平天国诗歌选》，上海人民出版社，1978年版，第68页。

马鞍山，位于罗秀镇军田村，当年清军据山固守，构筑营盘，也成为重要的战场

（八）"立意赴瑶人区域"——太平军大樟营垒群遗址

太平军大樟营垒群遗址位于今广西来宾市金秀瑶族自治县大樟乡大樟村，均在奔腾至高秀一线南面山岭上。太平军营垒群的营盘都是用泥土堆筑，直径在80～100米之间，目前保存较好的营盘遗址主要有6处：

太平军瓦窑岭营盘遗址

1. 瓦窑岭营盘遗址。在奔腾屯瓦窑岭上，壕沟长300米，上底宽3.8米，下底宽3.3米，深1.7米，占地面积约420平方米。

2. 洛槽岭营盘遗址。在奔腾屯洛槽岭上，壕沟长581米，上底宽2.8米，下底宽1.5米，深2米，占地面积约264平方米。

3. 牛岭营盘遗址。在高秀屯牛岭上，壕沟长232.17米，上底宽3米，下底宽1.1米，深1.7米，占地面积约250平方米。

4. 园岭营盘遗址。在高秀屯园岭上，壕沟长1571米，上底宽3米，下底宽1.1米，深1.7米，占地面积260平方米。

太平军洛槽岭营盘遗址

太平军牛岭营盘遗址

5. 罗盘岭营盘遗址。在义路屯罗盘岭上，呈椭圆形，壕沟长294米，上底宽3.3米，下底宽1.6米，深2.2米，占地面积约246平方米。

6. 崖甫岭营盘。在义路屯崖甫岭上，呈椭圆形，依山而建，壕沟环绕，壕沟长735米，上底宽3.3米，下底宽1.5米，深2.2米，占地面积约4.29万平方米。

1851年5月15日（清咸丰元年四月十五日），太平军突围北上象州，除为"移地就粮"和"招齐会众"，从当时的进

太平军园岭营盘遗址

太平军罗盘岭营盘遗址

太平军崖甫岭营盘遗址

在大瑶山环抱中的大樟村

军动向看，应还有继续北上的军事意图，因为从中平、大乐走桐木，经修仁石墙，"为东路入省咽喉"；从罗秀北出寨沙、鹿寨，经永福，"为西路入省咽喉"，这对柳州、桂林造成了极大威胁。为此，清廷特别敏感，指出武宣"距桂林不远，省垣重地，尤宜加意防守"①。咸丰帝的御旨，加上刚经历了独鳌山战败，周天爵深谙此乃"通省安危所系也"，故饬令前方清军，把主力驻防于头排、桐木、罗秀、运江一线，所有入省城之路，皆饬委文武督带兵勇扼要堵截，向荣则扎营于桐木，担负总责。

太平军虽然取得了独鳌山之战大捷，在"百丈、新寨、中坪一带，皆傍山依险，踞为巢穴"，但"形势虽险，而粮米无多，势必思窜"②。而在进军途中，由于军民一体，老少偕行，既要防御敌人，又要解决粮草，故只能是边战斗边整补。因行动迟缓，贻误了不少战机，不仅未能迅速夺路北上，反而被尾随的清军捷足先登，据险重兵把守，切断了去路。6月16日，太平军在北上受阻后，退回中平，之后再退新寨、百丈、寺村，退入敌人兵力较弱的大瑶山区。洪秀全、杨秀清等率兵驻扎在大樟、奔腾、花炉一带，"筑营盘以抗"③。

---

①《清文宗显皇帝实录》卷三十，咸丰元年辛亥三月甲辰，《谕军机大臣等》。
②清光绪二十年《浔州府志》卷五十六，《纪事》。
③1938年《象县志》卷四，《杂录》。

大瑶山是五岭山脉越城岭南行的一支脉，盘结在广西中部稍偏东北的一角，位于桂江和柳江之间，总面积约2300平方公里。全山的地形为山岳地带，一般海拔在1200米上下，高山深谷，迤逦绵亘，气势磅礴。山区世代居住着瑶族同胞，是我国瑶族人口最多的地区。清道光年间，因南麓与桂平紫荆山、平南鹏化山毗

与平南花洲毗邻的罗香村

罗香乡龙坪村那历屯的"上帝坪"遗址

连，大瑶山成为最活跃的上帝教区之一。洪秀全、冯云山在紫荆、鹏化山区"布道聚众"，曾"立意赴瑶人区域"[①]传教，并身体力行，因此，大瑶山大樟、罗香一带有不少的瑶民信服。1847年10月（清道光二十七年九月），洪秀全率众赴大樟三江口捣毁甘王庙后，更多的瑶民冲破官府刻石立碑"不准入教"的禁锢，踊跃参加了拜上帝会。

大樟一带是瑶民聚居的地区，高秀、奔腾、花炉、横冲、落田、王田等村有半数以上成年人入会，许多瑶人是携带猎枪、大刀，全家参加，其中高秀村龚振阶、花炉村盘光华、王田村盘玉阶等人后来都在太平军中任职。与平南花洲毗邻

紫荆山区双髻山顶

的罗香地区也如火如荼，在胡以晃的带动下，很多瑶民纷纷信教，罗香、琼五、山茶、龙军、罗运、龙坪等村的不少瑶民把房屋烧毁，举族举家信从，如龙军村

---

①洪仁玕述、韩山文著、简又文译：《太平天国起义记》，载中国史学会主编《太平天国》（六），上海人民出版社，1957年版，第851页。

绵延110多公里，巍峨雄伟、峰峦起伏的大瑶山

今桂平市紫荆镇元安村粮段屯

赵公香便是全家皈依。龙坪村那历屯是距花洲最近的一个瑶族村屯，是洪秀全串连瑶人的重要据点之一，在附近山坳迄今尚留存有当年会众集中聚会、拜旗的"上帝坪"遗址。遗址长90米，宽40米，大体呈四边形，分布面积约3600平方米。

　　瑶人参加拜上帝会数以千计，成为拜上帝会的最早会员和基本力量之一，故定都金陵后有"革命军中有苗（瑶）子三千人"之说[1]。不仅如此，瑶民还发挥善造

---

[1]《英国政府蓝皮书之太平天国史料》，载中国史学会主编《太平天国》(六)，上海人民出版社，1957年版，第907页。

刀、弩、枪的特长，在鹏隘山涩田村、鹏化山花洲等地，打造了大量大刀、长矛、铳枪等武器，以供金田团营起义之需。瑶族人民为太平天国做出了重要贡献。

太平军在大樟花炉村停留了10多天，在村旁修筑了营寨和操场，进行短暂的整饬。1851年7月2日（清咸丰元年六月初四日），太平军趁着夜色，分三路回师紫荆山：一路从大樟过东温，翻越双髻顶到花蕾，开进紫荆山；一路从王田过红水界，直入紫荆山；一路从奔腾到落田，经古朋、古董到武宣东乡，再进紫荆山。太平军在从大樟回师紫荆山途中，一支队伍在路过瑶区文秀村时，曾一度断粮，生活陷入窘境。当地瑶民知情后，慷慨地拿出家中的一点粮食，帮助太平军缓解了饥饿。为纪念此事，瑶民后改地名为"粮断"，此即今桂平市紫荆镇元安村粮段屯，从而留下了瑶民拥护太平军的一段佳话。

太平军三路并进，开赴紫荆山。7月7日，冯云山率后路军2000余人过东乡时，受到乌兰泰、向荣所率黔、楚兵的拦截，双方发生激烈炮战。向荣因坐骑中炮落马，幸得守备蔡应龙出兵接应，方得乘间逃脱。次日，太平军胜利完成移师任务，全部到达紫荆山、金田地区。重返老根据地后，为充分发挥地利与人和优势，抓住金田平原早稻将熟的时机，解决部队急需的粮草供应，太平军分前、后两军驻扎于金田、紫荆山，并在茶地、莫村设立后军、前军总部。前、后两军互为犄角，彼此声援，太平军的反清斗争阵势焕然一新。

（九）高山下的花环——双髻山之战战场遗址

　　双髻山之战战场遗址位于今广西桂平市紫荆镇，在紫荆山区西北部，桂平、武宣两县交界处。双髻山海拔1180米，"双峰耸峙"，形似妇人双髻，故名。其北靠大瑶山，南为鹏隘山，群山绵亘起伏，崎岖险阻，"若兼守之，凭高制下，权操必胜矣"①！在险峻异常的两山壁立中间，是"仰望青天天成线"的猪仔峡，峡中羊肠曲折，东连茶地和三江圩，西达武宣东乡，是桂平与武宣两县的交通要隘、易守难攻的险要天堑。

紫荆双髻山之战古战场远眺

　　1851年7月2日（清咸丰元年六月初四日），太平军撤出象州中平、新寨、百丈、寺村，主力经武宣东乡，回师紫荆、金田、新圩，实行起义以来全军第三次移营大进军。为了严防清军西北两路的侵犯，洪秀全以紫荆山茶地村为中心，在冯云

①1934年《武宣县志》第四编，《经济》。

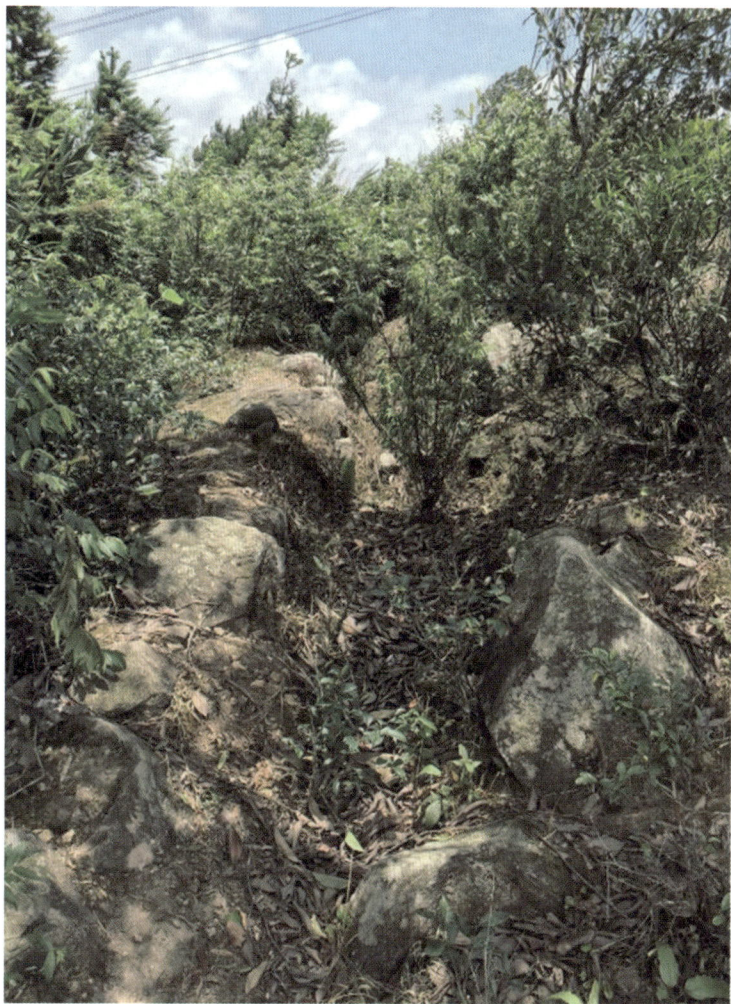

太平军在猪仔峡口修筑
的防御工事遗址

山、石达开的协助下，分兵于猪仔峡、双髻山、花蕾村、军营村和大坪村等地设防固守。猪仔峡是防守重地，也是"屯粮之所"，"该处两山并峙，中通一线，十分陡险"[1]，太平军营盘多据山形水势，构筑木寨、望楼和炮台，安设擂石滚木，并于隐蔽处驻伏兵。营盘四周"各要口挖断路径，垒石架木，设栅堵守"。

为了剿灭太平军，清方调集了近3万重兵，前线主帅向荣与巴清德以东乡为据点，由西向东猛攻紫荆山；乌兰泰、达洪阿以桂平南渌为据点，北攻莫村、新圩，企图在军事上前逼后攻，把太平军挤压于新圩"聚而歼之"。7月25日，在乌兰泰

———————————

[1] 中国第一历史档案馆藏：《赛尚阿奏》军录，革·太，第539-4号。

通往双髻山的猪仔峡羊肠古道

进攻新圩的同时，向荣也率军进至双髻山西麓，因太平军"鸣角放炮"，施放擂石，被阻败回。次日，向荣亲督兵勇扎营于山脚，并派人攀藤附葛，上山探路，焚毁太平军栅棚多处，后因山路为巨石堵塞，无法前进。

8月11日，向荣"先期密派兵勇"，在武宣乡团刘季三、黄廷龙、陈步高等的配合下，"攀藤附葛，由间道翻山扒岭"[1]，趁黑夜从双髻山西北越出田泗山，绕至太平军大营之后各隘口潜伏。与此同时，命总兵刘长清率川兵400名，由崇响翻山攻猪仔峡；参将巴彦布率兵勇1200余名攻冷田、黄茅岭；总兵松安率皖、楚兵800名攻猪仔峡中路。巴德清、向荣则督兵勇从后跟进中路。清军分兵四路，向双髻

---

① 中国第一历史档案馆藏：《赛尚阿奏》军录，革·太，第539—6号。

"两山对峙，中通一线"的猪仔峡

猪仔峡后之鹞婆石战地遗址

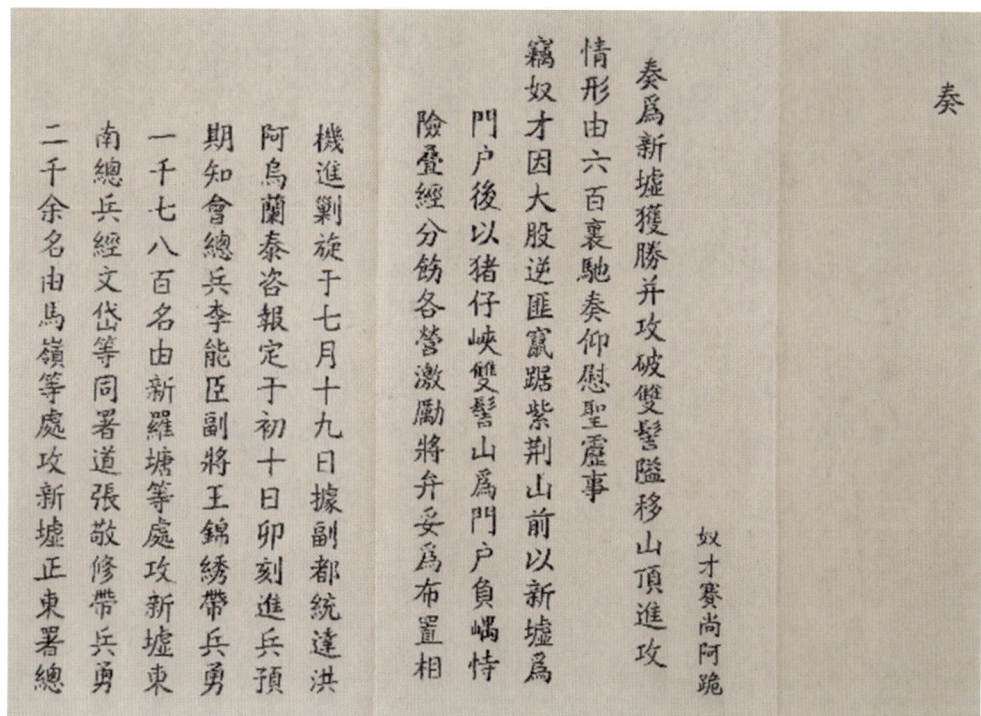

奏

奴才赛尚阿跪

奏为新墟获胜并攻破双髻隘移山顶进攻
情形由六百里驰奏仰慰圣厪事

窃奴才因大股逆匪踞紫荆山前以新墟为
门户后以猪仔峡双髻山为门户负嵎恃
险叠经分饬各营激励将弁妥为布置相

机进剿旋于七月十九日据副都统达洪
阿乌兰泰咨报定于初十日卯刻进兵预
期知会总兵李能臣副将王锦绣带兵勇
一千七八百名由新罗塘等处攻新墟东
南总兵经文岱等同署道张敬修带兵勇
二千余名由马岭等处攻新墟正东署总

赛尚阿奏新圩获胜并攻破双髻隘等情形折（复制品，桂平市金田起义博物馆收藏）

山发动了猛烈的进攻。

大敌当前，太平军在"正面山峡内设伏阻截"，木石齐施，枪炮并发，奋勇反击。清军"奋力直攻峡穴"，但因山路狭窄，进退维谷，伤亡惨重。时云雾满山，正激战间，别路清军及乡勇已潜至猪仔峡后之鹧婆石，居高架炮，轰击太平军营垒。因腹背受敌，太平军被迫撤出猪仔峡，退守双髻山大营，继续以枪炮木石打击敌人。后因望楼被火箭击中起火，硝药桶爆炸，粮所被焚，太平军遂弃营撤走，退守花蕾村一带。一日之间，猪仔峡、双髻山先后被清军攻占。

猪仔峡、双髻山易手，清军由此打开了进攻新圩太平军的第一道屏障。由于紫荆山后路敞开，已无险可守，加上食盐缺乏，伤病员增多，8月15日，洪秀全在茶地发布了诏令，太平军被迫进行第四次移营，部队由紫荆山全部转移到金田、新圩一带。洪秀全、杨秀清以莫村傅家寨为大本营，指挥太平军继续开展抗清斗争。

八

新圩突围

新圩即今金田镇，位于广西桂平市东北25公里。始称永宁圩，又称大宣圩，是桂平北部最重要的商业圩镇。清乾隆时已是商贾云集、车马辐辏的农副产品集散地，当地盛产的大米、蓝靛远销外埠。同时，此地民族杂居、贫富悬殊、民风强悍，因而也是社会矛盾、民族纠纷、官民对抗的汇合点，农民抗争、来土械斗此起彼伏，从未间断。

1851年8月，太平军回师金田、新圩，清军随之调重兵围追堵截，双方在金田—新圩平原多次遭遇，数度恶战。在70多天的突围战中，太平军士气高昂，英勇善战，最后大败清军主力向荣部，成功地突破了敌人包围，充分表现了同仇敌忾、视死如归的斗争精神。

（一）太平军后军总部——茶地赵氏宗祠遗址

赵氏宗祠遗址位于今广西桂平市紫荆镇茶地村。该村在紫荆山内，处在一个30多米高的山岗上，大坪水经此南流汇入紫荆水，南距紫荆山区农贸集市三江圩约1.5公里。清朝道光时，村里住着赵、韦、陆、向、陈等姓的几十户人家，赵家是唯一的富户，为"紫荆四富"之一。1851年7月（清咸丰元年六月），太平军分三路回师紫荆、金田时，"赵家的人全都跑光了"。为了便于对敌斗争，太平军在莫村傅家寨设立前军总部，在茶地村赵氏宗祠设立后军总部，两个总部互为犄角，彼此声援。洪秀全、冯云山坐镇茶地，指挥对敌作战，对此，《天命诏旨书》有"天土诏令"等文献可以证实，当地口碑也说："洪秀全曾在茶地村扎大营，住在茶地赵家。"①

太平军后军总部——赵氏宗祠

---

① 饶任坤、陈仁华编：《太平天国在广西调查资料全编》，广西人民出版社，1989年版，第197页。

桂平县紫荆山茶地村

赵氏宗祠现仅留存不完整的房屋基脚

　　"茶地赵家"大屋建于18世纪末期，属清代建筑，坐北朝南。原建筑平面呈长方形，为一进五开间的山村小祠，砖木结构，悬山顶，小青瓦面，建筑占地面积约121平方米。据赵氏后人描述，"当时除了厅屋外，西边还有花厅，东边有横厅，横厅南边就是门楼，门楼外有花石铺的路，路边还有三间厅房。另外，在花厅背后是书房"[1]。但因年久倾圮，加上村民不断拆建，原建筑破损比较严重。迄今，整座建筑已荡然无存，仅留存不完整的房屋基脚。1981年3月，该遗址被公布为桂平市文物保护单位。

---

① 饶任坤、陈仁华编：《太平天国在广西调查资料全编》，广西人民出版社，1989年版，第198页。

重建的赵氏宗祠悬山式盖瓦门楼

　　紫荆茶地是太平军回师紫荆、金田的指挥中枢，"前以新圩为门户，后以猪仔峡、双髻山为要隘"①。为阻止武宣、象州西北两路清军进犯，太平军把主力布防在猪仔峡、双髻山、花蕾村、军营村和大坪村等地。洪秀全、冯云山一面指挥前方作战，一面在茶地村前的河滩上操练兵马，召集群众"宣讲道理"，并开展了打土豪、筹粮饷的斗争。据当地的老人说，洪秀全曾在总部门口，用"茶地"两字开头，书写了一副对联："茶开五谷丰紫水　地广民良建金田"。

　　太平军在茶地深得民心，用老百姓的话说就是："财主佬胆颤心惊，垂头丧气；老百姓欢天喜地，扬眉吐气。"②

　　为了迅速扑灭太平军，7月2日，"专任防堵事宜"的钦差大臣赛尚阿，手握御赐的"遏必隆刀"进抵桂林，坐镇省城督办前线军务，其幕僚甚至精心绘制了方便御览的《紫荆山图》，对围剿太平军作出周密的布置。25日，清军在向荣、乌兰泰

---

①苏凤文：《平桂纪略》卷一，清光绪十五年刻本，第8页。

②广西师范学院史地系：《太平天国起义几个问题的调查》，载广西太平天国史研究会编《太平天国史研究文选》，广西人民出版社，1981年版，第287页。

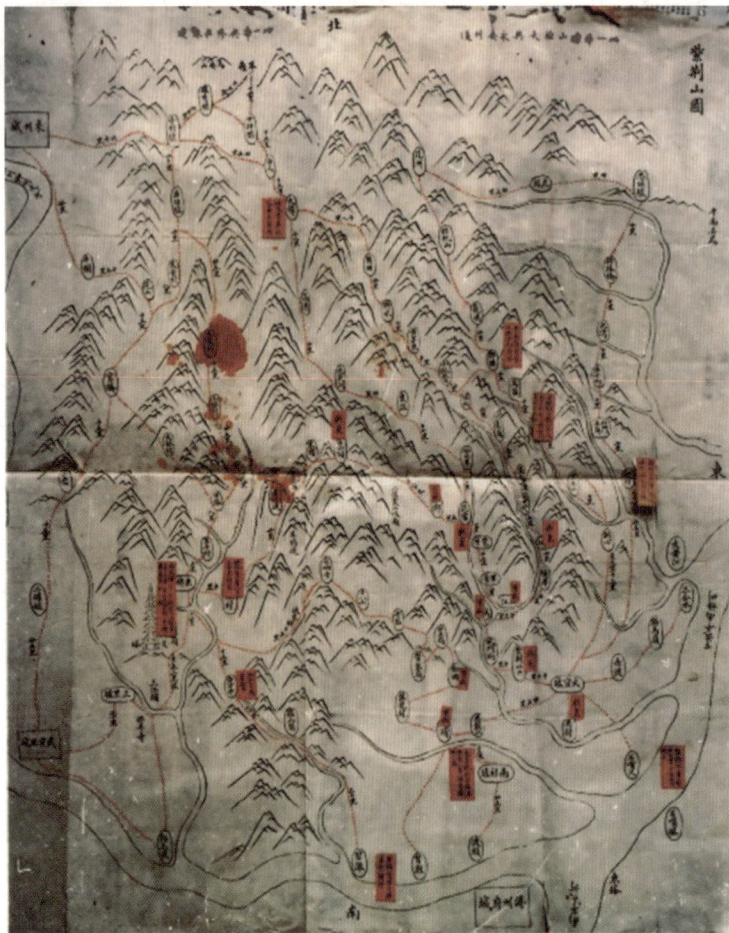

清绘呈御览《紫荆山
图》（湖南省图书馆收
藏）

　　的统领下，在紫荆和新圩对太平军同时发动了西、南两面进
攻。紫荆山的天险猪仔峡、双髻山先后失守，加上军中"无
盐""多病伤"，太平军不得不进行转移。8月15日，洪秀全
在茶地发布移营诏令，号召"各军各营众兵将，放胆欢喜踊
跃，同顶天父天兄纲常，总不用慌"[1]，对移营的编组与行动做
了具体的安排，并"宜听东王将令"。根据诏令，翌日夜间，
太平军主动撤出紫荆山，转移到金田、新圩一带，与前军汇
合，继续与清军抗战。

----

[1]《天命诏旨书》，载中国史学会主编《太平天国》(一)，上海人民出版社，1957
年版，第63~64页。

1974年在紫荆山军营村营盘出土的清兵铜帽顶及铁弹丸（桂平市博物馆收藏）

《茶地诏》正式提出了"小天堂"的愿景

特别值得一提的，是在这著名的《茶地诏》中，洪秀全给广大信众第一次描绘了未来的美好愿景——"总要个个保齐，同见小天堂威风"。"上到小天堂"即创造一个"人们生前肉身在凡间获得享受的地上天堂"[1]，这是太平天国最终的奋斗目标。太平军在象州中平时，虽在"天兄下凡"时曾说过"各各尽忠报国，得到小天堂，自有大大封赏"[2]，但此时在紫荆山茶地，由洪秀全庄重地以天王诏令的方式提出，其规格和意义非同凡响，对于动员和鼓舞广大将士突破重围，挥师北上，推翻清廷，"开创新朝"产生了极大的精神力量和影响。

---

[1] 方之光、崔之清：《太平天国"小天堂"内涵演变考》，载北京太平天国历史研究会编《太平天国学刊》（第一辑），中华书局，1983年版，第211页。
[2] 王庆成编注：《天父天兄圣旨》，辽宁人民出版社，1986年版，第89页。

（二）"疾趋桂平"找出路——思盘渡之战战场遗址

思盘渡之战战场遗址位于今广西桂平市南木镇思竹村，南木江畔。南木江，因"水色绿"，故又称南渌江（水），位于桂平市北部，是黔江的分洪水道，从西面弩滩口流入，经南木、金田、江口三镇，向东由大湟江口汇入浔江，全长约40公里。南木江沿途两岸有较多的村庄，根据流经的不同村庄，江段又有不同的叫法，比如流经水口村段叫水口江，流经思盘村段叫思盘江。

思盘渡之战战场遗址

思盘渡距市区约15公里，是思盘江与桂金公路交汇处的一个交通船渡口，因过去两岸交通主要依赖船只摆渡，故它是从金田往返桂平的必经之路，地理位置十分重要。1826年（清道光六年），由"大湟江巡司张瑜协绅黄玠等募建"[①]，到1950年代末，在渡口的上方修筑了金田水库的引水渠，下方修建了连接两岸的思盘桥，处于两者之间的古渡口遂废弃。经过近200年的岁月沧桑，现思盘渡两岸青竹摇曳，绿树婆娑，古老渡口的痕迹已越来越模糊。

1851年7月2日（清咸丰元年六月初四日），太平军撤离象州，经武宣回师紫荆、

---

①1920年《桂平县志》卷五，《纪地·山川下》。

青竹摇曳、绿树婆娑的思盘渡两岸

金田，实行了自起义以来的第三次移营大进军。为此，清军重新进行了布防，向荣、巴清德率7000余兵，以武宣东乡为据点，由西向东猛攻紫荆山，牵制太平军后路；乌兰泰等则率6000余兵，以桂平南渌为据点，北攻莫村、新圩，堵击太平军前路，企图把太平军困在新圩"聚而歼之"。同时，清军还严密封锁交通要道，实施"坚堵贼巢"的策略，骚扰和破坏太平军抢收早稻，以使太平军"无可掠之盐粮，无可窜之隘路"。

为了打破困局，争取战略主动，太平军急需打开一条通往浔州府城（桂平）的出路，而思盘渡正是此出路的咽喉。7月9日清晨，韦昌辉率战士2000余人，从安众村营地出发，抢攻思盘渡，以图南渌乌兰泰大营，进而直趋浔城。因桂平知县

"新圩突围"的主战场——金田平原鸟瞰

思盘江上游的鲫鱼水（今称麒麟水）水口

鲫鱼步临水码头的青石台阶遗存

李孟群督团练凭江抗拒，抢渡没有成功。为此，韦昌辉改变计划，只留下少量兵力与团勇周旋，而主力则转移到思盘江上游的另一渡口，以图突破思盘江，"疾趋桂平"。上游的渡口究竟在哪里？旧志上说是"盘龙水口"，即盘龙河出水口，甚至把事件描述成"韦政偷渡盘龙河"①，但根据实地的勘查，"盘龙水口"与思盘渡口相距不足一公里，几乎挨在一起，既没有必要从此处突围，事实上此处也没有渡口，真正的渡口应是方志中多次提及的"鲫鱼步"。

"鲫鱼步"位于今南木镇思竹村水口屯，在思盘江与鲫鱼水（今称麒麟水）交汇处。其也作"鲫鱼埠"，步与埠，同音同义，埠即码头，故它实际上是思盘江上游两江交汇处的一个古码头。该埠头当年曾是一个繁忙的渡口，现虽早已废弃，但临水码头的青石台阶，迄今仍历历在目。正是在此渡口，韦昌辉"手执白扇"，挥师高擎黄旗呐喊前冲，而李孟群也随机应变，一方面令守备李进荣率军"堵截下游"以为牵制，另一方面则"亲率练兵八百余"驰赴水口，并督壮丁连施巨炮。双方隔河炮战，互有伤亡，太平军牺牲40余人，渡江受挫。翌日，义军"又欲偷渡"，结果再遭清把总刘正林率清兵奋力抵击，抢渡始终没能取得成功。

在阻击太平军渡江之际，李孟群还调集团练，令千总韦有声率所部香山勇进扑太平军营垒，双方激战于鲫鱼步（埠）。7月11日，韦昌辉遣兵"在田坡排列旗炮，分伏竹林"迎敌，但因遭到清军的"四路夹攻"，太平军交战失利，伤亡百余

在战场上使用过的小铁炮和短火枪（广西壮族自治区博物馆收藏）

---

① 清光绪二十年《浔州府志》卷五十六，《纪事》。

韦昌辉太平军大本营地——安众村

太平军营地——吉岭村马安屯的洪家祠堂

人，随后，义军驻扎在安众村营盘岭、吉岭村马安屯的营垒也被敌人焚毁。

由于李孟群"手执藤牌督战杀贼，鏖战连日，贼不得渡"[1]，而清军署按察使杨彤如、知府张其翰增派的援军又及时赶到，严密封锁了思盘江南岸，加上"分屯辎重妇女"的安众村大本营遭受重创，因此太平军不得不放弃抢渡思盘江、进取浔州城的计划，韦昌辉率军撤回金田、莫村一带扎营。由此，太平军失去了一个"趁武宣官军尚未赶到之前，谋抢渡武靖江（大湟江南支流）而疾趋桂平县，由是则或之东或之西，俱可得出路矣"[2]的良机。

---

[1]《李孟群传》，载《清史稿》卷四百，《列传》一百八十七，中华书局，2011年版，第11833页。

[2]简又文:《太平天国全史》(上册)，简氏猛进书屋，1962年版，第295页。

（三）新圩突围战的序曲——风门坳之战战场遗址

风门坳之战战场遗址位于今广西桂平市金田镇茶林村横崖屯，旧名北定关，其地处紫荆山区南部隘口，亦可谓紫荆山区之南大门。山坳右临紫水，左倚大山，羊肠小道穿坳而出，是金田平原进入紫荆及出武宣、象州的必经之路。层崖叠嶂，山径崎岖，阔仅尺余，上则峭壁千仞，下则紫水深渊，可谓"一夫当关，万夫莫开"，形势至为险要。明正统年间，瑶人侯大苟在大藤峡地区领导瑶民起义，常出没风门坳，并"据为巢窟"。清康熙年间，设大湟江巡检一员，驻扎山口，又设紫荆汛兵巡防；同时，招民垦荒，伐木开路。由此，隘内渐成村落，商旅接踵，原来"人迹罕通"的隘口"成通衢矣"[①]。

风门坳之战战场遗址

1851年8月15日（清咸丰元年七月十九日），洪秀全在茶地发布了移营诏令，紫荆山的太平军向金田、新圩转移。在移营中，太平军在风门坳据险设防，挖断山下道路，垒石安炮于坳上，两边山梁则搭建望楼及草棚数百间，拟以此为战略据点，抵御进犯的清军，为驻扎金田、新圩的太平军守住最后一道屏障。28日深夜，向荣、巴清德施展偷袭猪仔峡、抢占双髻山故伎，调动兵勇数千人，从军营

---

①1920年《桂平县志》卷六，《纪地·关隘》。

村兵营出发，分三路向驻守风门坳的太平军发动突然袭击，太平军早有防备，立即进行有力的反击。顿时，双方在坳口展开了激烈的炮战，炮火纷飞，声震山谷。未几，两路清军抢占山梁，从南北两面向坳口压逼。

紫荆山关隘——风门坳旧貌

紫荆山古道及"风门坳之战遗址"标志碑

截紫水而建成的金田水库

金田水电站大坝远眺

  面对敌人的疯狂进攻，太平军施放大炮、滚石等予以还击，并在隘口进行了英勇顽强的抵抗。但是，由于清兵右、中、左三路同时进攻，太平军腹背受敌，伤亡惨重，加上硝弹耗尽，最后因抵敌不住，被迫"弃隘败走"，而"兵勇乘势追赶，立将风门坳隘口夺占"[①]。紫荆山关隘之风门坳陷落敌手，拱卫新圩、金田太平军的最后一道屏障丧失，战争形势更加危急，一场新的更大的血战——"新圩突围战"由此奏响了序曲。

  风门坳之战是金田起义中的一场重大战役，风门坳也因此成为太平天国早期重要的古战场之一。古战场历经170年的岁月沧桑，遗址面貌已发生了很大的变化，目前仅遗存太平军垒石防御工事一处，墙为红砂石垒成，残长约20米，残高约1.5米。此外，坳口还保留着进山古道一段，古道东侧现辟为武宣至平南一级公路；西侧为1969年截紫水而建成的金田水库及装机容量5800千瓦的水电站。高峡出平湖，既为当地的群众解决了灌溉和用电问题，也给当年的雄关要隘增添了无限风光。1996年8月，该遗址被公布为桂平市文物保护单位。

[①] 中国第一历史档案馆藏：《赛尚阿奏》军录，革·太，第539-8号。

（四）太平军前军总部——莫村傅家寨遗址

傅家寨遗址位于今广西桂平市金田镇莫龙村莫村屯内。莫村在新圩东南约1公里处，其东西长，南北狭，从村东到村西，长约1.5公里。村中竹木茂密，村南紧临蔡村江，东、西、北三面是一片田畴，形势藏聚。清道光年间，村中有富家大户傅（济平）、许（仕龙）、黄（体正）三家，其中傅家的实力最为雄厚。

桂平县宣二里莫村傅家寨旧貌

傅家寨在莫村的中部，是明崇祯年间由当地富户——傅姓三兄弟创建的。清乾隆年间，傅永旦又修筑水堰及院落（老寨），到傅济平时，经多年苦心经营，终成宏伟庄院（新寨）。其整体结构呈正方形，占地面积约2万平方米，主体建筑的布局呈长方形，坐东南朝西北，建筑占地面积约4281平方米，是一座七进三开间的四合式屋宅，屋后设一座五层炮楼，两边有横屋。

庄院布局严密，规模宏伟。据当地的傅姓老人说，"当时寨子有一百六十多井房子。每井深广最小的也在一丈以上。除正房外，还有书房、炮楼、花园、鱼池等。房舍全部用砖石和三合土建造。寨子四面有围墙。房屋和围墙的厚度都超过60厘米，非常坚固"。此外，寨子四角有望楼，另"有四个大门，头门朝北。门口

傅家寨遗址，围墙厚度
超过60厘米，非常坚固

　　有三门铁炮，一门重五百斤，两门各重三百斤。大门两旁有
六尺见方的旗墩；旗杆高三丈六尺，是用老杉木做成的"[1]。

　　1851年7月（清咸丰元年六月），在回师紫荆、金田后，
太平军于茶地设后军总部的同时，在莫村傅家寨设立了前军

---

[1] 广西师范学院史地系：《太平天国起义几个问题的调查》，载广西太平天国史研
究会编《太平天国史研究文选》，广西人民出版社，1981年版，第289页。

遗址中已残破的大门

总部。8月11日，随着清军的两面进攻，紫荆山的猪仔峡、双髻山相继失守，洪秀全及时发布了移营诏令，太平军撤出紫荆山，移到新圩、盘龙、安众、金田等地驻扎，正如清方所说，"以莫村为老巢，新圩为犄角，西至紫荆，南至安众，皆贼薮矣"①，而洪秀全、杨秀清则坐镇傅家寨，沉着应对，作出了许多重大的决策，指挥着两万多大军对清作战。

根据文献记载，太平天国曾在莫村发布过三道重要诏令：一是8月9日，萧朝贵发布了劝告全军兄弟姐妹公心、忠心的命令，以安抚当时不稳定的军心；二是8

太平军前军总部所在地——莫村屯

① 清光绪二十年《浔州府志》卷五十六，《纪事》。

太平军前军总部遗址

《天命诏旨书》所载洪秀全"莫村诏"

在新圩突围战中,太平军使用过的护手角柄刀(上)、铁矛(中)及短扎(下)(桂平市博物馆收藏)

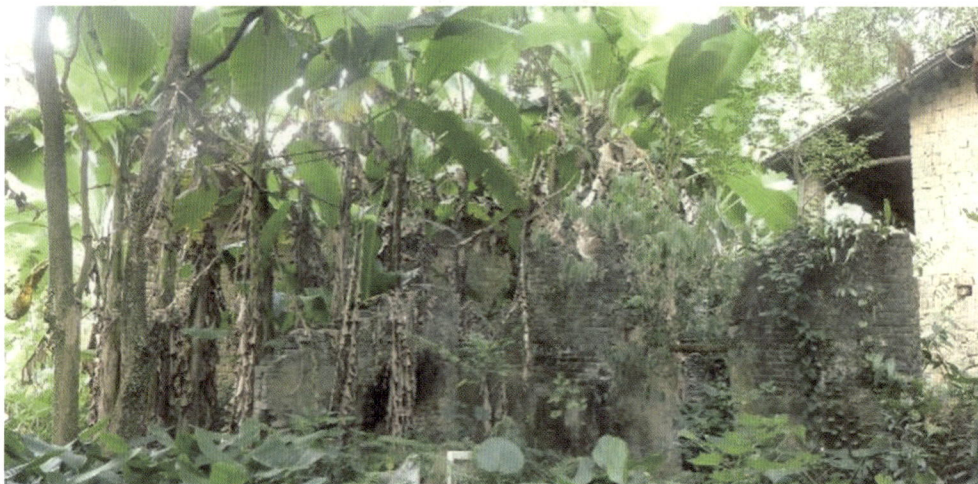

当年大火焚烧的痕迹仍清晰可见

月22日,杨秀清发布了处决临阵退缩的军中败类黄以镇的命令,以儆效尤;三是8月29日,即风门坳失守的第二天,洪秀全发布诏令,号召"各军各营众兵将,放胆欢喜踊跃,同心同力同向前",并以诗歌鼓舞士气:

真神能造山河海,任那妖魔一面来;
天罗地网重围住,尔们兵将把心开。
日夜巡逻严预备,运筹设策夜衔枚;
岳飞五百破十万,何况妖魔灭绝该! [①]

①《天命诏旨书》,载中国史学会主编《太平天国》(一),上海人民出版社,1957年版,第60~64页。

9月4日，清军在向荣、乌兰泰等的率领下，分六路向新圩、金田、莫村的太平军发动了新的攻势，企图"聚而歼之"。太平军困处从思盘河至鹏化水之间的几十里平川，硝弹、盐粮告罄，四面受敌，进入军兴以来最艰难困苦的时期。为此，洪秀全降诏劝勉大家"千祈莫慌"，他指挥若定，一方面利用驻地"竹木茂密，沟塍极多"的有利地形，通过暗设木垒、炮台，构筑围墙等方法狙击清军；另一方面则充分运用声东击西的战术，在南渌石嘴渡口砍伐竹木，赶制簰筏，制造"冀由石嘴渡江南窜"[1]的假象，迷惑乌兰泰，使之急调重兵防守南路。11日夜，洪秀全、杨秀清率军毅然撤出新圩，东进平南鹏化里，击溃防堵清军，成功地突破了清军的包围。

太平军撤离后，清军进行了报复性洗劫，纵火焚烧傅家寨。大火烧了三天三夜，庄院内的大部分建筑物遭到焚毁，仅遗存房屋的部分基脚及多处残垣断壁。残垣多为三合土夯筑，厚0.39米，高1.2～1.6米。在断壁上，当年大火焚烧的痕迹仍清晰可见。原寨门炮台的铁炮于1958年"大炼钢铁"时已回炉，旗墩、旗杆则毁于1964年的"四清"运动中。现在整个寨子虽然残墙瓦砾遍地，野草灌木丛生，但它却是金田起义历史最为真实和直观的物证。1981年3月，该遗址被公布为桂平市重点文物保护单位。

现傅家寨内残墙瓦砾遍地，野草灌木丛生

①清光绪二十年《浔州府志》卷五十六，《纪事》。

（五）太平军前军指挥所旧址——新圩三界庙

三界庙，又称三界祖庙，坐落于今广西桂平市金田镇新圩的中心街口，距市区北面约25公里。其坐北朝南，是一座二进三开间的四合院式庙宇，分前座与后座，中间有天井及庑廊。砖木结构，青砖黄瓦，平面呈长方形，总面阔10.7米，进深23.7米，建筑占地面积253.6平方米。

桂平金田镇新圩三界庙旧址

剖面   立面

三界祖庙剖面和立面图（冯桂淳绘制）

硬山屋顶，正脊饰以佛
山石湾陶塑

两端是龙脊山形的镬耳
风火墙

三界庙之庙门和后殿都是一层的平房，硬山屋顶，灰砂卷筒瓦盖面，端部勾头，滴水为绿色琉璃瓦当。正脊饰以精美的历史人物、鳌鱼、宝珠、花草和狮子等佛山石湾彩色陶塑，两端是龙脊山形的镬耳风火墙，风火墙的两头塑以高大的回形纹花饰及人物造像，整个屋面显得特别浑厚端庄、华丽和谐。

该庙室内顶棚为抬梁和穿斗混合结构，画阁雕梁。庙门、殿及廊檐柱都用整块的巨石凿成。大殿中的金柱为木柱，坐落在宝瓶形石础上，室内顶棚为外露的木椽和青色底瓦板，整座庙宇彰显了清中晚期岭南地区的建筑艺术风格。而尤为引人注目的，是在庙门和庑廊的墙面上镶嵌着清朝历代的官府告示、规条等碑刻26通，其中《重修宣里新圩三界祖庙碑记》《安良约碑记》等碑刻弥足珍贵，它们真实地反映了金田

室内顶棚之结构及装饰

《重修宣里新圩三界祖庙碑记》《安良约碑记》碑刻

三界庙内崇祀的冯圣公
及其他神明

起义前夕当地的社会、经济和阶级状况，是研究太平天国前期历史的宝贵资料。

据碑刻记载，三界庙始建于1740年（清乾隆五年），1804年（清嘉庆九年）、1844年（清道光二十四年）、1865年（清同治四年）均有修缮，但基本保持旧观。据明代李廷麟《三界祠记》，该庙崇祀的是三界神冯克利即冯圣公，后来兼祀东岳大帝、黄戎都督、关圣帝、文昌圣君、盘王、雷王与三宝观音等菩萨偶像，祭祀的香火十分旺盛，广西各州县甚至西江下游的广东地区都立有三界庙。在清朝道光、咸丰年间，该庙被赋予了高规格的"祀典"身份——"祖庙"。另外，由于乡土之神还是封建神权的基层细胞，故该庙也是宣二里乡绅"团练保甲"、维持地方社会秩序所依托的中心。

1847年（清道光二十七年）下半年，在拜上帝会大张旗鼓地开展毁神倒庙的运动中，洪秀全曾率会众在打砸了蔡村的阡陌庙后，捣毁了新圩的三界庙，"粉神骸，灰殿阁，二庙之栏槛凭楹，无不悉毁"[1]。据当地老人说："太平军高喊'斩妖'！冲进庙去，先把庙里的香炉全部打碎，再把东岳大帝、冯圣公、黄戎都督等等妖神砸烂。并对围观的群众讲：'真神是上帝，其他都是妖魔，该诛该灭。'庙里一个二百斤重的铜钟，也被砸坏不像样子。"[2]

---

[1]《重修三界阡陌二庙碑记》，载《太平天国革命时期广西农民起义资料》（上册），中华书局，1978年版，第134页。

[2] 广西师范学院史地系：《太平天国起义几个问题的调查》，载广西太平天国史研究会编《太平天国史研究文选》，广西人民出版社，1981年版，第273~274页。

庙里"二百斤重的铜钟"

太平军在突围战中使用过的盾牌 （广西壮族自治区博物馆收藏）

　　1851年8月（清咸丰元年七月），猪仔峡、双髻山、风门坳相继失守后，太平军主力从紫荆茶地转移到了新圩、金田，向荣率领清兵数万人尾追而至。为此，太平军以莫村傅家寨为前军总部，于三界庙设立了前军指挥所。面对清军的重重包围，加上战斗减员、"盐粮将尽"，洪秀全、杨秀清等人在莫村傅家寨和新圩三界庙，沉着应对，卓有成效地组织了新圩突围战。

巧布疑阵，迷惑敌人（桂平市金田起义博物馆，雕塑）

地势低平、土地肥沃、水源充沛、物产富饶之金田平原鸟瞰

　　9月初，清军分队从四面向太平军发起了猛攻，企图把太平军困在新圩"聚而歼之"。新圩、金田一带地势低平，基本无险可守，因此，只有突破重围，另谋发展，才是唯一出路。破围前，太平军"乃日夕拆民庐舍桁柱编筏，佯为渡江之势"①，同时使用各种疑兵之计，以迷惑近在咫尺的敌人。如他们用爆竹装上长短不一的引信，让其断断续续地发出枪炮一样的巨大爆炸声。又让人们像往常一样在圩上各处推磨碾谷，同时缚住大猪后脚，倒吊在树上，让其不断发出嘶叫声。清兵从远处听到新圩时有枪炮声、碾谷声、杀猪声，彻夜不断，还以为像往常一样，太平军还被困在圩里呢！

　　由于运用声东击西战术，巧布疑阵，造成了敌人的错觉，因而在一定程度上争取了战争的主动权。9月11日，洪秀全在三界庙门前怒斩前来劝降的儒生黄梦俊"用以祭纛"，然后"潜乘月色"，率领太平军毅然撤出新圩，东进平南鹏化里，成功地突破了清军重围，扭转了义军长期被围追堵截的局面。它为太平军北上永安扫清了障碍，因而成为太平天国前期战史上一场重要的大战役。

---

①1920年《桂平县志》卷三十三，《纪事下编》。

1963年2月，三界庙被公布为广西壮族自治区重点文物保护单位。该庙的后殿现已辟为"太平军在新圩"陈列展。它分新圩风云、天军进驻、退守新圩、突出重围四个部分，通过大量的文字、图片及实物，生动地再现了太平天国这一段峥嵘历史。

三界庙内的"太平军在新圩"陈列展

（六）洪秀全《舟中诏》发布地——大旺圩古码头遗址

《舟中诏》发布地，即大旺圩古码头遗址，位于今广西贵港市平南县同和镇北街的大同江边，距县城北约50公里。码头自上而下长50米，宽3米，用不规则的石条砌成46级石阶，顺石阶可从街面下到江边。岸边泊位长49.7米，宽10米，两旁各有一棵枝叶茂繁的大榕树。虽经历了170年的岁月沧桑，码头古朴的风貌依旧，只是作为水运埠头的功能已经消失。1981年10月，该遗址被公布为平南县文物保护单位。

平南大同里大旺圩古码头遗址

大旺圩大同江古码头远眺

今平南县北部山区同和镇俯瞰

  1851年9月11日（清咸丰元年八月十六日）夜，皓月当空，驻守金田、莫村等地的太平军由萧朝贵、石达开率领，经茶调、古林社向东进入山区，驻扎新圩的

大同江穿圩而过，往东南流出蒙江，注入浔江，汇入珠江水系

人平军踵进，另留千余人在风门坳防备向荣清军的追击。太平军涉罗蛟水到罗旺，再从水枧头渡鹏化水，捣毁敌人哨卡，然后沿山间小道悄然北进，经上瑶越百步顶，上马鬃界，最后进入平南鹏化里。之后，太平军兵分两路，在右路军挺进惠政里思旺圩的同时，左路军由洪秀全、杨秀清率领，从鹏化、罗简至花洲，翻越枫木界，进入大同里（今同和镇）。12日，太平军前锋于独峰山口打败平南县令倪涛所率勇练，直捣大旺圩。

大旺圩是平南大同里三圩四十六村的中心，也是平南、藤县、永安和金秀瑶山的交通要地。发源于大瑶山的大同江穿圩而过，往东南流至三江口后，再与湄江汇合，往南流出蒙江，注入浔江，汇入珠江水系。从大旺圩以下，长年可通舟楫，交通甚称便利。

9月14日，洪秀全在大旺圩旁的大同江舟中，向全军发布诏令：

《天命诏旨书》所载洪秀全《舟中诏》

众兵将千祈遵天令，不得再逆。朕实情谕尔，眼前不贪生怕死，后来上天堂，便长生不死。尔若贪生便不生，怕死便会死。又眼前不贪安怕苦，后来上天堂，便永安无苦。尔若贪安便不安，怕苦便会苦。总之，遵天诫，享天福；逆天令，落地狱。众兵将千祈醒醒，再逆者莫怪。[1]

在突围决战的关键时刻，洪秀全及时发布《舟中诏》，号召众兵将不贪安怕苦，不贪生怕死。这是决战前夕的动员令，它极大地鼓舞了将士们勇往直前的决心和勇气！

根据洪秀全的命令，太平军队伍重新进行了调整，韦昌辉统率的右军调归前军，在萧朝贵的统一指挥下，与石达开、秦日纲、林凤祥、罗大纲等率领的将士约4000人组成陆路军，它是太平军的主力部队；冯云山统率的后军与中军联合，战士3000余人，负责保护老弱妇孺、全军辎重，沿大同江顺流而下，是为水路军，它是指挥部所在，由洪秀全、杨秀清亲自统帅。太平军分水陆两路，全速向永安州挺进。

---

[1]《天命诏旨书》，载中国史学会主编《太平天国》(一)，上海人民出版社，1957年版，第65页。

（七）太平军扭转战局之役——官村岭大捷战场遗址

　　官村岭大捷战场遗址位于今广西贵港市平南县官成镇，距县城北约15公里。它以官村岭为中心，梅花傍、七棵松（旺石石岭儿）、回龙为重点，莫村岭、苏茅为副点。其西北为商贸与交通重镇思旺圩，南面为平南县城，乌江从村西边贯穿而过，由北往南注入浔江，地理位置相当重要。

　　1851年9月11日（清咸丰元年八月十六日），太平军分批撤出新圩、金田、莫村等地，于次日安全抵达平南鹏化里。他们沿路挖断山梁，择险设伏，并在鹏化分军两路，在左路军挺进大同里大旺圩的同时，右路军4000余人在萧朝贵、冯云山的率领下，进驻惠政里，并一举占领了思旺圩，给尾追而来的清军造成威慑。为此，向荣、乌兰泰惊慌失措，急调近万兵力在佛子岭扎营，企图堵截太平军，防其"直窜平南"，渡江而去。

官村岭之战战场遗址

　　9月15日，向荣、巴清德移师横岭，再进至县城北之官村庙至官村岭一带，扎营数十座，同时派兵于回龙、苏村、旺石等地设防。兵勇正在构筑营垒，忽然雷雨大作，无法扎营。太平军趁清兵"扎营未稳"，抓住难得的有利战机，从思旺调出三四千人，在萧朝贵、冯云山的指挥下，分作三队，迅速开往前线，把向荣

平南县路三里官村

向荣清军驻扎的官村庙
遗址

官村岭之战主战场遗址

部清军包围在官村岭至苏茅、苏村之间，并对敌人发动猝不及防的进攻。清军遭到突然袭击，顿时陷入混乱状态，向荣饬令兵勇开枪放炮，但因火药、火绳尽湿，无法施放，伤亡较大，势渐不支，终致全线溃败。

　　是役，清军"所有军火炮械，随营粮饷，兵士衣装，全行遗失"，"各将帅仅以身免"[1]。兵勇"死伤忱籍"，损失千余人。清千总杨成贵"中枪落马阵亡"，向荣、巴清德等狼狈逃回县城，从此不敢轻言交战。向荣是清朝派往广西镇压起义的主要将领，其出身行伍，素以知兵、善守和敢战著称，所带兵勇号称万余。但官村岭之役，半日之间，其统领的这支"屡战屡捷"的清兵主力，竟"一挫几于全覆"，对他而言，的确是痛心疾首，正如他自己所说："生长兵间数十年，未尝见此贼；自办此贼，大小亦数十战，未尝有此败。"[2]

---

[1] 丁守存：《从军日记》，载太平天国历史博物馆编《太平天国史料丛编简辑》（第二册），中华书局，1962年版，第288页。

[2] 王拯：《复前教授唐先生书》，载太平天国历史博物馆编《太平天国史料丛编简辑》（第六册），中华书局，1963年版，第11页。

官村岭之战"乃成败之一大转关也"[1]，战后，整个战争形势发生了较大变化：清军"自新圩围困，功败垂成"，实力已大为减弱，几路合围的咄咄攻势被挫败，而太平军则扭转了长期被围追堵截的局面，重新掌握了在战场上的主动权。它为太平军执行洪秀全的《舟中诏》命令，分水陆两路挥师北上永安州扫清了道路。

2010年2月，平南县人民政府在官成镇官成第三中学校园内，建立了"太平天国官村大捷地址"碑以志纪念。2012年12月，"官村大捷"遗址被公布为平南县文物点。

"太平天国官村大捷地址"纪念碑

---

① 丁守存：《从军日记》，载太平天国历史博物馆编（第二册），中华书局，1962年版，第288页。

九 大黎屯聚

大黎位于今广西梧州市藤县西北90公里，是该县最边远的山区乡镇，总面积约313平方公里，聚居着瑶、汉、壮等民族4.6万人口。境内土地肥沃，盛产优质谷、木薯、八角等农作物，木材、水力、矿产资源丰富，森林覆盖率达76%。其当永安州之南，处大瑶山与蒙江之间，是太平军从平南北上永安、桂林的必经之地。

大黎是拜上帝会活动较早的重要地区，花洲团营时，陈玉成、陆顺德等在此率会众前往参加。1851年9月20日，萧朝贵统率陆路军从平南大旺圩朝东北翻山越岭，经华锦村，登琵琶界，最后到达该地。太平军在大黎屯聚5天，筹集粮草，团聚会众，扩充军队，响应号召入营者踊跃，涌现出了陈玉成、李秀成、李世贤、陆顺德等一批杰出将领。

大黎屯聚与进军永安路线图（1851年9月）

（一）太平军中的童子兵——英王陈玉成故居遗址

陈玉成故居遗址位于今广西梧州市藤县大黎镇古制村西岸屯，故居占地面积约90平方米。房屋坐西朝东，一列三间，面宽10米左右，进深5米左右，泥土舂墙，茅草盖顶，屋檐的茅草甚至举手即可触及，另在房屋的北边搭了半间粪房。玉成出生时，一家五口，祖孙三代，就蛰居在这间既低矮又简陋的泥土茅屋里。

太平天国英王陈玉成故居遗址

陈玉成画像

太平军离开大黎后，房屋被清军一把火烧毁，现仅留存房屋基石的一些残迹，屋后一列石砌的墙基保存得稍为完整。遗址上现树起了一块高1.35米、宽0.61米的保护碑，上刻"太平天国英王陈玉成故居遗址"。1998年12月，该遗址被公布为藤县重点文物保护单位。

陈玉成（1837—1862），本名丕成，参加太平军后，"天王见其忠勇，改做玉成"[1]。祖籍福建省汀州府上

---

[1]《李秀成自述》，载中国史学会主编《太平天国》（二），上海人民出版社，1957年版，第831页。

藤县大黎里西岸村

杭县,后迁广东省翁源县。清康熙年间,再迁广西省平南县鹏化里水均村,后定居藤县大黎里西岸村。因"父母早故,并无兄弟"[1],玉成在幼年时即成为孤儿,全靠祖父母含辛茹苦抚养成人。陈家三代均为勤劳的农民,故他从小就过着清贫孤苦的生活。小时候他也曾一度"入蒙馆读书",但终因家庭经济拮据,很快就辍学回家。10岁起,他就开始给人帮工,自谋生计。他替当地一个郭姓财主家放过牛,

---

[1]《英王陈玉成自述跋》,载《太平天国史料考释集》(罗尔纲著),三联书店,1985年版,第201页。

与鹏化山、紫荆山延绵相连的大黎山区

故居南边的黑山顶，是陈玉成拜上帝之圣地

跟随叔父陈承瑢做过挑泥舂墙盖房子的泥水工，也干过一些农活，从小就饱尝人世间的各种辛酸与苦楚。他身材不高，但很厚实，生性聪明勇敢，倔强好胜。

　　大黎山区与鹏化山、紫荆山延绵相连，洪秀全、冯云山在紫荆—鹏化山区"布道聚众"后，该地区自然也成为重要的教区。1850年7月（清道光三十年六月），拜上帝会发布总团营令，号令各地会众迅速集结金田，准备起义。同时，洪秀全、冯云山来到平南，深藏在山人冲胡以晃家，秘密指挥拜上帝会的反清起义。大黎与山人冲紧邻，金田团营的号令传到那里后，许多村落的会众闻风而动，纷起响应，其中，仅陈玉成的堂兄弟及叔侄结伴赴义者即达28人。他们翻山越岭，到达平南山人冲西北的古稔村受编入伍后，直接担负"护主"的任务，在花洲誓师团营、思旺"迎主之战"中，大黎的会众发挥了重要的作用。

　　金田起义时，陈玉成只有14岁，是太平军中的童子兵。太平军"视童子为至宝"，身体强壮、勇于战斗的男童，多编为童子兵。童子兵协同主力部队作战，他们"虽死不悔，临阵勇往直前，似无不一以当十"[1]，在战场上表现得十分出色。据记载，陈玉成当时是"罗大纲之近侍"，而罗大纲是太平天国的著名战将，在起义进军及北上永安中"屡为先锋"。

太平军到达大黎时，陈玉成"徒步往谒师帅罗大光（纲），充向导，导天国兵由大黎峒上攻永安州"[2]。他对地理形势十分熟悉，不辞登高涉险，不怕艰苦牺牲，带领太平军阔步前进，从而为罗大纲的先遣部队一举攻克永安州立下了头功。由此起步，他以弱冠之年，领军征战，并因"年少英勇善战"而成为太平天国后期的军事统帅，后被天朝褒封为"英王"。

太平军中的童子兵 （线描）

---

[1] 张德坚：《贼情汇纂》，载中国史学会主编《太平天国》（三），上海人民出版社，1957年版，第309页。
[2] 1946年《藤县志稿》卷六，《太平天国英王陈玉成传》（手抄本）。

（二）"种山帮工就食"的苦力王——忠王李秀成故居遗址

　　李秀成故居遗址位于今广西梧州市藤县大黎镇古制村新旺屯。故居坐落在一个山坡台地上，坐北朝南，建筑占地面积约80平方米。房屋是在其舅父陆均平帮助下修建的，为一座一排三间的泥砖茅顶房。房子虽简陋，但一家总算有了一个遮风避雨的地方，得以结束居无定所的生活。1851年9月（清咸丰元年八月），太平军从平南大旺圩挺进永安州，李秀成"得悉旱路兵皆由我家中经过"，于是放火焚烧了自家屋宅，随太平军北上。原址三面环山，南边低洼地带现已辟为水稻农田，村民在房屋废墟上种植蔬果等农作物。遗址今仅留存一些石头墙脚，上面立有文物保护碑一块。1998年12月，该遗址被公布为藤县重点文物保护单位。

太平天国忠王李秀成故居遗址

李秀成画像（呤唎著《太平天国革命亲历记》配图）

　　李秀成（1823—1864），本名以文，秀成之名是在受封"忠王"时，因"主之所爱"，由洪秀全为他改取的。他先祖系广东汉族客家人，明末清初由粤迁桂，先住藤县和平里，清乾隆年间，再迁居大黎里新旺村。其出身于"穷苦之家"，父亲世高"家素贫"，名下无分寸田地，靠租种大黎垌苏姓地主的几亩瘦田谋生，后来和古制村陆姓人家的女儿结婚，得到妻舅的帮助，才移居到金鸡岭下的新旺村。该村只有李姓几户人家，别无他姓。秀成和弟弟明成都是在新旺村出生的，但他俩出

遗址留存的一些石头墙
脚

生不久，父亲就因病去世了，寡妇孤儿，李家的生活更为艰辛，可谓"家中之苦，度日不能，度月格难"[1]。

为了维持生计，李秀成自小就被迫外出打工，"寻食度日"。他做过放牛、耕山、烧炭等工作，后在三岸村夹口洪圣寺书房里做过伙夫，在大黎圩"福隆号"杂货铺做过蒸酒、舂米的伙计，一直劳作和生活在艰难困苦的环境之中。"在家孤寒无食，种地耕山帮工就食"，正是他青少年时期困苦生活的真实写照，而青少年时期的艰难困苦也锻造了他倔强、刚毅、勇敢的性格。

李秀成虽然出身贫寒，但他的舅父却是"年收田租八万斤"，家资颇为富有，且以塾师为职业。由于得到舅父的帮助，他自8岁起，就在古制村的学堂里"随舅父读书"。10岁之后，虽因"家贫不能多读"，但他在转而"帮工各塾"中，仍有机会接受学校教育的熏陶。据民间传说，他在"帮工各塾"时，曾经常在窗外旁听塾师讲课，且颇为用心。既受过

---

[1]《李秀成自述》，载中国史学会主编《太平天国》(二)，上海人民出版社，1957年版，第789页。

金鸡岭下的古制村新旺屯

儒家传统教育，又对社会现实强烈不满，故到1849年（清道光二十九年）在"上帝坪"接触拜上帝会，"知有洪先生教人敬拜上帝"后，他很快就成为一名虔诚的信徒，"秋毫不敢有犯，一味虔信，总怕蛇虎咬人"。

1851年9月（清咸丰元年八月），太平军分水陆两路，由平南大旺圩挺进永安州，其中的陆路军在萧朝贵的指挥下，行走35公里的崎岖山路，翻山越岭，于20日进入藤县大黎里。在太平军"屯聚大黎"期间，李秀成"即于此时奉母挈弟（胞弟明成及从弟世贤）投入陆师者"[①]，成

---

① 简又文：《太平军广西首义史》，商务印书馆，1946年版，第251页。

贫农出身的李秀成（《太平天国通俗画史》插图）

为一名"圣兵"。对此，他在后来的《自述》中曾做了追述：

> 西王在我家近村居驻，传令凡拜上帝之人不必畏逃，同家食饭，何必逃乎？我家寒苦，有食不逃。临行营之时，凡是拜过上帝之人，房屋俱要放火烧之。寒家无食之故而随他也。[1]

参军后，他隶属罗大纲的先锋营，在攻打永安州城的战斗中，机灵干练，英勇杀敌。特别是在1852年4月（清咸丰二年三月）的永安突围之役中，他所在的一路军从古苏冲

拜上帝坪遗址碑

"随舅父读书"的赋玛堂旧址

---

[1]《李秀成自述》，载中国史学会主编《太平天国》（二），上海人民出版社，1957年版，第789页。

小道翻越云贺岭，抢占玉龙关天险，突袭清将寿春扼守的营垒，为太平军突围并挥师北上扫清了障碍。这位后来被外国人讥为"苦力王"[1]的年轻人，参军才几个月，就在激烈的战斗中崭露头角，获得了杨秀清、石达开的赏识和器重，并被提为率领25人的两司马。此后，职位不断提升，像陈玉成一样，也成为太平天国后期的军事统帅，被褒封为"忠王"。

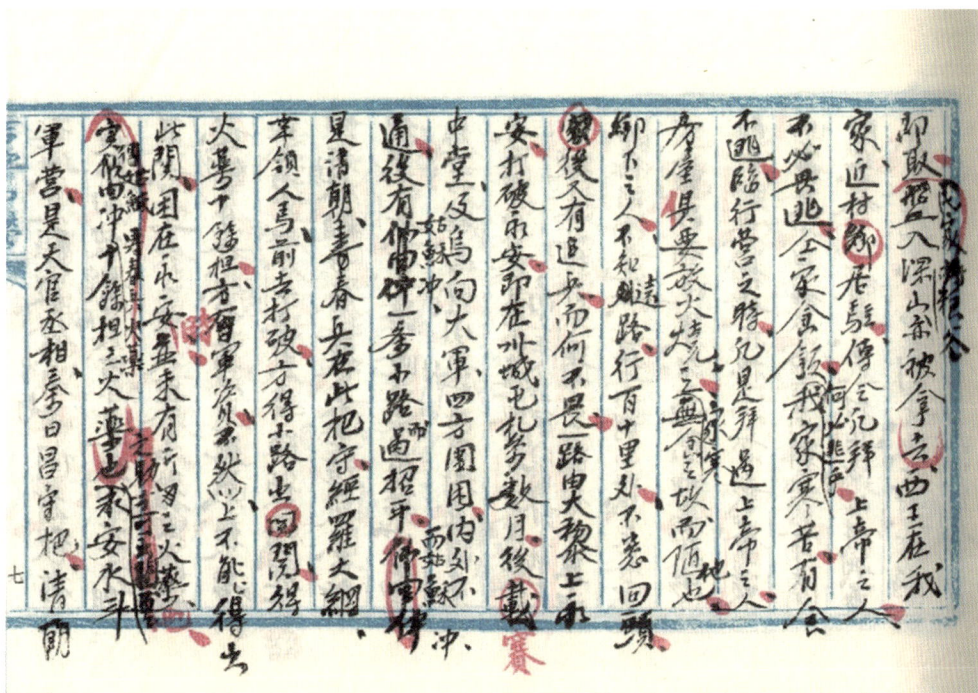

李秀成在《自述》中对参加太平军作了追述

① [英]呤唎:《太平天国革命亲历记》，上海古籍出版社，1985年版，第455页。

(三)"少勇刚强"的"圣兵"——侍王李世贤故居遗址

李世贤故居遗址位于今广西梧州市藤县大黎镇古制村新旺屯,坐落在一个山坡台地上,坐北朝南,建筑占地面积约100平方米,地上建筑物早已被李世贤投军时一把火烧毁,原址现仅留存几段河卵石基脚,散落一些砖瓦碎块,村民将之变成了农作物种植地。遗址上现立有文物保护碑一块。1998年12月,遗址被公布为藤县重点文物保护单位。

太平天国侍王李世贤故居遗址

李世贤画像

李世贤(1834—1865),出生于一个贫雇农家庭,其"身材矮小、强健、匀称,面孔久经日晒,肤色黝黑"[1]。因父亲日高早故,"视母至孝"的他与母亲蒙氏相依为命,并被寄养在堂兄秀成家里。两家相距约里许,两人亲如手足。由于家贫如洗,他读书甚少,识字不多。与堂兄秀成一样,他从小就靠种田耕山或帮工过活,做过烧炭工,也当过屠

---

① [英]呤唎:《太平天国革命亲历记》,上海古籍出版社,1985年版,第656页。

接受"拜旗"洗礼的拜上帝坪

有着300多年历史的古制村

夫，"寻食度日"，受人歧视，饱尝辛酸。1849年（清道光二十九年），上帝教传入大黎后，他也跟随堂兄秀成加入了拜上帝会，并在古制村边的"上帝坪"接受了"拜旗"洗礼。

1851年9月（清咸丰元年八月），太平军从平南大旺圩挥师北上，水陆两路挺进永安州，"西王、北王带旱兵在大黎里经过，屯扎五日"。驻扎大黎期间，萧朝贵、韦昌辉一方面筹集粮草，"将里内之粮食衣服逢村即取，民家将粮谷盘入深山，亦被拿去"①。另一方面则是团聚会众。大黎是拜上帝会活动的重要地区，1847年（清道光二十七年），胡以晃到此地开展传教活动后，当地有不少贫苦群众皈依了新教。到花洲团营时，一些会众响应号令，奔赴花洲团营"护主"，但仍有许多信徒因各种原因未及前往。萧朝贵、韦昌辉在此"屯扎"，就是要趁机"招齐拜上帝之人"，以补充员额，扩大部队编制，使太平军能迅速地发展壮大，增强战斗力。

太平军在大黎筹粮扩军，穷苦的农民特别是拜上帝会信众纷起响应，长期经受苦难折磨并对现实强烈不满的李世贤，与堂兄秀成一起，一把火烧了自家的房屋，带领全家人毅然地投奔太平军。李家满门忠烈，除李秀成、李世贤，后来被太平天国封王的还有佑王李远继、扬王李明成、广王李恺顺、宗王李尚扬、誉王李瑞生等。此外，虽未封王，但为侯为相，享有封号的李家弟子还大有人在。

投军后，"少勇刚强"的李世贤经受了残酷战争的历练，他在战场上出生入死，骁勇善战，屡立战功，不数年，就从一名普通的"圣兵"，擢升为侍天福爵位的统兵首领，最后成为一位勇敢、坚定、"非常精于战术"的战略家②，被天朝褒封为"侍王"，所率部队是太平天国后期的四大主力之一。《藤县志稿》曾这样评价他："公生性灵敏，娴词令，蔼然如儒生，及临阵则叱咤如怒虎，莫可当其锋，后起诸王，除英王陈玉成外，无可与比勇者。"③

侍王所部是天国后期的主力之一（《太平天国通俗画史》插图）

---

① 《李秀成自述》，载中国史学会主编《太平天国》（二），上海人民出版社，1957年版，第789页。
② ［英］呤唎：《太平天国革命亲历记》，上海古籍出版社，1985年版，第657页。
③ 1946年《藤县志稿》卷六，《太平天国侍王李世贤传》（手抄本）。

（四）太平军中"马前卒"——来王陆顺德故居

陆顺德故居坐落于今广西梧州市藤县大黎镇古制村。房屋建于清代，建筑占地面积约300平方米，坐北朝南，三进三开间，一院一天井，院子左厢房右过廊，天井左右各小屋一间，砖瓦木结构，悬山顶，砖墙承檩，无筑脊壁画，属于桂东地区常见的普通民居。

太平军撤离大黎后，该屋宅被清军放火焚烧，屋顶桁条及墙壁上至今仍残留当年火烧的痕迹。由于人为纵火焚烧，自然风雨侵蚀，加上年久失修，现故居显得比较破旧。但是，从并排一列的他的几位兄长的屋宅遗存——斑驳的壁画，残破的木雕、石雕，梨木做的门框、门槛、窗框，以及上等石料打造的台阶、门墩等，仍可看出陆氏屋宅当年的富丽与精致。2017年12月，故居被公布为广西壮族自治区重点文物保护单位。

太平天国来王陆顺德故居旧址

故居的中堂、正房、厢房及天井

陆顺德画像

陆顺德（1818—1865），应作陆顺得[①]，原名海平，父亲汝霖，母亲姚氏，家中有兄弟6人，他年纪最小。全家以农为业，家道殷实。他身材魁伟，少年时在村中的赋玙学堂读书，性好游侠，善驾舟船。早年曾参加过活跃于永安、荔浦一带的以罗大纲为首的天地会。1847年（清道光二十七年），平南拜上帝会首领胡以晃到大黎里活动，通过"拜旗"的方式收纳信众，他与李秀成、陈玉成等均信奉不疑，皈依了新教。1850年10月（清道光三十年九月），他率大黎的会众二三百人赴平南花洲团营，参加了思旺圩的"迎主之战"及随后的金田起义。

1851年1月（清道光三十年十二月），金田起义后，太平军迅速移营大湟江口。江口圩附近的万江坑、盘石、胡村等地，是罗大纲遭官究、"自二十七年漏网之后"[②]新开辟的活动据点，此时重回老根据地，自然是天时地利人和。

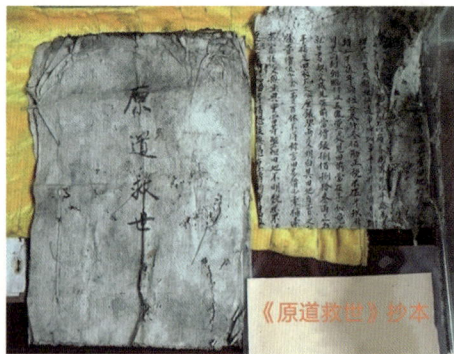
拜上帝会的布道宣传品（仿制品，大黎古制村"赋玙学堂"收藏）

---

① 据太平天国历史博物馆所藏"辛酉十一年南破忾军主将认天义陆"发给浙江绍兴会稽县水家沃乡丁大齐"门牌"及潮王黄子隆部下手抄"钦定敬避字样"原件，其应为陆顺得。
② 中国第一历史档案馆藏：《赛尚阿奏》军录，革·太，第543-2号。"二十七年"为清道光二十七年，即公元1847年。

为此，罗大纲以天地会山堂首领的身份，协助洪秀全、杨秀清收罗了游弋于浔、梧江面的部分天地会武装，并策划了劫持官饷的重大行动。陆顺德带领全家及堂兄弟14人，再次追随罗大纲，参加了太平军夺取官府税饷、收编天会地人马等一系列斗争，冲锋陷阵，表现出色。

陆顺德使用过的马鞍（广西壮族自治区博物馆收藏）

3月，太平军主动撤出江口，兵分三路西进武宣，洪秀全在东乡"登极"称天王。6月，在象州中平之战后，太平军再度移营，回师紫荆山、金田、新圩。9月，在经历了70多天的新圩突围战后，太平军终于冲破了清军的包围，挥师北上。在金田起义早期的一系列军事斗争中，罗大纲一直以富谋略、善智取而"屡为先锋"，而陆顺德在罗大纲军营里任两司马，担当向导，更是开山辟路，冲锋在前。

在太平军从平南经大黎北上永安中，陆顺德更以熟悉山路、掌握地形的优势，担负起陆路军引导的重任，带领太平军巧妙地翻越龙头界，直奔古眉峡，抢渡湄江湾，占领水窦要隘，从而为太平军奇袭永安州城，夺取自起义以来的首座城池，立下了汗马功劳，堪称太平军中"马前卒"。之后，他随军征战大江南北，战果累累，最后成为太平天国的一位杰出将领，被褒封为"来王"。

湄江湾——太平军攻占水窦要隘的水上咽喉

（五）藤县籍太平诸王的摇篮——古制村上帝坪遗址

上帝坪遗址位于今广西梧州市藤县大黎镇古制村，占地面积约100平方米，因处古制村东北面台地，故亦称古制坪。其原系"古思社"，是一块略呈正方形的地坪，地势高于四周农田0.7米。北倚黑石顶，翻过岭顶就是陈玉成家所在的西岸村；往南2公里为大黎江畔的大黎圩；西南1公里就是李秀成、李世贤家的新旺村；西北5公里则是上帝教最早传入的古盘冲。其不仅处于大黎里的中心位置，四通八达，交通便利，而且地坪中央那株挺拔的大榕树，枝繁叶茂，苍劲翠绿，特别具有象征意义。它像一块巨大的磁石，吸引着各村的会众前来——他们"头上包着红布"，在大树下虔诚地举行"拜旗"仪式。2005年3月，该遗址被公布为藤县重点文物保护单位。

大黎古制村上帝坪遗址

大黎位于藤县、平南、永安之间，"四面高山，平地周围数百里"，地形复杂，历来是"三不管"的地区。明代延续200多年的大藤峡瑶民起义，清代多次发生的广西民众暴动，大黎里都是重要的"啸聚"之区。1847年（清道光二十七年），胡以晃在平南山人冲宣传上帝教，秘密组织会众"拜旗"时，住在古盘冲的胡姓人家，因与胡以晃关系密切，常有来往，便把"独拜唯一真神皇上帝"的宣传引入大黎山区。因"大黎拜上帝会是从胡以晃那边发展过来的"，故它是以胡以晃为首的平南花洲拜上帝会的布教之地。

大黎——花洲拜上帝会的布教之地

　　上帝教传入大黎后，在当地迅速掀起了一股信教热潮，西岸村南的黑石顶，新旺村背的墨砚坪，大黎圩边的古制坪，都成为秘密敬拜上帝的场所，尤其是古制坪，后来成为最重要的"上帝坪"，李秀成、李世贤、陆顺德等许多信徒都是在此"皈依真教"的。据口碑，"当太平军到大黎的时候，群众每天早上在那里拜上帝"[1]。他们在上帝坪"拜旗"后，自觉地接受了新教的教义和教规，以满腔的宗教热忱，义无反顾地加入太平军行伍，"奉天诛妖，斩邪留正"。

---

[1] 饶任坤、陈仁华编：《太平天国在广西调查资料全编》，广西人民出版社，1989年版，第146页。

古制村上帝坪祭台

大黎拜上帝会的中心——古制村俯瞰

花洲上帝坪——大黎教众赴花洲团营宿营地

1850年10月（清道光三十年九月），胡以晃号召平南的会众到花洲团营。号令传到大黎，陆顺德立即率众响应，古制、新旺、寨顶、西岸等八九个村庄的二三百名会众，沿着鹏化山区的崎岖山路，迅速向花洲集结。他们先在平南山人冲的古稔村休整，把守营盘，然后赴花洲上帝坪编立营伍，与大同、鹏化、惠政里的团练展开激战。12月，在参与思旺"迎主之战"并取得大捷后，大黎的会众顺利地到达团营目的地，参加了由各地两万多拜上帝会众共同发动的金田起义。

古制村民建立的"太平天国四王纪念馆"

1851年9月（清咸丰元年八月），太平军"屯聚大黎"。其间，萧朝贵传令："凡拜上帝之人，不必畏逃，同家食饭。"[①]贫苦农民闻风而动，大黎掀起了入会和参军的热潮，"拜上帝会教徒之未曾入伍者，亦加入大军"[②]。当地贫民投军时，多是十几、二十来岁的青少年，但是，经过残酷战争的磨炼，短短几年间，这些生长于穷乡僻壤，饱受封建压迫的"山野小民"，很快成长为叱咤风云的太平军将领，有的在近代中国的政坛和军事史上成为举世瞩目的人物。

翻检太平天国诸王之题名录，至少有17人籍隶藤县，除著名的英、忠、侍、来"四王"，还有扶王陈得才、然王陈时永、从王陈得隆、贵王陈得胜、潮王黄子隆、湘王黄子澄、扬王李明成、广王李恺顺、松王陈得风、宗王李尚扬、成王陈聚成、佑王李远继、誉王李瑞生。此外，虽然未曾褒封王爵，但为侯为相，享有封号的藤县籍儿女还有不少。方圆几百里出了近20个王，"封王人数占到太平天国王爷的十分之一"[③]，这不得说是一个历史的奇迹。因此，"上帝坪"也可以说是藤县籍太平诸王的摇篮。

2019年在大黎镇落成的"四王亭"

---

① 《李秀成自述》，载中国史学会主编《太平天国》（二），上海人民出版社，1957年版，第789页。
② 简又文：《太平军广西首义史》，商务印书馆，1946年版，第250页。
③ 钟文典：《历史的奇迹——谈藤县籍的太平天国王爷们》，载《广西文史》2002年第1期。

古制村"赋玙学堂"旧址

（六）"一里四王"读书习武之所——赋玙学堂旧址

赋玙学堂旧址坐落于今广西梧州市藤县大黎镇古制村。学堂创建于1825年（清道光五年），是一座泥砖瓦木结构、四合院式布局的平房。其坐北朝南，二进三开间，中间有天井及两廊，总面宽14.7米，进深15米，建筑占地面积220多平方米。双坡悬山顶，小青瓦屋面，泥土砖墙，灰砂石头基脚。在头门面，门额上悬挂"赋玙学堂"横匾，两边用青砖砌起两根顶梁廊柱。1982年5月，因特大洪水，墙体大部分被毁，翌年秋，陆氏族人集资、备料，将危房重新加以修复。

古制村位于大黎圩北2公里，村前一片沃野，东临大黎江，西望金鸡岭，背枕黑石顶、西凤岭，可谓群山环抱，水源丰沛。清朝道光、咸丰年间，全村只有几十户人家，均出自同一祖宗，全部姓陆。陆氏长老为了让本族弟子能接受启蒙教育，在村中央的车田屯建立了学堂。学堂虽以招收陆姓弟子为主，但沾亲带戚的外姓子弟也可以在此上学。其主要开设有国文、算术、武术等科目，既传授文化，也讲习武术，在当时，这算是十分难得的"文武双全"学校。在100多年的时间里，这所学堂培养出文武举人6人，秀才7人。而最耀眼的，是大黎"一里四王"——

陈玉成、李秀成、李世贤、陆顺德，他们少年时曾在此读书习武。

　　1827年（清道光七年）春，9岁的陆顺德进入了族人创办的赋玙学堂读书。他天资聪颖，勤奋好学，一边读书，还一边练武。三年后，他的外甥李秀成因"随舅父读书"，也进入了这间学堂。据当地人说，当时的教书先生叫陆雅南，是一位知识渊博、文武双全的人，他在授课之余经常给学生讲三国、水浒等故事。李秀

群山环抱、水源丰沛的古制村

赋玙学堂后座的教室旧址

陆顺德练武用的石敦
（下）、石蛋（上）

成才思敏捷，颇崇拜诸葛亮，而陆顺德活泼好动，尤佩服"阮氏三雄""浪里白条"，陆先生对这两位学生都十分赏识。

另外，陆、李两人对练武还十分执着。陆顺德经常利用学堂里的一个大石敦和两颗"石蛋"，练习举重、投掷，锻炼臂力。到夏天，他还经常与同学到附近的大黎河里游泳，因为经常在水流湍急的河里击水，所以他的水性特别好。李秀成在学堂读书时就酷爱习武，他后来辍学到国安村私塾帮工，

"四王"经常切磋武艺的河滩沙洲

大黎镇"四王故里"牌坊

虽是做伙夫，却专门拜了一位武艺高强、绰号"铜铁棍"的师傅，练就了一身好武艺。陆顺德、李秀成、李世贤这几个亲表兄弟兼好朋友，经常在大榕树下、河滩沙洲上，或在赋玙学堂里舞枪弄刀、打拳、赛跑马，切磋武艺。

陈玉成小时候曾"入蒙馆读书"，该蒙馆之所在虽不好臆测，但因他与李秀成、李世贤、陆顺德是"上下屋之不远"的"至好""深友"①，故辍学后，在放牛做工之余，他常与这几位同乡好友为伍，不仅经常到古制村的赋玙学堂习文练武，而且还跟李秀成到国安村私塾，拜"铜铁棍"为师，精益求精。他与李秀成、李世贤、陆顺德等人还经常在一起比武，切磋武艺。因此，他从小练就了一身好功夫，传说能从平地跳跃一丈多高，且擅长回马枪，乡亲称之为"神人"。

陈玉成、李秀成、李世贤、陆顺德都是出身贫寒的"苦力王爷"，他们之所以能成为后期支撑天国半壁江山的坚强柱石，一是凭个人的努力，二是靠战争的磨炼，是时势造就了英雄，而英雄又顺应了时势，把握了机遇。当然，"方圆几里地，

---

① 《李秀成自述》，载中国史学会主编《太平天国》(二)，上海人民出版社，1957年版，第794页。

1941年在大平岭修建的"四王台"

1982年在鸡谷山重建的"四王亭"

出了四个王"，也与他们年轻时在赋玙学堂所受到的教育和环境熏陶分不开。

为了表彰"四王"为桑梓增光的英雄业绩，激励民众积极投身于抵御日寇的全民抗战中，1941年，乡人在藤县藤州镇大平岭上修建了"四王台"。台呈六角形，高9.3米，一层楼，砖木结构，内外分两层，6个拱门，正东拱门台阶两侧立有石狮一对，梁柱上镂刻着一副楹联："缅怀民族复兴始于天国，若问英雄出处多在吾藤。"

"四王台"在1967年被拆毁，1982年在原址200米外的鸡谷山上重建。新建筑为凉亭式造型，故改称为"四王亭"。亭坐西朝东，建筑占地面积74平方米，呈四方形，高8米，宽4.5米，钢筋混凝土结构，16根方柱，琉璃瓦重檐，四角攒尖顶。亭旁树立了"重建四王亭记"墙及"四王事略碑"。1982年7月，该亭被公布为藤县文物保护单位。

（七）太平军的首场水战——三江口之战战场遗址

三江口之战战场遗址位于今广西梧州市藤县东荣镇三江村，距县城西北约50公里，是大水江（湄江）、同和河（大同江）和屯江（蒙江①）"三江"交汇处，故名。三江口是大同江、蒙江、浔江船只出入永安州必经的水道咽喉，河面狭窄，两岸峰峦叠嶂，历来是兵家必争之地。

藤县三江口之战古战场鸟瞰

1851年9月15日（清咸丰元年八月二十日），在平南官村岭大捷后，太平军分水陆两路挺进永安州。陆路军由萧朝贵统领，从平南大旺圩朝东北翻山越岭，经华锦村，登琵琶界，到达藤县大黎。太平军"屯聚大黎"期间，罗大纲即率由精壮士兵组成的千人劲旅，沿着偏僻的山路，出樟村，渡湄水，冲破古眉峡，直奔永安州的南大门——水窦。与此同时，水路军在洪秀全、杨秀清的率领下，也顺大同江而下，迂回向永安州进发。由于水路是首脑本部、老弱妇孺及全军辎重之所在，加上水程曲折，沿江情况复杂，机动性较弱，因此，为避免进军途中遭清兵伏击，保证大部队安全转移，1000多名战士在两岸护卫，夹江而行。此外，另有一支一二千人的部队向南进发，于19日进驻蒙江中游的太平圩，以牵制乌兰泰、向荣的清军主力，全力掩护水陆两路大军奔袭永安州。

---

① 蒙江，发源于广西金秀县忠良山区，在蒙山县境称湄江，其中，从蒙山县陈塘镇至藤县东荣镇三江村，又称"大水江"，以下古称屯江。同和河（大同江）是蒙江支流。

今藤县东荣镇三江村

太平军驻扎的藤县宁风乡大壬里太平圩

  9月23日，当太平军船队到达平南上坡村河段时，平南知县倪涛督饬团练2000多人追到，午刻，双方在河湾展开激战，练勇"开放鸟枪"，太平军"亦放炮抵拒"。由于河湾曲折，水流湍急，杀伤性武器在舟中难以施展，加上目的地是永安，故太平军没有恋战，而是且战且进，在付出了100多人伤亡的代价后，最终突破了清军的上坡防线。在冲破敌人的重重阻拦后，太平军30多艘船只，载着首脑、老幼伤病以及火炮、土松炮、火药等辎重，在两岸陆师的重点护卫下，继续向三江口挺进。

  9月24日，太平军船队抵达三江口，与布防在此的清军展开了一场更大的恶战。

太平军水师与清兵交战之三江口

清署藤县知县张鹏万与团总卓希泰率团练壮丁5000余人，扼守三江口险要，布防阻截于前，倪涛则率兵勇跟踪追击于后，太平军腹背受敌，伤亡26人，初战不利。翌日，"率练带炮"设伏于三江口下游南蛇岭的大黎团长覃翰元，开炮轰击太平军船队，胡以晃率殿后部队以13条木船为先锋，向清军阵地发炮还击。顿时，炮声轰鸣，水柱冲天，烟雾弥漫，太平军的5条木船被敌人炮火击中，胡以晃"足被炮伤"，辎重、船只、人员颇多损失。不久，太平军援兵赶到，再次向清军发起猛烈

永安州眉江里上标村古战场

的攻击，覃翰元亦被"炮打伤左足"[1]，清军狼狈而逃。

　　三江口之战是太平军自金田起义以来的首场水战，此役历经两场大战，共歼敌120多人，清军在江河水道上布下的防线被彻底冲破。9月26日，在与藤县交界的永安州眉江里上标村、油麻村等地，双方又发生了多次战斗，太平军越战越勇，屡获战绩。张敬修率军从大黎赶来，亦被太平军迎头痛击，落马受伤，得壮丁扶起背走，才幸免一死[2]。之后，太平军在永安州境内顺利推进，舟师溯湄水扬帆北上，在近90公里的航道上，再未遇到清军任何抵抗。10月1日，洪秀全在万众的欢呼声中进入永安州城。

覃翰元"率练带炮"设伏的南蛇岭

---

①覃春华等修纂：藤县屯江《覃氏族谱》卷一，清朝同治七年刊本。
②咸丰元年闰八月十六日《赛尚阿奏永安平南藤县水陆进伏获胜折》，载中国社会科学院近代史研究所近代史资料编辑室编《太平天国文献史料集》，中国社会科学出版社，1982年版，第291～294页。

十

永安建制

永安州即今蒙山县，位于广西东部，总面积1279.34平方公里。其东接昭平，南邻藤县，西南与平南相连，西界大瑶山，北部与荔浦、平乐、桂林相通。四周群山环抱，境内丘陵起伏，河沟纵横，高山之间为一狭长平原，有湄江自北南流，与浔江交汇后注入珠江。它既是一座"蕞尔山城"，也是水陆交通要冲，"为形胜要地"。

1851年9月，太平军攻克了自起义以来的首座城池——永安州城。在永安驻扎的半年多时间里，洪秀全封王建制、肃奸防谍、整顿军旅，并颁行天历，以新纪年取代旧"正朔"，此外，还颁刻了《太平诏书》《天条书》《太平条规》《太平军目》等。至此，基本实现了"开创新朝"的愿景，太平天国政权初具规模。

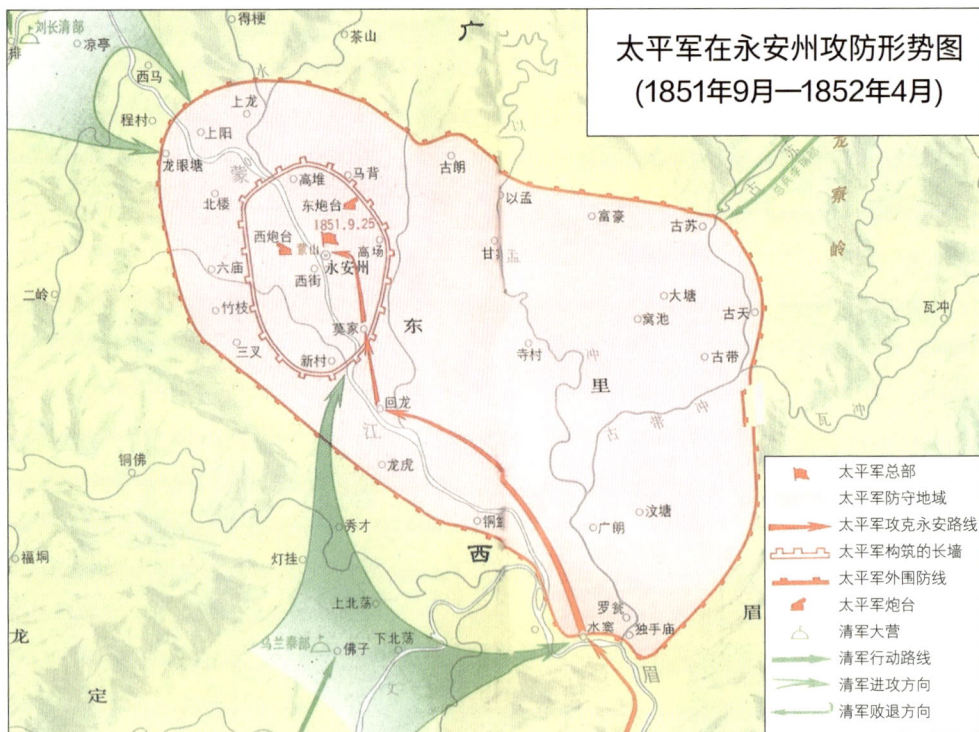

太平军在永安州攻防形势图
(1851年9月—1852年4月)

（一）永安州城的"南大门"——水窦保卫战战场遗址

水窦保卫战战场遗址位于永安州东平里水窦村，即今广西梧州市蒙山县西河镇水秀村，在州城南约9公里，中间多丘陵、田畴，其三面临水面山，湄江、文圩河、广朗河三条河流在此交汇，出古眉峡而入西江。因江阔水深，碧波荡漾，又有"水都"之称。在清代，这里是州城南出浔、梧的水上门户，号称永安的"南大门"，为兵家必争之地，地理位置十分重要。

水窦保卫战古战场俯瞰

1851年9月14日（清咸丰元年八月十九日），洪秀全发布《舟中诏》后，太平军分水陆两路从平南大同里大旺圩出发，向永安州挺进。20日，陆路太平军进入藤县北部的大黎里。萧朝贵在"屯聚大黎"期间，曾派出一支善于攻城略地的千人劲旅，在熟悉地理情况的罗大纲的指挥下，从大黎翻越龙头界，走山中偏僻小路，突出藤北的樟村，渡湄江北上，经新开、黄村直奔永安州南的古眉峡。23日，罗大纲带领的先遣队抢渡湄江湾，占领了水窦要隘，从而为太平军叩开了州城的"南大门"。

为了攻克州城，罗大纲一方面命令部队连夜赶制战具，做好攻城准备；另一方面则在州城东面的晒布岭、瞭望岭架设松林大炮，摆开攻城阵势，并趁黑夜向

古眉峡——南出浔州、梧州的水上门户

州城发动了一场奇特的佯攻，把守城的兵勇搞得晕头转向，精疲力竭，弹药大量虚耗。25日，太平军三面发起总攻，一举攻克永安州城。

太平军攻克永安图
（采自《中国近代史参考图录》）

占领州城后，太平军在城南构筑了以水窦为中心的南面营垒群，洪秀全"特派秦日昌（纲）率矿工铁军守之"，以村北面的中营岭为指挥所，在岭东南面的古海岭、黄绞岭、西浮岭等处建造营垒、炮台和望楼。2000多名矿工出身的士兵正好发挥其专长，"挖深沟二三道，暗穿地道，伏设地雷"[①]，把各处营垒连成一体，以利防守。秦日纲坐镇指挥所，调度周边七大营盘，并在东面的一个军工作坊里"熬硝，制造火药"和"铸造大炮"[②]，装备部队，以警戒从藤县北上之敌，确保州城南大门的安全。

太平军古海岭营盘遗址

太平军黄绞岭营盘遗址

[①]《姚莹致乌兰泰函牍》，载中国史学会主编《太平天国》（八），上海人民出版社，1957年版，第717页。
[②] 中国第一历史档案馆藏：《赛尚阿片》军录，革·太，第544-8号。

在太平军的水窦七大营盘中，西浮岭是最东边的营地，处于对敌最前线，这里经常遭到敌人炮火的轰击，最激烈的时候，曾经一个时辰遭受300余发炮弹，故太平军在这里挖掘的地道最长也最坚固。这个高度只有80米的土岭，迄今仍遗存当年挖掘的地道。170年来，虽不断遭受泥土塌方、填埋及人为破坏，但地道的洞口还在，洞内尚可容身，足见当年城防工事之牢固。

太平军西浮岭营盘遗址

独松岭——乌兰泰清军营盘所在地

清军深知"水窦不破不能攻城"[1]，为此，乌兰泰统率6000土兵立大本营于佛子村，并在独松岭构筑营盘，与太平军的中营岭、黄绞岭、仙台岭等营盘隔河相对峙，除经常炮轰太平军营地，还不时与北路清军相配合"夹攻"，企图突破南翼防线。10月14日，南路乌兰泰部倾巢而出，企图强渡长寿江，抢登石燕岭，抄袭水窦之后，但刚过河即遭到太平军的炮轰和截击；配合作战的北路清军在进攻龙眼塘时也遭到了重创，"川兵死者百余人"，全线溃败。11月4日和12月10日，清军又发动了两次较大规模的南北会攻，乌兰泰的主攻方向仍是水窦，刘长清等率军在北面进攻龙眼塘、红庙等地，策应乌

太平军仙台岭营盘遗址

永安州东平里水窦村

---

①《姚莹致乌兰泰函牍》，载中国史学会主编《太平天国》(八)，上海人民出版社，1957年版，第712页。

水窦村西浮岭旧貌

西浮岭太平军地道洞口遗址

太平军挖掘的地洞遗址

兰泰清军，但"夹攻"均未奏效，太平军积极防御，取得了水窦保卫战的胜利，这令赛尚阿亦为之慨叹："水窦贼营久而益坚，其攻拔之难，亦不在州城以下"①。

当年的古战场，硝烟虽然早已散去，但却留存了许多的历史遗迹。1971年，村民在西浮岭东麓发现了石砌的地下洞穴两处，内有铁刀2把，陶罐2个及红布一叠。1974年，有关部门对其中一处地洞进行了清理，洞口呈圆拱形，口宽1.8米，洞内高2.5米，宽1米，深4米。洞底由外向里倾斜，洞内出土了炮弹一枚，尚残留油烟痕迹的青花瓷碟灯盏（残）一个，已凝结成团的桐油三块，"道光通宝"一枚②。这些锈迹斑斑的兵器及物品，成为这场残酷战争的历史见证。

2006年5月，水窦之战古战场作为"太平天国永安活动旧址"，被国务院公布为全国重点文物保护单位。

---

① 中国第一历史档案馆藏：《赛尚阿奏》军录，革·太，第544-6号。
② 广西蒙山太平天国在永安历史陈列馆等：《太平天国在永安的史迹》，载《文物》1976年第10期。

（二）太平军攻占的首座州城——永安州古城墙遗址

永安州古城位于今广西蒙山县蒙山镇，占地面积约6万平方米，始建于1477年（明成化十三年），初为土城。1661年（清顺治十八年），知州屠德隆修葺，1666年（清康熙五年），知州邓林尹重修。1844年（清道光二十四年），知州张辅世"见城经年多有崩塌不全，商阃州绅耆，请于上宪，尽拆旧城重新之"①。

永安州古城西墙遗址

州城周长820米，高5米，厚2米，用条石砌脚为墙，包以火砖。分设四门，东曰宣化，西曰镇远，南曰永定，北曰天一。门之上各建谯楼。北门因"风水非所宜"，建后不久即封闭。城上敌楼，炮台4座，雉堞449个，无子城。女墙外无濠水，一渠引自城北，沿东城根流至东门入城，经州署前金带桥出西门，折向州南灌溉农田。穿城处置铁栅掩护。其规模之狭小，街道之短窄，房屋之简陋，有

①清光绪二十四年《永安州志》卷一，《官署》。

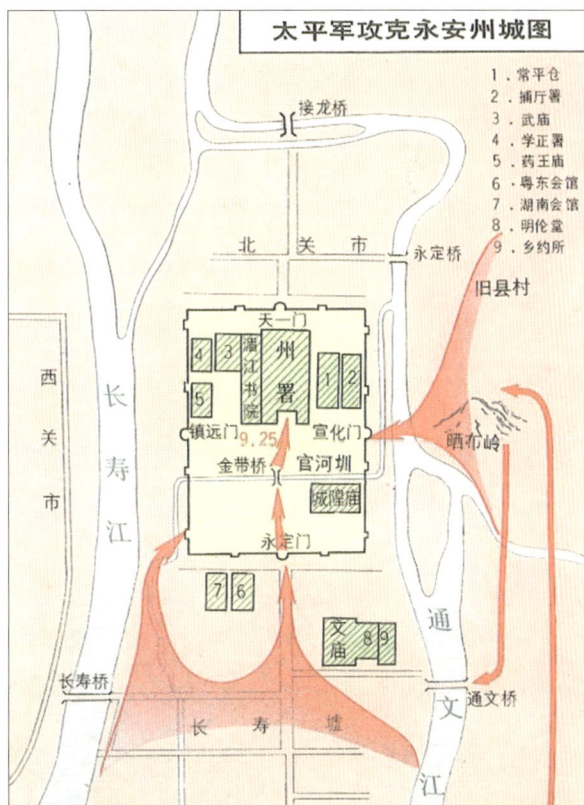

太平军攻克永安州城图

1. 常平仓
2. 捕厅署
3. 武庙
4. 学正署
5. 药王庙
6. 粤东会馆
7. 湖南会馆
8. 明伦堂
9. 乡约所

"永安州古城模型"沙盘

人说它"不及腹里州县一村聚耳!"

永安州,清代隶属于平乐府,地处广西东部,其东南西北分别与昭平、藤县、平南、金秀、荔浦及平乐相邻,界于浔、漓两江之间。湄江由北而南,纵贯其中。虽然四面崇山峻岭,但水陆道路却四通八达,从州城北行,经荔浦、阳朔,有官道直达桂林;顺湄江南下,可出浔州、梧州,因此,此地实为桂东水陆交通要津,故方志说其"屏蔽昭、梧,控扼蛮瑶。左界浔、漓二江之间,为形胜要地"[1]。

1851年9月25日(清咸丰元年闰八月初一日),太平军在萧朝贵的指挥下,采取声东击西的战术,开始了攻打州城的战斗。先是在晒布岭上吹号鸣角,点放火炮,朝东门轰打。

西南角城墙——太平军从这里架设天梯,冲入城内

---

① 清光绪二十四年《永安州志》卷四,《兵事纪略》。

趁守城清军赶往东城、一片忙乱时，潜伏于长寿圩的太平军主力一跃而起，直攻南门，并派出一支劲旅沿湄江插入西南城角，彼此呼应，合力攻城。太平军有的手持刀矛，架设云梯，勇攀城墙；有的抡起大斧，猛劈城门。在硝烟弥漫、杀声四起中，最后在西南城角的陈屋门楼"乘烟焰梯城"，冲入城中。守城兵勇全线崩溃，纷纷丢戈弃城，争相逃命。太平军在金带桥一带歼灭苏保德率领的数百名团勇后，又攻入州署衙门，并将躲避于武圣宫的代理知州吴江、平乐协副将阿尔精阿、典史宋光烈、学正丁履吉等文武官员，俘获斩杀。

洪秀全在万众欢呼声中进入州城 （国画）

在太平军猛攻州城的同时，洪秀全、杨秀清率领的水路军也冲破了敌人的重重阻拦，迅速向永安州城进发。10月1日，在万众的欢呼声中，洪秀全坐轿进入州

清道光年间修复的古城墙及刻有"道光"字样的墙砖（右）

城。永安州是太平军自起义以来夺取的首座州城，从"剽掠乡村"到攻占城池，这是一个辉煌的战果，它极大地鼓舞了太平军将士的斗志，给清朝统治者以巨大震慑，所谓"贼入永安，此军威之所以不振，省垣之所以震动也"[①]。

在太平军攻城战中，"城楼尽毁"。占领州城后，为提高对敌防御能力，太平军在大兴城防工事中，对城墙进行了加高加固，并在四角搭建望楼，对损毁城墙垛堞予以修复。1852年太平军撤出后，进城的知州彭作檀对城墙又进行"复修，并加高城堞"。但由于170年来的风雨侵蚀及砖石风化，古城墙体大部分已不复存在，现仅留下西段约118米，占地面积369平方米，这是清道光年间修复的城墙遗存，墙砖上"道光"字样迄今仍清晰可见。2006年5月，其作为"太平天国永安活动旧址"，被国务院公布为全国重点文物保护单位。

永安州西城墙垛口及"永安州城"碑（左下）

---

① 姚莹：《与严观察》，载《中复堂遗稿》卷五，清同治四年刻本，第9页。

（三）开创"太平天朝"——永安州署衙门遗址

永安州署衙门遗址位于今广西梧州市蒙山县蒙山镇民主街 41 号。州署衙门始建于 1679 年（清康熙十八年），建筑占地面积约 1 万平方米，坐北朝南，从头门至内室，共 4 门 4 院。全部房舍，有大堂 5 间、厢房 6 间、抱厦 3 间、内室 5 间、别墅 3 间，另有一池一亭。吏目署、监狱、土地祠及众春书院，也都在州衙之内。关于它的结构，在《永安州志》中有详细记载：

> 大堂五间，堂之前署两厢六房，托厦三间。又前为仪门，左为吏目署，右为土地祠；前为头门，头门西为监狱，外绕以墙垣。堂之后为川堂，又建五间为内室。室之东为众春书院，三间。后起别墅三间。又东为池，池畔为洛川亭。[1]

2015 年重建的州署衙门

---

[1] 清光绪二十四年《永安州志》卷一，《官署》。

在天王府里发出了一系列的诏令

这座已有172年历史的州署衙门，在被太平军攻占后，洪秀全即把它作为"天王府"，其"州衙门正屋，称为朝门"①，成为"诸臣随时奏事"的"天朝"所在地。洪秀全在"天王府"里曾先后发布了"所得财物尽缴归天朝圣库""记功记罪""真忠报国到底""犯第七天条杀不赦"等一系列诏令，对太平天国前期的军事斗争和政权建设都具有重要的意义。

据目击者记载，洪秀全驻跸的"天朝"，是经过一番精心装点的。所有大堂、房舍和前署两厢，全用"黄纸裱墙"。各大堂门额分别书写"天朝""二朝门""三朝门""四朝门"大字。大堂"内门涂黄，对画龙虎"，洪秀全把它当作金銮宝殿，坐在龙椅宝座上听取"诸臣奏事"。可见，天王府内已绘有并无人物的祥禽瑞兽题材的壁画了，这是迄今所发现的有关太平天国壁画的最早记载。

重建的"二朝门"

---

①《洪大泉自述》，载中国史学会主编《太平天国》（二），上海人民出版社，1957年版，第778页。

重建的大门"照壁"

此外，天王听取"诸臣奏事"的大厅，"地设红毡"，"厅前列花盆"，到处张灯结彩。天朝内还有龙凤四轿（轮）车一辆，当是洪秀全专用的座驾。正对大门的照壁和左右两侧的长墙，是颁布各种条规、诏令的地方，"张贴伪示甚多，并有各贼风帽颜色等级，又有万寿诗联考取名次榜一纸，计四十余人，第一名则冯云山也，又有军帅名目及伪谕，俱黄纸朱

肃清内奸周锡能（诏令碑廊，浮雕）

天朝为天王祝寿，并首次举行开科考试（诏令碑廊，浮雕）

书"①。州城东边的宣化门、南边的永定门、西边的镇远门和北边的天一门，谯楼两侧都遍插旗帜，据说还高挂了"黄纸硃书"的对联，其中永定门谯楼上的对联是："诛灭胡虏开天国，斩尽妖魔定太平。"②

杨秀清住在"天朝"东侧的原捕厅署内。杨秀清封王以后，此地即为东王府。据说，东王府是太平天国首脑人物商议军国大事的主要场所，1851年12月21日（清咸丰元年十月三十日），审讯周锡能"反骨偏心，谋反对天"的斗争也主要发生在东王府里。肃奸防谍不仅确保了太平军内部的安全，而且彰显了"天父无所不在，无所不知，无所不能"③的权威。

考试取士是太平天国在永安的一个创举。1852年（清咸丰二年）初，在洪秀全39岁寿辰之际，作为开国求才的盛事，太平天国在隆重祝寿的同时，在"天朝"里举行了首次的开科考试，考试的主题是"万寿诗联"。冯云山虽已是开国功臣，

①丁守存：《从军日记》，载太平天国历史博物馆编《太平天国史料丛编简辑》（第二册），中华书局，1962年版，第310页。
②广西蒙山太平天国在永安历史陈列馆等：《太平天国在永安的史迹》，载《文物》1976年第10期。
③《天父下凡诏书》，载中国史学会主编《太平天国》（一），上海人民出版社，1957年版，第18页。

但仍以身作则，参加了考试，并在被录取的40多名考生中名列第一。直到太平军撤出城后，这份"考取名次榜"仍张贴在天朝头门外的照壁上。官员的任用及升迁，均以考试与功绩而定，这对广开贤路、招引人才意义非凡，故曾被誉为"最英明的制度之一"①。

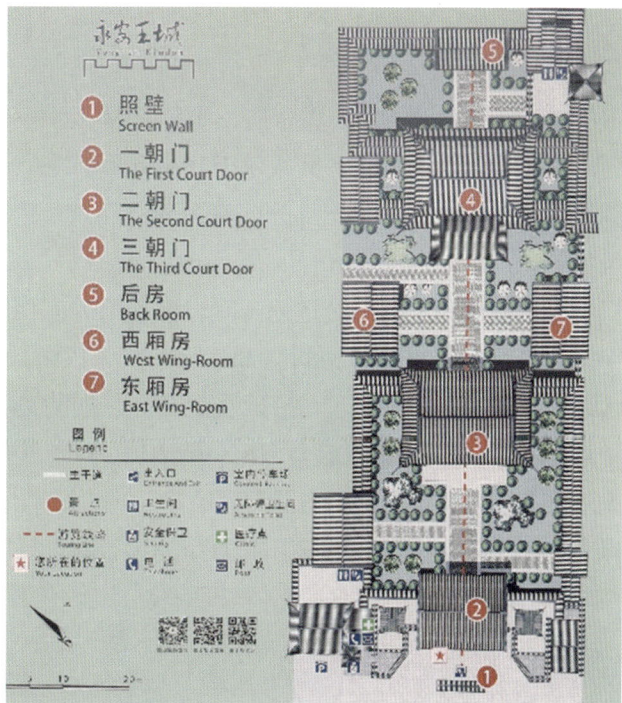

重建的"州署衙门"平面图

在东王府之西，是旧学政署；在天王府之东，有尊经阁、红庙；在金带桥外东南方，还有城隍庙、三霄庙和常平仓，这些都是城内较大的屋宇，经过修缮改造后，亦辟为"各王府"。萧朝贵、冯云山、韦昌辉和石达开等，都各有"府第"。而"军师王府纱镫等件，俱黄纱红字。厅前挂列花盒，地设红毡"②，由此可见，太平军虽系身居围城，但对王府的内部陈设仍十分的讲究。

2015年9月，在州署衙门原址上重修了"太平天朝"建筑，其面宽约50米，进深约105米，建筑占地面积约5250平方米。四进三开间，包括照壁、一朝门、二朝门、三朝门、后房及东西厢房。钢筋混凝土结构，仿抬梁穿斗结合式构架，歇山顶，灰蓝色琉璃瓦面，重现了明清的建筑风格。新建筑现辟为"蒙山县文史馆"，5个陈列厅图文并茂，配以实物，全面、系统地展示了蒙山县光荣的历史与文化。

---

① ［英］呤唎：《太平天国革命亲历记》，上海古籍出版社，1985年版，第197页。
② 丁守存：《从军日记》，载太平天国历史博物馆编《太平天国史料丛编简辑》（第二册），中华书局，1962年版，第310页。

（四）太平天国封王圣地——武庙（武圣宫）

武庙，又名武圣宫、关帝庙，坐落于今广西梧州市蒙山县蒙山镇民主街32号，西临湄江（古称长寿江）。其始建于1644年（清顺治元年），后曾多次重修。1951年，因修建蒙山中学礼堂，曾部分拆除，1985年恢复重建，1991年作恢复原貌的全面维修。

其坐西北朝东南，二进三开间，由前门、东西厢房、天井和大殿组成，呈十字形，总面宽13.6米，中间宽22.2米，进深23米，建筑占地面积434平方米。砖木结构，梁架结构为穿斗和抬梁混合式。头进前面有长廊，辟大圆拱门3个，门额上悬挂"武圣宫"竖匾。镬耳山墙，硬山顶，黄琉璃瓦面，飞檐翘角，正脊饰以"双龙戏珠"琉璃雕塑，山墙有花鸟彩绘。后进大殿奉祀"关圣帝君"，正脊、垂脊饰以龙、凤等装饰物。整座庙宇体现了清代岭南地区的建筑风格，2006年5月，其作为"太平天国永安活动旧址"，被国务院公布为全国重点文物保护单位。

永安州城武庙（武圣宫）旧址

1851年9月25日（清咸丰元年闰八月初一日），太平军攻破永安州城池后，冲进武庙，捣毁了庙里的神像神坛，并活捉了藏于庙内的吴江、阿尔精阿等清官，

后进正脊、垂脊饰以龙、凤等装饰物

大殿奉祀的"关圣帝君"

处决后将其头颅及大批祭器投入智井土坑里。智井位于武庙前门右侧，井口呈椭圆形，直径2.2～2.9米，深2.7米。1974年，该县文化部门对智井进行考古发掘，在井内出土了铁镖、铁弹、清官佩饰、帽顶珠、玉器、祭器、首饰及两具头颅骨等文物100多件。

太平军占领州城后，武庙曾是杨秀清召集将领商议军机大事的地方。为了州城的巩固与稳定，太平军一方面认真做好设防与攻守，抗击清军的围攻封锁；另

眢井土坑遗址及出土的祭器残件（左上）、两具头颅骨（左下）[蒙山县文物管理所收藏]

洪秀全在古玉兰树下发布封王诏令

永安封王 （桂平市金田
起义博物馆，雕塑）

一方面则是斗争豪富、筹集饷赀、和协军民，解决军需民用物资的供应，维护其所控制地区的生产生活正常秩序。

12月17日，天朝在武庙前门左侧的一棵20多米高的古玉兰树下，举行了封王大典，洪秀全发布封王诏令，封杨秀清为东王，萧朝贵为西王，冯云山为南王，韦昌辉为北王，石达开为翼王，"以上所封各王，俱受东王节制"[1]。诏令要求全军"认实真道而行"，严禁任何人称上、帝、圣、爷，这是对《原道救世歌》《原道觉世训》思想主张的重申，也是对封建皇帝的再度抨击与否定，由此，太平天国的政权结构与领导统属关系基本定型。

在封王的同时，天朝还创立和完善了官制及称谓、袍服等各种制度，并颁行天历，以新纪年取代旧"正朔"。此外，还刊刻并颁行了各种文书，如《幼学诗》《太平礼制》《天条书》《太平条规》《太平军目》《太平诏书》《天命诏旨书》《颁行诏书》等。这些书籍虽然充满了宗教色彩，"不避俚语俗词"，且多用客家语写成，但对于宣传和教育群众，揭露和打击敌人，

---

[1]《天命诏旨书》，载中国史学会主编《太平天国》(一)，上海人民出版社，1957年版，第68页。

太平天国在永安诏令碑廊

太平天国在永安历史文物陈列馆

曾起到了很大的作用。

太平天国在永安所推行的一系列举措，基本上实现了洪秀全"开创新朝"的愿景，它对于加强领导、协调内部、夺取军事斗争的胜利，具有重要意义，至此，太平天国政权初具规模。在现武庙的东南面，1985年专门建设了一条装饰古朴，长24米、高4米的碑廊，其将太平天国在永安颁布的6道诏令，包括《所得财物尽缴归天朝圣库诏》《永安封五王诏》《永安破围诏》等，全部镌刻在大理石墙上，以纪太平天国在永安封王建制之史事。

在武庙背后，2011年还修建了一座占地面积约220平方米的钢筋混凝土仿古建筑——太平天国在永安历史文物陈列馆。该馆有金田烽火、永安开国建制、金陵史话三个展厅，通过

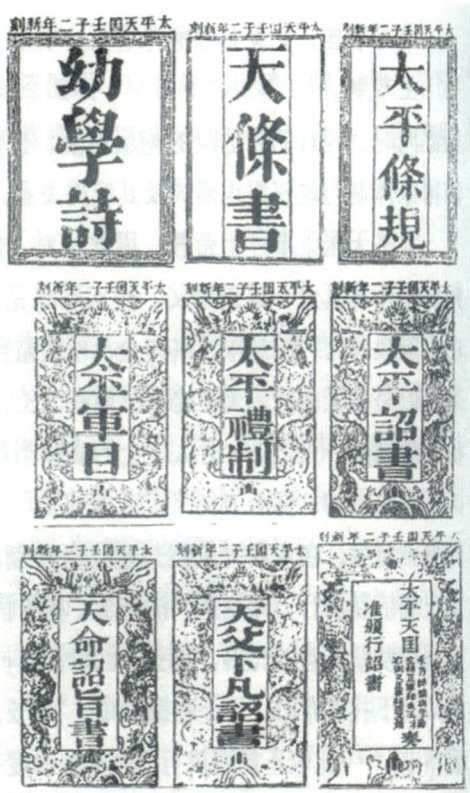

太平天国初期刊刻并颁行的官方文书

平实的文字以及100多幅图片、400余件展品，全面而真实地展示了太平天国从起义到失败的历史过程。该馆目前收藏有太平天国文物477件，其中展出重要文物397件，主要有猪仔炮、抬枪、网炮、盾牌、地雷、弹丸、旗顶、祭器等，是迄今国内收藏太平天国历史文物最多的馆所之一。

1974年在西河镇古朗村征集的铁质猪仔炮（蒙山县文物管理所收藏）、铁炮弹（广西壮族自治区博物馆收藏）

（五）杀妖取城所得"尽缴归天朝"——中营岭圣库遗址

圣库遗址位于今广西梧州市蒙山县城南9公里之西河镇水秀村中营岭。该岭高50余米，周围1500余米，岭顶平坦，形似平台，山腰四周有部分呈垂直立面，视野开阔。1851年9月（清咸丰元年闰八月），太平军攻克永安后，为固守"南大门"——水窦要隘，在构筑营盘的防御工事中，在岭顶和山腰建有围墙两道，各开四门，内建房屋，外层驻军，里层存放武器、粮食及生活用品。经历170年的雨水侵蚀、水土流失及开荒垦殖，地表构筑物已完全毁坏，现仅遗留一些暗洞、壕沟等防卫工事痕迹，经考证，其当为太平军储藏物资之"圣库"遗址。

水窦村中营岭"圣库"遗址

圣库制度是太平天国废除私有财产，对生活用品实行平均分配的一种制度。其以"天下一家，共享太平"为思想基础，并随着金田团营和起义而逐步产生和形成。金田团营时，会众多"毁家以从"，把田产屋宇变卖，将所有财物与战斗缴获，尽数交归公库。会众入营及起义后，衣食给养统由公库按规定供应，拜上帝会规定："一切所有缴纳于公库，全体衣食俱由公款开支，一律平均。"①这种"同食同穿"的供给制是太平天国圣库制度的雏形，它对稳定拜上帝会众、组织武装起义及开展对敌斗争均起到了积极的作用。

---

① 洪仁玕述、韩山文著、简又文译：《太平天国起义记》，载中国史学会主编《太平天国》(六)，上海人民出版社，1957年版，第870页。

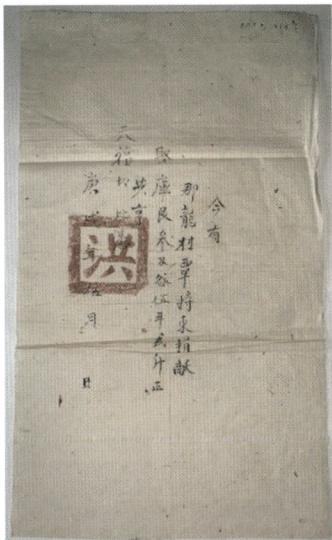

贵县那龙村覃特东向"圣库"缴交钱粮收据（复制品，广西壮族自治区博物馆收藏）

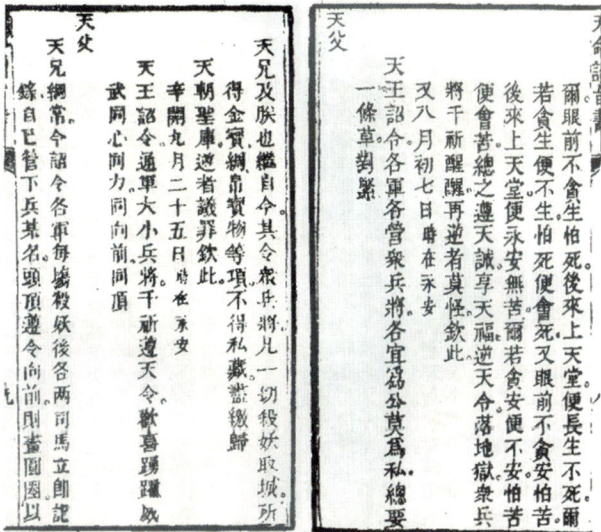

"所得财物尽缴归天朝圣库"诏令

1851年9月，太平军占领永安后，为了切实保障军民的物资供给，洪秀全即发布了首道诏令，将团营时的"同食同穿"供给制正式定格为圣库制度：

> 各军各营众兵将，各宜为公莫为私，总要一条草，对紧天父天兄及朕也。继自今，其令众兵将，凡一切杀妖取城，所得金宝、绸帛、宝物等项，不得私藏，尽缴归天朝圣库，逆者议罪。[①]

圣库制度不仅在一定程度上满足了农民政治上平等、经济上平均的愿望，而且为定都天京后制定和颁布《天朝田亩制度》奠定了基础，其作用和影响积极而深远。

起义之初，太平军"圣库"的物资来源主要是会众财产和战利品。攻克永安后，其来源一是"收没其官库及谷仓"。罗大纲在攻破州城时，头件事情就是"占据仓库衙署"，以从其武库、仓廪、府藏中获取军需民用物资，单是缴获的粮米就达

[①]《天王诏旨》，载《太平天国文书汇编》，中华书局，1979年版，第33~34页。

"一切所有缴纳于公库"（诏令碑廊，浮雕）

在中营岭顶出土的"圣库米"（蒙山县文物管理所收藏）

中营岭——太平军"圣库"所在地

百万斤左右[①]。二是对地主富户派大捐。入城后，太平军发布"告示"，要地主富户"捐钱捐粮"，后来发展到发动贫民到乡村"抬猪出谷"，没收浮财，或与佃农一起抢割地主的田禾，"抢割之后，仓庾甚丰"。圣库制度在一定程度上保证了军需民用的供应，为太平军为期半年多的休养整补、封王建制奠定了物质基础。

太平军在州城及外围重要据点曾建立过"圣库"，而中营岭是当时较重要的战地"圣库"所在地。1851年，秦日纲率2000多太平军驻守水窦，与周边强大的清军进行了殊死搏斗，粉碎了其"六路合力大举，破水窦，复州城"的企图，卓有成效地保卫了州南的安全。这一战绩的取得，除将士的英勇和营盘的牢固外，物质方面的支撑则是"圣库"充足的物资供应。至突围前夕，其他太平军营是"粮草殆

---

① 钟文典：《太平军在永安》，生活·读书·新知三联书店，1962年版，第16页。

尽"，唯"中营岭一地，仍存稻谷数百石，未及搬运"①，足见该地圣库规模之大，储粮之丰。

1950年代，当地村民在中营岭顶开荒种地，除发现了大量的残砖碎瓦，还挖出不少成团成块的烧焦谷米，这应是当年太平军的"圣库米"遗存。在岭顶东侧的跌坎下边，还发现了一具石磨及碗、盆、钵、瓮等碎片，且排列有几个大破缸和几座残存的灶台，这当为太平军的炊事房所在②。此外，在中营岭还曾出土了一大批的武器遗物，如空心铁弹、陶质火药罐、马刀、手刀、铁尺、匕首、长龙、粉枪，以及生铁炮弹、铅码等，这些都是该岭曾作为太平军前沿阵地及"圣库"所在地的有力物证。

2006年5月，中营岭"圣库"作为"太平天国永安活动旧址"，被国务院公布为全国重点文物保护单位。

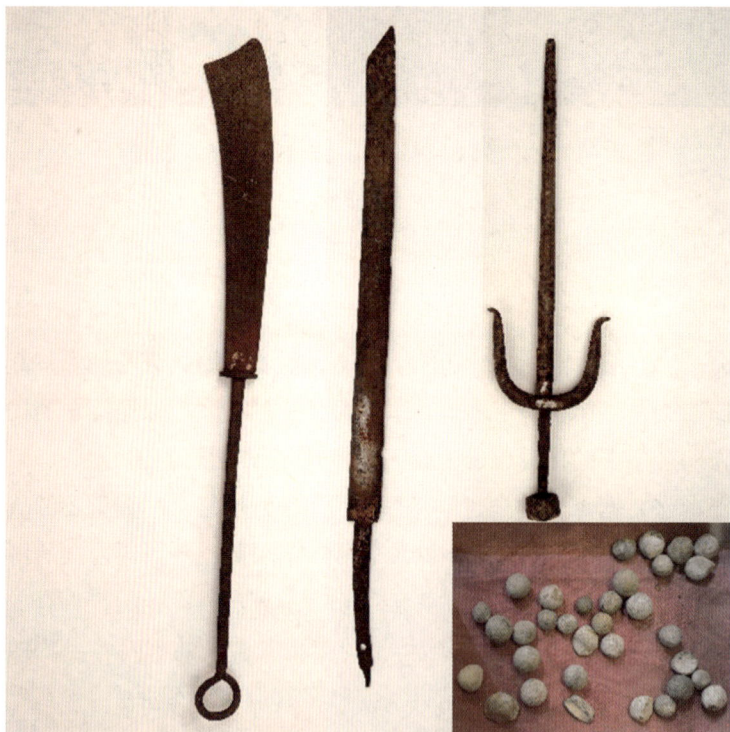

中营岭出土的马刀、手刀、铁尺及铁弹丸（蒙山县文物管理所收藏）

---

① 钟文典：《太平军在永安》，生活·读书·新知三联书店，1962年版，第105页。
② 何秉：《太平军永安州中营岭圣库遗址考察记》，载《文物》1978年第9期。

（六）天朝立法创制之场所——冯云山指挥所旧址

　　冯云山指挥所旧址坐落于今广西梧州市蒙山县蒙山镇洲南村莫家组47号。房屋建于清代道光初年，坐北朝南，呈长方形布局，建筑占地面积965平方米。四周围墙，居中以悬山式盖瓦门楼及东西横墙将前后分隔，北端正屋为5开间砖木瓦房，双坡悬山顶，正脊饰双龙戏珠，前檐山脊饰龙头翘角，外墙部分彩绘壁画，厅堂案台为镂雕木刻。该屋原为武进士、清副将莫若璟的宅第，1851年（清咸丰元年），冯云山奉命镇守城南，将指挥所设于该屋内。2006年5月，其作为"太平天国永安活动旧址"，被国务院公布为全国重点文物保护单位。

　　在太平军的永安战防体系中，莫家村的地位十分重要，它是"长墙"的南起点，北距州城仅2.5公里，南下5.5公里就是水窦要隘，可谓州城的南面屏障。为此，太平军将之作为城南军事防御重镇，布下2000精兵，重点防守。冯云山以此为大本营，统兵北卫州城，南援水窦，并策应西、南两路作战，曾多次打败清军的进攻，如在1851年"十月乌都统攻莫家村"的战斗中，曾把乌兰泰所部清兵打得"未

冯云山指挥所旧址

北端正屋及前檐山脊龙
头翘角

尝不触目惊心",使清方不得不承认:太平军"以精锐立营于
水窦、莫村,互为声援。此善用兵者也,不可以小寇目之"①。

立法创制是冯云山"谋立创国"的着力点,首义前后的
《太平军目》、"十款天条"及公库制度等,都曾倾注了他不少
的心血。进入永安后,为顺应天朝的封王建制,他投入了更

① 姚莹:《与吴署方
伯》,载《中复堂遗
稿》卷五,清同治四
年刻本,第11页。

永安州城南之莫家村

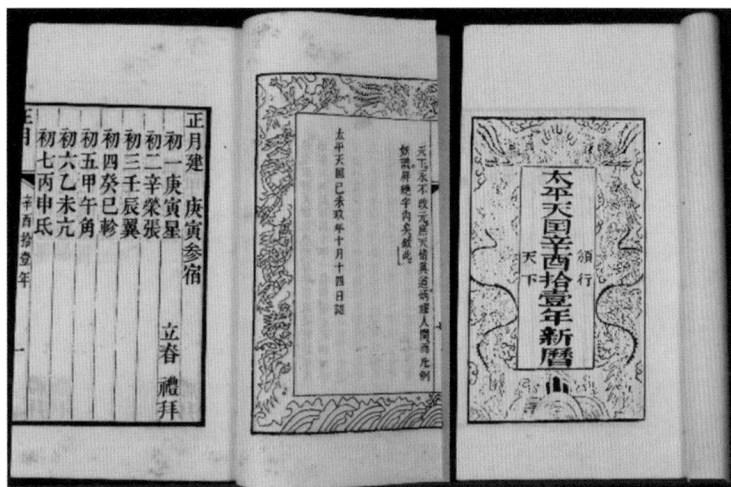

冯云山主持创制的太平天国《新历》

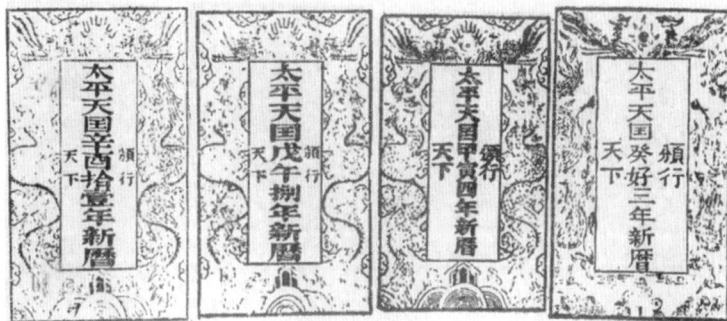

太平天国颁行《新历》的各种刻本

《太平天历》对年月日时及节气等做了新的划分

上龙岭及上阳村清军营盘遗址

多的时间和精力。在莫家村指挥所，以冯云山为首，在"粗通文墨"的卢贤拔等人协助下，精心编制了各种军制、军律、官制，乃至朝仪、称谓、袍服等礼制。故清方说他"造伪书惑众，愚顽信以为神。……忽见所造十天条，伪太平军目，伪太平礼制，天父诏书，皆谓如此奇才，向非天生，何以至此"①。

创制新历是冯云山在永安的又一重大功绩。他自小喜好天文、历算，"兼通星卜"，1848年（清道光二十八年），虽身陷桂平狱中，但素有"谋国"之志的他，却潜心编制历书。到永安后，在军务繁忙中，他仍在莫家村住所刻苦钻研，经与卢贤拔等人反复推勘订正，终于把"新历"创制完成。其创新点是继承了中国古法，以干支纪年月日，既不依阴历合朔望，又不与阳历相符同。它定366日为一年，不用闰法，一年12个月，单月31日，双月30日。立春、清明、芒种、立秋、寒露、大雪6节气俱16日，其余18节气皆15日。"新历"同时删除了旧历中有关吉凶、宜忌等"邪说歪例"，认为"随时行事，皆大吉大昌"②。

①谢介鹤：《金陵癸甲纪事略》，载中国史学会主编《太平天国》(四)，上海人民出版社，1957年版，第669页。
②《颁行历书》，载《太平天国印书》(上)，江苏人民出版社，1979年版，第127页。

1852年2月3日（清咸丰元年十二月十四日），经杨秀清领衔上奏天王批准，太平天国正式颁行了《新历》。新历继承和发展了我国太阳历的传统，有简单易行的优点，起了"定民志而正农时"的作用。但是，由于过分追求复古及单双月奇偶数的"平匀圆满"，不惜采用过大的数据做岁实，故又造成了节气与天象的不合，不适用于农业生产，违背了其"便民耕种兴作"之初衷。尽管如此，从政治的角度看，其更改正朔，以太平天国名号纪年，标志着新天新地新人新世界的开始，这实质上是对清王朝的彻底否定。

3月18日，清军在上龙岭及上阳村营盘炮轰永安州城。战斗中，清军在战场上捡得"太平历书"一本，为此，赛尚阿立即上奏朝廷："昨于（正月）二十八日弁兵检回逆书一本，居然妄改正朔，实属罪大恶极。"[1]可见，冯云山在莫村主持改正朔、颁天历工作，的确打中了敌人的要害，意义十分重大，它对瓦解清军，争取民心，鼓舞太平军将士的斗志，扩大太平天国的影响都产生了重要的作用！

---

[1] 奕䜣等撰：《钦定剿平粤匪方略》卷十，《上命军机大臣传谕》，清同治十一年颁行，清内府印本，第13页。

（七）石达开指挥所旧址——大塘村"岑氏宗祠"

　　石达开指挥所旧址坐落于今广西梧州市蒙山县西河镇大塘村，距县城东约7公里。其原为"岑氏宗祠"，修建于清朝乾隆年间，1904年（清光绪三十年），族人又集资修缮祠堂，适两广总督岑春煊巡视地方，路经永安，特捐三百千文钱以修宗祠。原房屋坐西北朝东南，呈长方形布局，两进三开间，前后座之间有一天井，总面宽13.5米，进深26米，建筑占地面积约351平方米。砖木结构，青砖、泥坯砖混合墙，泥砖墙搁桁，双坡硬山顶，小青瓦屋面。屋内山墙、外檐墙均彩绘有山水、花鸟画，正门外有空地及围墙，主屋东侧有耳房一间。

　　虽然原房屋前座的基本框架与主体结构尚算完整，但毕竟经历了200多年的世事沧桑，长期的风雨侵蚀、白蚁危害，加上后人管理不善及不合理拆修，房屋的后座早已圮毁，而前座的梁木部分腐朽，墙体局部坍塌，彩绘及墙灰大量脱落。

岑氏宗祠——石达开指挥所旧址

2015年春，"众族人有钱出钱，有力出力"，又开展了宗祠的重建，并于翌年底竣工。新宗祠是在原前座的基础上"拆旧建新"，系钢筋混凝土结构的仿古建筑，一进三开间，总面宽13.5米，进深8.75米，建筑占地面积约118平方米。双坡悬山顶，马头墙，橘红色琉璃瓦，正脊饰以"双龙戏珠"彩色陶塑。在祠堂内重立岑氏先祖香案、神牌，以供奉拜祭。在祠堂的前面，有一块300多平方米的地坪，地坪外是一口大水塘"大塘村"即由此得名。

清光绪十七年，重修岑氏宗祠捐款功德碑

1851年9月（清咸丰元年闰八月），太平军攻占了永安州城。为巩固来之不易的首座城池，太平军在肃奸防谍、维护政权安全的同时，切实做好州城的设防，一方面以州城为中心，逐步向外拓展，通过修筑城防工事，构筑起"重城三重，重濠三道"的战防体系；另一方面则

2016年底竣工的大塘村岑氏宗祠

今蒙山县西河镇大塘村

分派重要将领把守各要塞，而石达开则主要负责州城东面的防务。州东为东平里平原，是永安主要的产粮区之一，也是东出昭平、平乐两县的交通孔道。石达开率军进驻州东大塘、窝池岭一带，建置大营三座，主要任务是监视昭平、平乐方向敌情，负责州城东方的警备。

10月，石达开领兵进驻大塘村后，在村内的"岑氏宗祠"设立了指挥所。据传说，石达开坐镇宗祠后，曾在祠堂的大门口悬挂了一副对联："忍令上国衣冠沦于夷狄，相率中原豪杰还我河山。"[1]后来，革命党人为了"激发民气"，将联语融入杜撰的石达开《攻湖南檄文》中[2]。《洪秀全演义》的作者黄世仲（小配）说，这是在假托的诸多石达开讨清檄文中，仅堪称存真的两句，也是被誉为最慷慨激昂

---

[1]政协蒙山县委员会：《魅力蒙山》，漓江出版社，2013年版，第56页。
[2]钱书侯编：《翼王石达开全集》，文海出版社，1936年版，第95页。

的佳句。此说法是否属实姑且不论，但该联脍炙人口，在当时流传甚广却是不争的事实。民国时期，主政广西的军政大员李宗仁、白崇禧等，曾在贵县东湖畔倡建翼王碑亭，纪念亭落成后，李宗仁的题匾及白崇禧的书联，均选取了此为时人所熟知的联句。

贵县"翼王亭"柱子上的白崇禧书联

在大塘驻扎期间，为稳住后方，支援前线，太平军双管齐下：一方面在古天、喇崖等地势险峻的山村修筑营垒望台，重兵把守古苏、古带等山冲隘口，严防清兵从东面进犯；另一方面则是打击地主富豪，帮助群众恢复和发展生产，并到各处征集军需粮草，以保障前线的物资供应。由于采取积极性防守措施，加上城东较有利的山势地形，相对于烽火连天的南、北、西三线，"东线却平静无战事"[①]，比较安定。

10月18日，向荣令清总兵李瑞率黔军从昭平大垌，翻越龙寮岭，"直出古苏山口扎营"，企图切断太平军外援及"外逸"的通道。翌日凌晨，在石达开的部署

---

① 钟文典：《太平军在永安》，生活·读书·新知三联书店，1962年版，第78页。

太平军重兵把守的古带山冲隘口远眺

和指挥下，太平军千余人
"由古带而出"，分两路迅
疾偷袭清军营，先用猛烈
炮火轰击，接着似猛虎下
山一样冲杀。清军猝不及
防，纷纷弃营逃窜，"锅
帐全失，伤亡弁兵多名，
退回昭平，不复前进"①。
向荣闻讯，"昼夜不能眠
食"，遂放弃了开辟东线
的行动。此后，州东之古
苏冲仅有已革参将王梦麟

永安州东之古苏山口战场遗址

率300黔兵驻防，在当时州城被重困之窘境中，其成了敌人包围圈中最薄弱的环节，
因而也成了太平军获取外界补给的交通线，成为后来破敌突围、寻求向外发展的
生命线。

---

① 《咸丰元年九月初八日赛尚阿奏报》，载中国历史第一档案馆编《清政府镇压太平天国档案史料》(第二册)，
社会科学文献出版社，1992年版，第375页。

（八）太平军的城防重地——西炮台与东炮台遗址

西炮台遗址位于今广西梧州市蒙山县蒙山镇城西村的团冠岭上，岭高约70米，长400米，宽300米，是一座呈椭圆形的山包。炮台所在的岭顶较为平坦，四周为陡坡，植被茂盛。这里是州城西面的制高点，向东可俯视湄江两岸及整个城区，它与城东瞭望岭的东炮台互为犄角，是拱卫州城的城防重地。据后来随清军统帅赛尚阿"至西炮台历观"的官员说："贼所设望楼、炮台、炮眼及一切竹木土墙并竹签，门户曲折，沟水甚阔，其所据实系险隘，处处可以拒敌。"[1]

团冠岭西炮台遗址及仿古神武大炮

1851年（清咸丰元年），太平天国西王萧朝贵负责西线防务，设指挥部于河西何氏宗祠，并在团冠岭上修筑炮台，率重兵驻守，直接指挥城西的攻防战守。西炮台是太平军在西线与清军对峙的前沿阵地，故那里成为战事最频繁、战斗最激烈的区域。1852年2月20日（清咸丰二年正月初一日）伊始，在持续10天的时间里，赛尚阿坐镇前线督师，组织了一场对西炮台的大规模南北会攻，太平军坚守要塞

---

① 丁守存：《从军日记》，载太平天国历史博物馆编《太平天国史料丛编简辑》（第二册），中华书局，1962年版，第310页。

永安州城西之团冠岭

1974年在西炮台出土的
铁质猪仔炮（蒙山县
文物管理所收藏）

阵地，用猪仔炮、松林炮等，打退了以向荣、乌兰泰为首的近万清军主力的数度夹攻，使清廷"复城擒渠"的企图落空。

1973年在西炮台附近曾出土了一尊残余后半截的铁质猪仔炮，长64厘米，直径30厘米，尾直径19.3厘米，重58千克。虽然已是残缺不全，且锈迹斑斑，但纹饰清晰，作为较远距离的攻击型火器，它应该是当年太平军在西炮台架设并使用的大炮之一。

2000年，蒙山县人民政府对西炮台遗址进行了全面修复，重建了炮台及城围，并将团冠岭辟为"西炮台公园"。公园总占地面积4.66万平方米，222级石阶和2尊仿古神武大炮是园内的标志性景点。

东炮台遗址位于今蒙山镇永安社区东南的瞭望岭上。瞭望岭高约80米，山坡

望岭东炮台遗址及文保标志碑（右下）

略陡，灌木丛生。它是州城东面的制高点，据此可俯瞰整个城区。1851年9月（清咸丰元年闰八月），在太平军进攻州城的战斗中，该岭曾是罗大纲占据的一个火炮阵地。克城后，罗率部镇守东南一线，于岭顶修筑了东炮台，成为太平军的又一城防重地。

东炮台与第二道防线的"长墙"连成一体，与西炮台互为犄角，遥相呼应，拱卫州城的安全。由于城东的地理形势及东炮

永安州城东之瞭望岭

台的存在，相对于"西线烽火连三月"而言，"东线却平静无战事，这不能说不是

一个奇迹"①。1852年1月14日（清咸丰元年十一月廿四日），2月5日和12日，北路清军在向荣的统率下，曾对东炮台发动了三次较大规模的袭击，甚至曾一度"攻入营门"，但太平军"死力救护"，借助炮台的防御工事，用猪仔炮、松木炮等"抵死还击"，终于击退了清军的大举进犯，保住了东炮台阵地。

东炮台所在的瞭望岭顶面积较小，约1200平方米。由于长年雨水冲刷、水土流失及居民的开垦种植，尤其是蒙山县茶山水库在炮台南侧修建了一个巨大的蓄水池，因此该岭的地形地貌已发生了较大变化，炮台工事构筑物早已不复存在，现仅留存一些遗迹。1980年，蒙山县文博部门在岭顶北边搭建了个简陋炮台，立了文物保护标志碑。2012年，蒙山县人民政府做出规划，拟全面地修复东炮台，并将瞭望岭开辟为"东炮台公园"，以做好"天"字文章，开发太平天国旅游项目和产品。

2006年5月，西、东炮台作为"太平天国永安活动旧址"，被国务院公布为全国重点文物保护单位。

筹划中的瞭望岭"东炮台公园"

---

① 钟文典:《太平军在永安》，生活·读书·新知三联书店，1962年版，第78页。

（九）拱卫州城的中心防线——"十里长墙"遗址

"十里长墙"遗址位于今广西梧州市蒙山县蒙山镇莲塘巷西北面，原是一道主要用泥石夯筑的土墙，高约2米，厚约2米，长约5公里。它南起莫家村，北至高堆村，连结东西两面的瞭望岭、大窑岭、团冠岭和东、西土城，呈椭圆形，圈地约15平方公里。其设闸门关口，墙上"多开铳炮眼，墙内兼挖地道，安放地雷"，以拱卫州城。历经170年岁月沧桑，当年的"十里长墙"迄今大多已毁，现仅在城东北保留了两小段南北走向的约120米的土墙，墙间的闸门和关口遗迹仍清晰可辨。

拱卫州城的"十里长墙"遗址

太平军攻占永安后，清廷为迅速"扫穴擒渠"，收复州城，"大兵尽赴永安"。最早到达的是乌兰泰的6000兵勇，扎营西南的佛子村；接着是刘长清、李能臣所率的4000川、滇兵，进驻城北的古排塘。稍后，巴清德、长瑞、董光甲、邵鹤龄等相继率部开入北线，张敬修、许祥光也带9000东勇、潮勇等驻扎南线。据统计，至1851年（清咸丰元年）底，清兵勇、团

大窑岭"长墙"遗迹

练总数在4.6万人左右①，且逾聚逾众，并构成了围困态势，太平军被迫转入了防御作战。

攻克州城后，为巩固来之不易的首座城池，太平军大兴土木，加紧修筑城防工事。其设防以州城为中心，逐步向外拓展。州城两面临江，拥有两条天然的防护河道。根据这一地理形势，太平军设防的第一步，是大力修整城池，构筑附城防御工事，并在州城东、西、南三门设置岗哨，加强稽查。城墙四角，搭建望楼。所有损毁城墙垛堞，悉予修复，加高加固，从而构筑起了清方所说的"重城三重，重濠三道"②之第一重。

佛子村——乌兰泰清军大本营

为更有效地防守，太平军除在"各冲要修筑炮台，浚濠坚壁以拒官军"③，还在城外各通衢、隘口修筑营垒，树立寨栅，安置大炮，并凭借山形水势，以泥石冲砌，

---

① 钟文典主编：《广西通史》（第二卷），广西人民出版社，1999年版，第138页。
② 张德坚：《贼情汇纂》，载中国史学会主编《太平天国》（三），上海人民出版社，1957年，第290页。
③ 苏凤文：《平桂纪略》卷一，清光绪十五年刻本，第9页。

太平军大力修整的永安州城墙

或借"生根活树，间以杉（木）竹篙编成墙壁"，构筑拱卫州城的"长墙"，从而形成了一个进攻退守的立体防御工事，建起一道拱卫州城的中心防线，即构筑了"重城三重"之第二重。

"长墙"闸门和关口遗迹

龙眼塘——韦昌辉太平军营盘遗址

圌岭——萧朝贵太平军营盘遗址

为有力抗击清军的外围进攻，太平军还在占领区的边缘地带，选择险要所在，构筑外围城防工事。除水窦外，在城北龙眼塘、上阳村，城东大塘村、窝池岭，城西的六庙、三叉、竹支各村及城西南的圐岭等地，都动工修筑了营垒。此外，根据地理形势与攻守需要，太平军还在地形复杂、敌人出没的西南与东北两面，组成了两条牢固并机动的防线。此为"重城三重"之第三重。

由于构筑了"重城三重，重濠三道""倚伏相救，声势相连"的战防体系，使清军"进之十分涉险，撤之尤切严防"①。据此，太平军前后打退了优势敌人对州城发动的5次大规模进攻，使历时半年、奔突劳乏的军队得以在永安休养整补，并封王建制。后清军统帅赛尚阿入城，当看到太平军留下的城防工事时，他不得不由衷地佩服，承认"若专以力攻，殊非易易"②。广西按察使姚莹对此也赞不绝口："此善用兵者也，不可以小寇目之。"③

2006年5月，"十里长墙"作为"太平天国永安活动旧址"，被国务院公布为全国重点文物保护单位。

---

①《乌兰泰函牍》，载中国史学会主编《太平天国》（八），上海人民出版社，1957年版，第717页。

②《咸丰二年二月二十七日赛尚阿奏报》，载中国历史第一档案馆编《清政府镇压太平天国档案史料》（第三册），社科文献出版社，1992版，第55页。

③姚莹:《至荔浦言事状》，载《中复堂遗稿》卷三，清同治四年刻本，第2页。

（十）三昼夜三场大血战——永安破围战战场遗址

永安破围战战场遗址位于今广西梧州市蒙山县东北约10公里之西河镇大塘村，其主要有两处遗址，一是玉龙关，二是龙寮岭"三冲"。

古苏冲玉龙关战场遗址

玉龙关位于西河镇大塘村古苏冲口，即今古苏水库坝首处。该地高山海拔700～800米，两山对峙，中悬瀑布，瀑布东侧山腰有之字形小道一条，蜿蜒而上即为深河环绕、峭壁千寻的玉龙关，是一个易守难攻的险关隘口，号称"铁打天下第一闸"。出了隘口就是龙寮岭，再往东即逐步进入"三冲"。1956年12月，在玉龙关修筑大坝，建成总库容45万立方米的古苏水库，但两边原筑的石墙尚遗存10多米，建坝清基时还出土了一些大刀、长矛等兵器。

在永安驻扎期间，太平军凭着"人心齐，地利熟，胆气壮"，在军事、肃奸及建制等方面取得了一系列的重大胜利，粉碎了清廷"务期一鼓荡平，早靖丑逆"[①]

---

① 《咸丰元年九月初八日赛尚阿奏报》，载载中国历史第一档案馆编《清政府镇压太平天国档案史料》（第二册），社会科学文献出版社，1992年版，第376页。

当年的玉龙关，现为古苏水库坝首

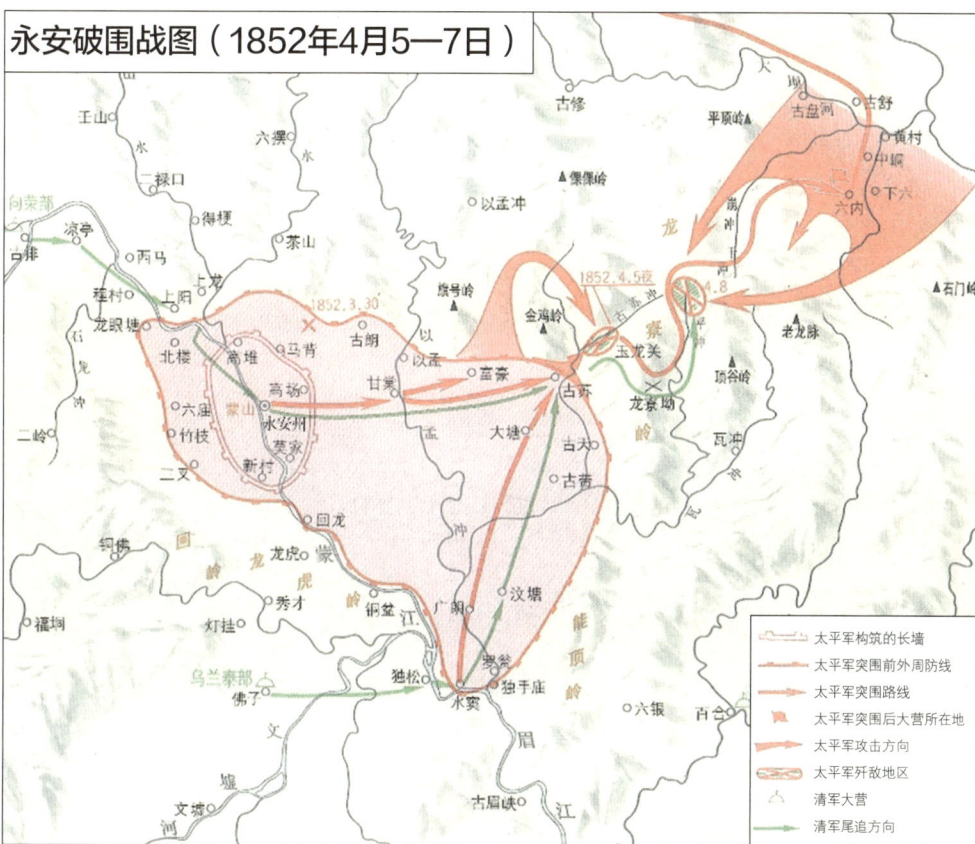

永安破围战图（1852年4月5—7日）

太平军冲出永安州城（《太平天国通俗画史》插图）

1851年（清咸丰元年）底，清军凭借"火器精，粮饷足，兵勇众"的优势，开始两面夹攻州城：向荣率兵从北面步步进逼；乌兰泰则督军由南往北挺进。之后，赛尚阿在咸丰帝的督令下，由阳朔赴永安前线，在上龙横岭安营督师。面对清军的包围，在"召齐"无望的形势下，1852年4月4日（清咸丰二年二月十五日），洪秀全发布破围诏令，号召将士"欢喜踊跃，坚耐威武""同心放胆同杀妖"[①]，突围北上。遵照天王命令，2万多军民丢弃辎重、军械、粮食、衣物等，趁雨夜分批轻装撤出州城。

5日凌晨，罗大纲率精兵1000余人为开路先锋，向古苏冲疾进。古苏冲是一条山高林深的曲折冲槽，从冲口至龙寮坳4公里间，高山矗立，溪流湍急，而冲槽中间之玉龙关更是"一夫当关万夫难"的天险。清军利用山形水

悬崖陡峭、草深林密的古苏冲

---

① 《天命诏旨书》，载中国史学会主编《太平天国》（一），上海人民出版社，1957年版，第68页。

龙寮岭战场遗址

势，以炮垒、长墙、深壕和木栅构筑起三道封锁防线。面对敌人"铜关铁卡"，义军到达富豪村后，采用"冲腰剪尾"、两面夹击战术，一路突入车碓冲，跨越云贺岭，抢占玉龙关制高点，直捣王梦麟、宁瑊兵勇大营；另一路则在冲口与敌交锋。据险设防的2000清军遭到两面袭击，大败而逃，古苏冲敌卡三道及木栅、堑坑等被毁。

龙寮岭"三冲"位于今西河镇大塘村龙寮岭东侧。其南北走向，岭东有山谷一道，分三段，自南向北分别为平冲、旱冲、崩冲，故称"三冲"。山冲两面高山险峻，林木遮掩，"下有百丈溪，上有千仞岗"。冲底怪石嶙峋，山溪曲折，傍山一面仅有条呈S形的小径可行。平冲全长3.5公里，是最为险要的峡谷，越岭北前行，即进入旱冲及昭平县的崩冲，登大阰，经黄草岭，可达大垌。

昭平县大垌六内村陆纯粹宅（房顶有圆圈者为"临时天朝"的头门，前座及中座即天王驻跸处）

太平军东破玉龙关后，即翻越龙寮岭，洪秀全扎大营于昭平县大垌的六内村，并驻跸陆纯粹家，在此设立"临时天朝"。6日午后，清军在重新调度后，陆续赶到古苏冲，与秦日纲军在龙寮坳和平冲之间又发生了一场遭遇战。太平军且战且退，散亡百余人，清兵死者亦众。次日，清军抢占龙寮岭山梁，向平冲猛攻，顿时，"喊声震地，枪炮雷鸣"。太平军皆陷山谷中，虽数度反击，但因"拥挤山峡鸟道"，加上众寡悬殊，火器不足，牺牲2000余人，"尸填山峡，涧水皆赤"[①]。

7日夜间，在大部队已抵达大垌后，太平军再次组织反击，抢登南北两面山梁，封锁通衢坳口，在"三冲"全长15公里的山间谷地，巧妙地布下了罗网。次日清晨，大雨滂沱，浓雾弥漫。数千清军进入峡谷，太平军突然发炮猛轰冲底，滚木、擂石、硝药桶从四面一齐施放，接着"赤脚短刀，前后围裹，肉搏鏖战"[②]。清军陷于绝境，阵势大乱，"山路险窄，自相践踏"，死者近5000人，"冲里的河水都被

---

① 中国第一历史档案馆藏：《赛尚阿奏》军录，革·太，第547-9号。
② 汪堃：《盾鼻随闻录》，载中国史学会主编《太平天国》(四)，上海人民出版社，1957年版，第358页。

血染红了"[1]。四镇总兵长瑞、长寿、董光甲、邵鹤龄等30余官弁毙命，"严督催剿"的乌兰泰落涧受伤，仅以身免，"遗失军火、器械不可胜计"[2]。是役，史称"三冲伏击战"，太平天国官书则称之为"萱回奏捷"[3]。

龙寮岭远眺（山顶低凹处即龙寮坳）

---

① 刘海寿主编：《永安州与太平天国》，香港天马图书有限公司，2001年版，第270页。
② 萧盛远：《粤匪纪略》，载太平天国历史博物馆编《太平天国史料丛编简辑》（第一册），中华书局，1962年版，第25页。
③ 萱回应为仙回，即今昭平县仙回瑶族乡，地名。太平天国改"仙"为"萱"，故名。

三冲伏击战（《太平天国通俗画史》插图）

在从古苏冲到龙寮岭"三冲"约30公里的崇山峡谷中，三昼夜经历了三场大血战，战斗场面十分惨烈。太平军上下同心，充分利用有利地形，发挥众兵将擅于山地作战的优势，危而不乱，英勇善战，终于取得了破围战的决定性胜利，不仅挫伤了清军的有生力量，而且缴获了许多战利品。经此一战，太平军消除了清兵的军事威胁，重新夺回了战争的主动权，为实施新的战略转移、北上桂林铺平了道路。

2006年5月，玉龙关、龙寮岭三冲古战场作为"太平天国永安活动旧址"，被国务院公布为全国重点文物保护单位。

十一 桂林鏖战

桂林位于广西东北部，地处"湘桂走廊"西南端，北沿官道可通湘鄂，南顺漓江直达浔州、梧州、广州，为黔粤湘桂交通要冲。其属山地丘陵及典型喀斯特地貌，四面奇峰林立，河湖环绕。城垣依山傍水，易守难攻。在清代，是巡抚衙门驻地，广西政治、军事、经济和文化的中心。桂林府下辖七县二州二厅，总面积约2.78万平方公里。

1852年4月，太平军在永安破围后，对桂林展开了一场持续33天、"历水陆二十四战"的围城战。攻城虽未成功，但它却是太平天国从无战略方向的被动防御，转向有战略目标的主动进攻的转折点。太平军撤围后，北上攻克了兴安、全州，然后转战湘南。其间，南王冯云山在蓑衣渡不幸殉难，给太平天国造成了重大的损失。

太平军挥师桂北路线图
（1852年4—6月）

清军堵截及防守地域
太平军围攻地点
清军尾追路线
太平军进军路线
主要作战地
省级界

（一）太平军桂林攻城战指挥部旧址——云峰寺

云峰寺坐落于今广西桂林市象山区滨江路1号，象鼻山西南麓。相传唐代曾在此建"温灵庙"。1214年（宋嘉定七年），广西提点刑狱方信孺于此建一书斋，取名"云崖轩"。明万历年间，为祀范成大、方信孺而建"范方祠"。清代改为寺，名"云峰寺"，后又改为"福利庵"。原建筑于1798年（清嘉庆三年）、1860年（清咸丰十年）和1891年（清光绪十七年）都曾重建或修葺过，原为砖木结构的三进建筑。抗日战争期间，该寺遭损毁，1953年，桂林市人民政府曾予以修缮。

1979年重建的云峰寺

现寺是1979年重建的钢筋混凝土仿古建筑，两层三进五开间，硬山顶，马头墙，朱红色柱梁和窗棂，碧绿色琉璃瓦。内有中庭、小院，有依崖而围的放生池、送子观音摩崖造像。寺内山后有佛、道及盘王诸像，是桂林著名古刹之一。前寺现辟为"太平天国纪念馆"，内有"太平天国革命在桂林"陈列，以丰富的文字、图片及猪仔炮、松木炮、盾牌、单刀、钩镰等实物，翔实地展现了太平军在桂林的历史。后寺岩壁上镌刻有罗尔纲先生所作的《桂林云峰寺太平天国陈列馆题记》。1966年4月，该寺被公布为桂林市文物保护单位。

前寺现辟为"太平天国
纪念馆"

"太平天国革命在桂林"
陈列展

天平坳的山僻小路

大岗埠唐岳的"唐氏庄园"遗址

清咸丰年间绘制的《广西省城图》（德国柏林国立图书馆收藏）

　　1852年4月7日（清咸丰二年二月十八日），永安胜利突围后，太平军在昭平县大峒结集。由于挺进昭平、平乐的去路已被清重兵堵截，9日，根据杨秀清的命令，太平军"不行昭平、平乐"，而是北上南峒，过三妹瑶区，走天平坳的山僻小路，先抵荔浦县马岭，然后向阳朔县之高田、白沙推进，并"乘胜长驱，迳扑桂林省城"。16日，太平军前锋抵达临桂县六塘，在击溃广西巡抚邹鸣鹤部清兵的同时，另以一军直上离城25公里之雁山圩，打退以文翰、唐岳为首的良丰、大岗埠等乡千余团练的伏击。文翰、唐岳的庄宅亦被太平军烧毁，"室庐无存"。

　　4月17日，罗大纲率数百太平军抵达桂林城下，他们用缴获的旗帜、服饰，乔装向荣清军，"假用令箭，诡称援兵"[1]，企图赚开城门。谁料"率大队星夜取捷路入省城"的向荣，此刻正登陴巡守，义军露出了破绽，清军向城外"用大炮轰击"。太平军见智取不成，奋起还击，一场夺取省垣桂林的战略攻坚战由此拉开了序幕。

---

[1] 汪堃：《盾鼻随闻录》，载中国史学会主编《太平天国》（四），上海人民出版社，1957年版，第358页。

当时的桂林城，"南北七里三，东西五里半"，11道城门，居民有四五万人。但是，清"诸军在外，城守备空虚，省中大炮皆早运赴永安"[1]，团练有名无实，守城的兵勇差役少得可怜，有记载说，"时省城无兵，仅乡勇四百名。自中丞以下，莫不惶惧"[2]。为此，"带兵兼程星夜赶救省城"的向荣下令封闭西、南两面大小城门，将"城外民房焚毁净尽"。同时强迫居民登城燃灯以助守望，并将在昭忠祠地下掘出的前明遗存铁炮20余门，架设于东、西、南各城口，以虚张声势，助威壮胆。数日后，刘长清、和春等率清军由北门入城，城内紧张气氛才稍为缓解，人心得以粗安。

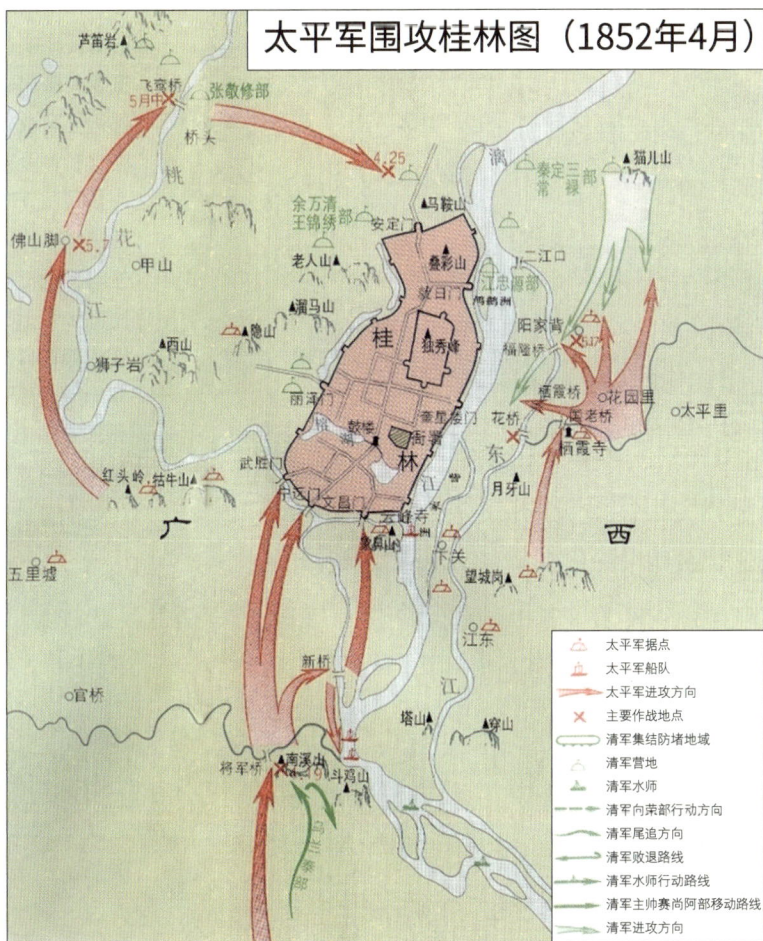

太平军围攻桂林图（1852年4月）

---

①清光绪三十一年《临桂县志》卷十八，《前事志》。
②戴钧衡：《草茅一得》，载中国社会科学院近代史研究所近代史资料编辑室编《太平天国文献史料集》，中国社会科学出版社，1982年版，第369页。

在太平军主力抵达桂林时，由于沿途有不少群众踊跃参军，部队人数达到了2.5万人，其中能作战的精锐部队五六千人。太平军分别聚屯于东、西、南郊各村，在城东南的訾家洲至斗鸡潭之漓江上，还停泊有船只40余艘，"妇女辎重俱在其中"，传言洪秀全、杨秀清等也在船中。

牯牛山——太平军攻城西南制高点

太平军在云峰寺设立攻城指挥部，负责指挥前线的攻坚战。其攻城布阵是先抢占象鼻山、牯牛山、隐山等制高点，然后将主力部署在訾家洲、阳家背、花园里、将军桥、头塘、五里圩等地带，形成一个弧形包围圈，拟从东、南、西三面攻取城池。在北面，因有铁封山、鹦鹉山等天然屏障，难以展开进攻，太平军干脆网开一面，不攻北门，其有逼迫清军由此弃城而逃之意图。

桂林訾家洲鱼艇

（二）清将乌兰泰毙命处——将军桥之战战场遗址

将军桥之战战场遗址位于今广西桂林市象山区南溪山公园内。其原名安溪桥，在城南3公里之南溪之上，东南面有南溪、斗鸡二山，是由漓江西岸出入桂林之陆路交通要道。古代这里曾发生过不少战事。五代时，南汉谋取桂州（州治在今桂林），楚王马殷曾派指挥使秦彦晖驻守桂林。秦将军屯兵白龙洞，并于此设关守卡，击退了南汉刘隐之兵的进攻，后人将该桥改称"将军桥"。它原为木质结构，后改为三孔石拱桥，用粗犷的料石及青砖砌筑而成。

桂林将军桥之战战场遗址

1852年4月17日（清咸丰二年二月廿八日），太平军兵临桂林城下，原计划是从东、南、西三面攻城，但由于清军将漓江船只撤去，沟通漓江东西两岸的浮桥"毁烂"，由东门水路攻城已不可行；而西门"城外民房店铺已先一日为官方焚毁一空"，从西门强攻也十分的不易。在此情形之下，太平军乃决定在象鼻山架设大炮轰城，并利用象鼻山、牯牛山作为监视和控制城内的制高点，其余兵力则分驻于将军桥、头塘、官桥和西外街至五里圩沿线。

4月18日，太平军从西、南两面发动大规模攻城战，杀清参将长明于城西之丽泽门。翌日午刻，乌兰泰率800轻骑自阳朔起程，经临桂六塘往北，"兼程来援"。

桂林城丽泽门段城墙残垣

当他进至南溪山下的将军桥附近时，埋伏于桥北的太平军放炮轰击，顷刻之间，弹矢如雨，喊杀声、枪炮声、马嘶声，响彻云霄。乌兰泰仓皇失措，"策马过桥"，被一炮击中左膝，伤势极重。千总李登朝及以下官兵300余人在战火中丧生，太平军围攻桂林的第一个外围战告捷。20天后，乌兰泰因"炮伤入骨""热毒内逼，医治罔效"[①]，在阳朔县城内一命呜呼，"其所带兵勇四千余人"，悉交秦定三代领。

乌兰泰是满洲正红旗人，军功出身，由火器营鸟枪护军从征回疆有功，升蓝翎长，累擢护军参领、营总、翼长、广东副都统。其善训练，讲求火器，并以"忠

---

① 汪堃：《盾鼻随闻录》，载中国史学会主编《太平天国》(四)，上海人民出版社，1957年版，第359页。

桂林东江门外沟通漓江东西两岸的永济浮桥

历经沧桑的桂林城南古
桥——将军桥俯瞰

1965年重建的将军桥
（现名白龙桥）

勇过人，果敢善战”[1]见称。1851年金田起义后，受命赴广西
武宣帮办军务，节制镇将，镇压太平军。在一年多的时间里，
他统率清兵一直围追堵截义军，参与了历次战役，为清廷镇
压起义效命，在永安龙寮岭之三冲战役中，曾坠涧受伤，仅

---

① 汪堃:《盾鼻随闻录》，载中国史学会主编《太平天国》(四)，上海人民出版社，
1957年版，第357页。

以身免。而在太平军攻打省城的外围战中，这个"忠勇为诸将冠"的清军首领，终于被太平军击毙，落得了可悲的下场。

将军桥是一座有着悠久历史的桥梁，它在岁月沧桑中曾几度兴废，是桂林城市历史变迁的见证。现桥是1965年在原址上重建的钢筋混凝土拱桥，仿隋朝赵州桥型，结构改为单孔，桥上有亭廊5间，山坡顶，上盖青琉璃瓦，廊栏为水磨石，建筑庄重、别致，颇具中国桥梁建筑特色。1989年，该桥更名为"白龙桥"，现已成为桂林美丽山水之一胜景。

将军桥旧貌（1933年）

（三）攻打省垣的主阵地——象鼻山火炮阵地遗址

太平军火炮阵地遗址位于今广西桂林市象山区象鼻山上。象鼻山是一座相对高度50.2米、山体面积1.3万平方米的喀斯特地貌石峰，它在漓江与桃花江汇流处，因"山突起水滨，形如象鼻也"，故名。它在城外东南隅，与清代城墙仅一水之隔，故太平军在山上架炮，"皆能俯瞰城中，高据建瓴之势"，文昌门、南门、巡抚衙门皆在火炮的射程之内，对城内清军造成极大威胁。为此，乌兰泰"顾而叹曰：此战地也，而令贼先得之，是长城之险，与我共之矣"[①]！

太平军攻打省垣的主阵地——象鼻山

1852年4月18日（清咸丰二年二月廿九日），太平军发动了大规模的攻城战，因重点放在城南，故将指挥部设在象鼻山西南麓的云峰寺内。22日，太平军将一尊尊千斤重的铁铸猪仔炮扛上象鼻山，安设在山壁小洞里，居高临下，发炮猛轰文昌门、南门和巡抚衙署各处。顿时，"内外炮声，响震山谷"，巡抚衙门瓦墙被打塌，旗杆被打折。邹鸣鹤吓得六神无主，躲避到新安会馆，常于"夜间焚香自

---

① 夏燮：《粤西起事》，载《粤氛纪事》卷一，中华书局，2008年版，第18页。

桂林城的标志——象鼻山鸟瞰

祷"，惶惶不可终日。此后一周，"象鼻雷鸣争掷炮"，太平军在象鼻山及西侧张氏宗祠，连日用巨炮攻城，并于夜间进攻南门、文昌门，萧朝贵、罗大纲则策马亲临前线，指挥战斗。

太平军奋力攻打桂林城垣（线描）

　　太平军在攻城中，"攻扑各门甚力"，表现得十分英勇。他们曾"造云梯数十架，分置各门，黑夜潜登"[1]，冒着敌人密集的炮火、矢石、滚油，强攻西、南、文昌三门；亦曾在西门及文昌门外挖掘地道，谋用火药炸毁城墙；甚至制造并使用了"秘密战具"——吕公车，可以说，冷兵器与火器并用时代的攻城手段几乎都用上了。不仅如此，太平军还动员妇女、儿童参战。据清方报告，太平军"曾用白足蛮妇担米入桂林城探信"，"凡临阵攻城，亦惯用童子为倡"[2]，故时人有"疑阵纵横参妇女，战声远近杂儿童"[3]之诗句。由于桂林有宋建明扩之"双城双壕"，城墙高达10米，三面临水，城池坚固，"城根多坚石"，加上清兵勇剧增至2万多人，"严行堵御"，太平军的多次攻城均未能成功，这正如清方所言："百道攻之，竟未得逞"[4]。

---

① 马秉良:《云谷集·云谷琐录》，咸丰七年杨鸿文堂刻本，广西师范大学图书馆珍藏。
② 张德坚:《贼情汇纂》，载中国史学会主编《太平天国》(三)，上海人民出版社，1957年版，第160、307页。
③《独秀峰题壁三十首》，载简又文《金田之游及其他》，商务印书馆，1946年版，第185页。
④ 张德坚:《贼情汇纂》，载中国史学会主编《太平天国》(三)，上海人民出版社，1957年版，第290页。

群山环抱的桂林古城俯瞰（1935年）

桂林古城墙旧貌

4月下旬，清各路援军驰到，总兵力达2万多人。5月15日，秦定三率军渡过漓江，在猫儿山北扎营，太平军随即东攻福隆园、猫儿山清军营垒，双方互有伤亡。17日，张钊水勇偷袭在斗鸡潭的义军船队，双方又发生激烈水战。由于太平

桂林城南斗鸡潭水战遗址

军在江东的活动受到牵制，辎重及首脑所在备受威胁，加上围城已逾月，战士伤亡较重，而粮食、火药的接济又出现困难，为此，19日，太平军巧设疑兵之计，"于象鼻山束草为人，炮置药线，长绳引之"，迷惑清军。然后以夜幕作掩护，在隆隆炮声中撤离，"别作良图，以谋进取"[1]，持续33天、"历水陆二十四战"的攻城战告终。

---

①《天情道理书》，载中国史学会主编《太平天国》（一），上海人民出版社，1957年版，第368页。

（四）攻城战具"吕公车"的制造地——西外清真古寺

西外清真寺，亦称"清真古寺"，坐落于今广西桂林市象山区民族路西门桥西侧，桃花江畔。寺始建于元代初年，后屡遭兵燹，殿宇坍塌，明中叶重建。据清康熙《重建西门清真寺并学堂养膳碑记》和清嘉庆《重建清真寺碑记》，该寺大殿建于清康熙年间，两廊及邦克楼建于嘉庆年间。清咸丰、同治及清末民初，又多次重修和扩建，规模始得以完善并定型。古寺原建筑是中国传统格局，古木参天，迥廊栏杆，气势恢宏。1944年11月，桂林沦陷后，古寺曾遭到日军的毁灭性破坏，直至1994年才得以恢复重建。

1994年重建的西外清真寺

桂林西门桥及现代建筑风格的清真寺（左上）

　　新寺造型美观，设计别致，有邦克楼和圆顶大殿。邦克楼高25米，甚为壮观。大殿内建有穹隆拱顶，外观半球形，具有阿拉伯现代集中式建筑风格，分上下两层，上层为礼拜大殿，宽敞明亮，可容300人聚礼；下层设大厅、办公室、会议室、经堂教室、阿訇居室等，此建筑手法在清真寺中较为罕见。该寺占地面积5700多平方米，总建筑面积约1350平方米，是当时广西最具现代建筑风格的清真寺之一。几年前，为兼顾生活、生产和宗教活动的需要，又拆除了邦克楼等，在原址上重建了一座仿卡塔尔多哈伊斯兰艺术博物馆风格的现代化建筑，该建筑物目前仍在内部装修，尚未竣工。

　　西外清真寺内原设有回文大学、小学及女学各1所，抗战期间，北平成达师范学校曾南迁至寺内办学。清末民初，曾在寺旁建有一座清真女寺，为三合院式建筑，该寺在1960年代的"文化大革命"中被拆毁，现在桃花江东岸，即今桂林市象山区西城路重建了清真女寺，其与西外清真寺隔桥相望，东西呼应。

桂林城墙高厚，城池坚固

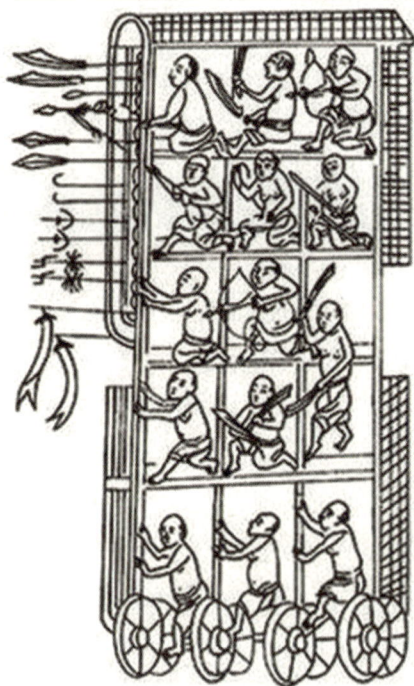

《武备志》之"临冲吕公车"

1852年4月18日（清咸丰二年二月廿九日），太平军发动了大规模的攻城战。在攻打南门、西门和文昌门的战斗中，义军可谓是"竭力攻城，百道俱进"[①]，用尽了各种的手段。首先是"架云梯向各城迭起环攻"，接着是"舁大炮置象鼻山顶击城内"，尔后又在城外挖掘地道，"穴地攻城"。但是，由于桂林城池坚固，清军负隅顽抗，义军所有的努力都没能成功。在坚城久攻不克之下，太平军决定采取新的攻

---

① 汪堃：《盾鼻随闻录》，载中国史学会主编《太平天国》（四），上海人民出版社，1957年版，第359页。

城措施，也就是夜以继日地赶制吕公车，以作为攻城的"秘密战具"。

吕公车是我国古代的一种大型攻城器械。车起楼数层，内藏士兵，外蔽皮革，以牛拉或人推，可出其不意推至城下，因与城同高，可直接攀越城墙，与敌交战。对此，我国明代重要的军事著作《武备志》有详细的解说，并附有图形。太平军所造之吕公车，其构造诸书多有记载，方志说车"宽长丈余，下用四轮，中贮火药，外施板障，上排云梯，高与城齐"[①]。而《云谷集·云谷琐录》的记载则比较具体，

太平军推挽"吕公车"攻打桂林城池 （桂平市金田起义博物馆，油画）

说太平军"造吕公车数架，内藏贼匪多人，并火药、火罐以及攻城器具"[②]。

5月6日夜，太平军首次将吕公车用于攻城，"于文昌门外摇旗击鼓，推挽而来"，清军借助城墙频施枪炮，并用长竿缚火炬焚烧战车，义军被迫退去。15日凌

---

① 清光绪三十一年《临桂县志》卷十八，《前事志》。
② 马秉良：《云谷集·云谷琐录》，咸丰七年杨鸿文堂刻本，广西师范大学图书馆珍藏。

桃花江面及码头常年堆满竹木

晨，太平军在猛烈炮火的掩护下，推挽多架吕公车再次进攻文昌门、南门。多架战车酷似几座移动的雕堡，战士、火药及武器藏于车内，"乘夜直扑城下""势极凶猛"。但因清军早有戒备，所以当义军推车靠近城墙时，守城兵壮"枪炮频施，火罐如雨"。未几，敌人一个火药包投进车里，引起车内火药爆炸，结果"车内贼匪全行烧毙，余众始散"①。吕公车形体巨大，虽然能给敌方以震慑，但由于它行动笨重，易受攻击，且受地形限制，故实战效果并不佳。

吕公车虽然没能真正地发挥攻城效用，但是，它的制造者——回族人民却为太平军攻城做出了积极的贡献。早在义军围城时，阳朔县白沙、临桂县六塘、会仙和桂林西南郊的回族群众，就从四面八方前来参军。战斗打响后，他们与汉、壮、瑶族的太平军通力合作，除了往来于象鼻山、牯牛山等处，全力地帮助搬运硝药、炮子，还英勇地参与了太平军的攻城作战。而最为后人所啧啧称道的，是

①《咸丰二年三月三十日邹鸣鹤奏报》，载中国历史第一档案馆编《清政府镇压太平天国档案史料》(第三册)，社会科学文献出版社，1992年版，第139页。

在太平军决定采用新的攻城方式后，回族的能工巧匠在西门外清真寺、西外大街、五里圩等处日夜赶制攻城战具——吕公车。

回族是广西的12个世居少数民族之一，在清代，桂林是广西回族人口最多的一个城市。桂林回民主要聚居在西外大街及五里圩一带，他们多从事竹木制作业，西外街北端是清真古寺，寺前的桃花江面及码头常年堆满竹木，故用竹木造吕公车是人手、材料、技艺一应俱全，正如回民老人所说："西外街的居民都是回族……全街都是做竹器的，古话讲'西门外，水筒竹筷'。太平军来，我们街上除了少数临时吊进城里外，绝大多数没有走，后来就帮太平军造吕公车。"①

回族人民为太平天国做出了重大贡献，"在攻城战斗中，有33名回族儿女献出了自己宝贵的生命。他们的尸骨分别被埋葬在桃花江畔观音堂附近、北门观音阁、

临桂县六塘圩清真寺，建于清康乾年间，是广西迄今保存下来的规模最大、工艺最佳之古寺

---

① 《太平天国革命在桂林资料汇编》，桂林市博物馆1978年编印，第74~75页。

桂林月牙山岜子口俯瞰

月牙山岜子口和穿山等处"[1]。当地清真寺阿訇也说，"桂林西门外与芦笛岩附近，至今仍有当年攻城牺牲之伊斯兰'拜特仑'(英雄)遗冢18处"[2]。虽然由于岁月久远，大部分遗冢迄今已难以辨认，但是，西门外和月牙山岜子口等几处遗冢，回民每年3月仍前来上坟祭扫，并称之为"塞西德"(英雄)。

---

[1]马明龙主编：《广西回族历史与文化》，广西民族出版社，1998年版，第49～50页。
[2]钟文典：《太平天国开国史》，广西人民出版社，1992年版，第307页。

（五）太平军北进兴安——古严关、唐家司及码头遗址

古严关位于今广西桂林市兴安县严关镇仙桥村严关口屯，在县城西约7公里，它位于灵渠南渠西岸的狮子山与凤凰岭之间，是以条石砌筑的一道城垣，长43.5米，高5.2米，厚8.2米。四周群山连绵，气势磅礴，巍峨峭壁，险不可攀，中间仅一线可通，实为湘桂走廊之天险关隘，有"楚越咽喉""峤西第一关"之称，因历来"岭南战事，尝系于此"，故素为桂北军事重地。关西山崖上，遗存有宋朝以来摩崖石刻17方。1963年2月，古严关被公布为广西壮族自治区文物保护单位。

湘桂走廊之天险关隘——古严关

1852年5月19日（清咸丰二年四月初一日）深夜，太平军主动撤离桂林，先以偏师西出庙头圩，至附近之黄塘即止，意在迷惑敌人，掩护主力撤退。主力则从斗鸡山后的斗鸡潭渡江，经卫家渡、欧家村东去，然后翻越乌岭，经灵川县灵田圩，至海洋坪，再北进兴安县境。当太平军围攻桂林时，兴安知县商昌即未雨绸缪，着手布防。他认为严关正当湘桂通道上，乃北出全州、湖南的必经之路，如太平军北上，必借道此关，于是，征工备料，组织人力重修严关口。今天，在关门"古严关"的石刻横额上，仍留有"署兴安县事商昌重建　咸丰辛亥孟冬谷旦立"落款。

商昌在组织人力重修严关口的同时，还四处招募团练，重点防守县城。但是，

太平军主力渡江北上的斗鸡潭

太平军不往古严关方向走，而是从海洋坪直入兴安县高尚圩，翻越崇山峻岭，疾趋县城东郊。当得知太平军绕出严关，直逼县城后，商昌即弃城逃走，正所谓"黄巾未到冲关贼，黑夜先逃守土官"[①]。5月22日，太平军兵不血刃，唾手占领了桂北的第一座城池。入城后，太平军焚烧衙署、庙宇，毁监释囚，"除暴安良"。因军事意图是北上，"意欲直扑永州"，故太平军只在兴安城驻留了一夜，次日，义军主力即整队出发，北上全州，后卫军则驻扎唐家司。

关西山崖上的摩崖石刻

---

① 《粤西独秀峰无名氏题壁三十首》，载《太平天国革命时期广西农民起义资料》（上册），中华书局，1978年版，第259页。

兴安官道的重要驿
站——唐家司（铺）遗
址

兴安县唐家司湘江古
码头旧址

唐家司及码头遗址位于今广西桂林市兴安县兴安镇唐市村，距县城北约10公里，在湘江西岸。在清代，该地是兴安境内官道的重要驿站，所设之"唐家铺"为白云驿所辖驿铺之一，有铺兵长驻。发源于兴安县海洋山的湘江，由南往北流向湖南，是桂湘两省水路交通的大动脉，因湘江上游江面相对比较窄小，过河多采用架桥的方式，故水运只能是小船只，而到达唐家司后，江面开宽，水流平稳，船只过往及停泊十分便利，因此，唐家司成为"湘源首渡"[1]。

---

[1] 清道光十四年《兴安县志》卷二，《舆地》。

兴安五大圩市之唐家司街巷

　　由于唐家司是水陆交通要津，"舟行便利，货运流通"，因而它曾是"湘桂走廊"重要的商贸集散地，是兴安五大圩市之一。据传，当年每天在码头停泊卸货的帆船有二三十艘，多的有五六十艘，大米、黄豆、油类、杂货等大宗货物在此集散，南来北往的商客曾把长"一里三分"、宽三四米的街巷挤得水泄不通。但是，经历了200多年的世事变迁，当年的繁华已经不再，特别是湘桂铁路和桂黄公路开通后，唐家司基本失去了成为商镇的条件，大部分砖瓦结构的房屋被拆除，现只剩下200多米的残破空巷，而用大块青石板铺砌的码头台阶也破败不堪，只有宽约20米的临水码头尚保持原貌，给人以此津渡曾经繁荣的无限遐想！

　　太平军撤出桂林后，清军一直尾追不舍。清提督余万清、刘长清等率7000兵勇追到兴安严关口，与秦定三、云南总兵王锦秀汇合，企图凭借险要的关隘，阻击太平军北上。但太平军绕过严关，从东面占领县城，旋又弃城北上。23日，在太平军后卫部队驻扎唐家司后，清军再次迅速结集，刘长清等进至离唐家司2.5公里的瓦子铺。太平军趁清军初来乍到，立足未稳，首先发起进攻，双方遂展开了一场历时约4小时的激战。同时，秦定三及在籍知府江忠源率兵勇由小路出碎井头，并在蛇岭设伏，太平军1000余人分头进攻，遭清兵勇突起猛击，攻势失利。

　　在痛击了追截的各路清兵后，夜间，太平军后卫部队"半分水陆"北撤，其中水师从唐家司码头起锚，顺着浩荡之湘江，进军县北之界首古镇；而陆师则稍迟一步，仍暂驻唐家司及附近村庄要隘，以"迟滞清军追击"。24日，太平军水路船

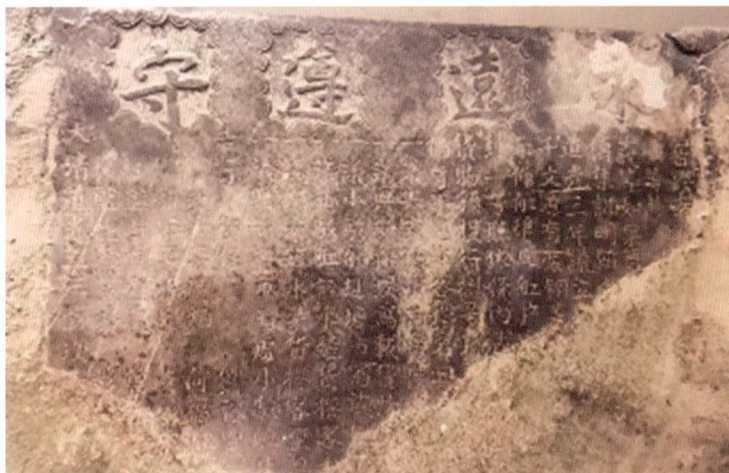

清代唐家司码头旧址航运告示碑

太平军水师起锚的唐家司古码头

兴安县北端之界首古镇旧貌

只经镇安司、凤凰嘴、大坪，抵达全州境，太平军陆路主力也向界首集结。在掩护主力北上之后，太平军后卫部队全部撤出唐家司，沿着官道北上瓦子铺、界首圩，挺进桂北重镇全州。

（六）"天南要隘尽全州" ——飞鸾桥、湘山寺旧址

飞鸾桥旧址位于今广西桂林市全州县城西3.5公里桂黄公路跨罗水（万乡河）处。其始建于宋代，是广西最早的跨河大桥，湘桂走廊的重要关口。自宋元以来，该桥屡毁屡修。1681年（清康熙二十年）修复时，桥墩6个，墩出水面22尺，长466尺，阔12尺，皆料石构筑。桥面两边设护栏，上筑瓦屋37楹。1973年，该桥重建，改为7孔石拱桥，长120米，宽8.3米，上拱下墩，全用粗犷的料石砌筑。

1852年5月24日（清咸丰二年四月初六日），太平军前锋罗大纲率军进至全州城外，他们在各地筹粮集饷，以保证大部队顺利通过。城西的飞鸾桥是从桂林通往全州、湘南的交通要津。为切断清军的追击，太平军在全部过桥后，把桥上的瓦屋全部烧毁，破坏了桥梁。清将余万清、刘长清率7000兵勇从兴安唐家司追踪而来，被阻于桥东。见桥梁被毁，知州城难保，遂向后撤退，分屯于城北太平堡

1973年重建的飞鸾桥

广西最早的跨河大桥——飞鸾桥旧貌

和城西鲁板桥一带，畏葸不前，"皆十里外牵制"。

全州地处湘桂边境，"位于湘、罗、灌三水之北岸，西粤咽喉，边境重镇，舟车鳞萃，水陆交通，洵桂北一大都会也"[1]。"天南要隘尽全州"，由于它是桂北军事重镇，地理位置十分的重要，故自古就是兵家必争之地，所谓"从来有事

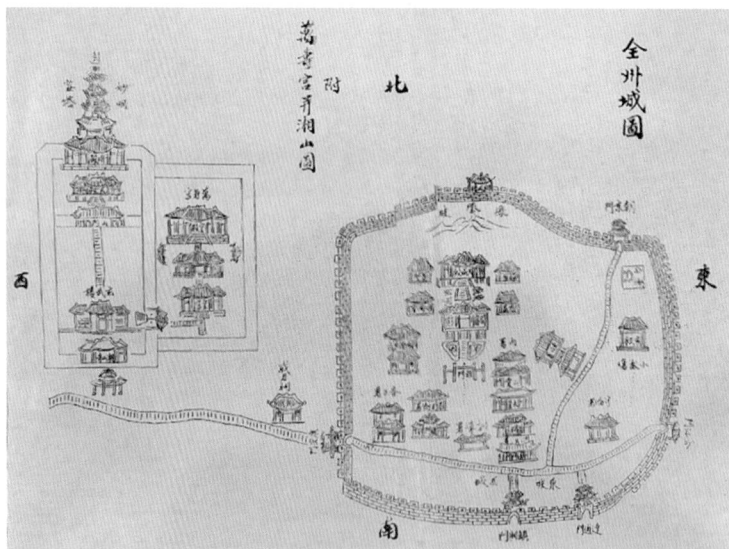

清乾隆《全州志》之"全州城图"

————

[1] 1942年《全县志》(四)，《城市》，第50页。

"楚南第一刹"湘山寺旧貌

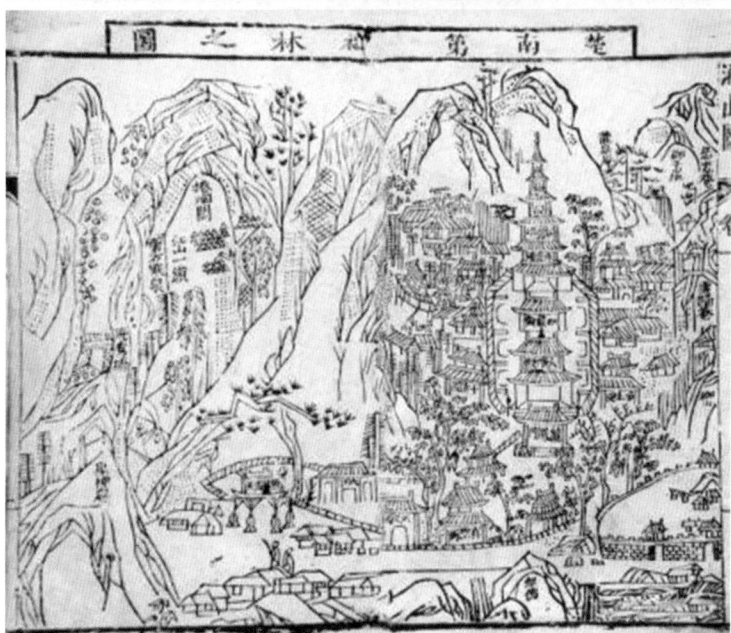

清康熙《湘山志》之"湘山寺全景图"

粤西者，必争全州"①。对此，清汉阳同知张曜孙曾上书指出："全州为楚粤要塞，若全州不守，贼必入楚，未易遏也！"认为"全州固则楚境安"②。太平军攻桂林时，知州曹燮培纠集兵

---

①顾祖禹：《读史方舆纪要》卷一百七，《广西二》，中华书局，2005年版，第4828页。

②张曜孙：《楚寇纪略》，载太平天国历史博物馆编《太平天国史料丛编简辑》（第一册），中华书局，1961年版，第69页。

全州湘山寺妙明塔

丁300余人，并调动了周边团练，再加上入援的楚军400名，共拼凑了兵勇千余人，与躲在城里的地主团绅，一齐婴城固守。

在太平军方面，过了飞鸾桥，呈现在眼前的便是建筑规模宏大、信众云集、香火缭绕的古老寺院——湘山寺。太平天国崇奉上帝教，将士崇拜的是"天父上主皇上帝"，他们认为"上帝"才是唯一的真神，其他的菩萨偶像都是邪魔。因此，太平军一直把"诛灭群妖，焚毁妖庙"[1]作为军事斗争目标的两个方面，对遍布城乡的神坛祠庙均一律捣毁，即"遇庙辄毁"。当然，对那些可以用于驻军或用作仓库的祠庙，太平军一般是只打菩萨偶像，不毁坏庙宇房舍。但因太平军并无驻留全州的打算，故其在砸烂了湘山寺内的菩萨佛像后，即一把火焚毁了寺院，使这座有着一千多年悠久历史的名刹，"片瓦寸木俱为灰烬"，"而惟妙明塔，突然特

---

[1]《太平救世歌》，载中国史学会主编《太平天国》（一），上海人民出版社，1957年版，第240页。

宫殿巍峨、规模盛大的湘山寺塔群

立"，得以留存①。

湘山寺旧址位于今广西桂林市全州县全州镇西北隅之湘山南麓，占地面积约2万平方米。其始建于756年（唐至德元年），由高僧全真所创，初名"净土院"。武宗灭佛时，寺院被毁。847年（唐宣宗元年）重修。至宋代，真宗赐额为"景德寺"，高宗更额为"报恩光孝禅寺"。因建在湘山南麓，故称之为"湘山寺"，又因全真法师被尊为"无量寿佛"，故俗称寿佛寺。该寺规模宏大，佛殿林立，且香火旺盛，素有"楚南第一禅林""楚南第一名刹"之誉。

湘山寺自唐代开创后，历代均有营建，原有玄武门、山门、大雄宝殿、真武阁、寿佛殿、布经楼、天台院、妙明塔等建筑，宫殿巍峨，规模盛大，但因历代多次遭受兵燹战祸，屡建屡毁。近代除遭太平军焚烧外，1945年，日军在撤退时又放火把寺庙烧毁，仅遗存2处明代石砌墙基及妙明塔、放生池、洗钵岩泉、湘山石刻等。1980年代，湘山寺塔建筑得以全面修复，其分布面积达3.45万平方米，千年古刹至此焕然一新，法灯续燃。2013年3月，"湘山寺塔群与石刻"被公布为全国重点文物保护单位。

---

① 《湘山寺碑》，载《太平天国革命时期广西农民起义资料》（上册），中华书局，1978年版，第245页。

全州古城遗址——城墙东段残垣

（七）太平军"穴地"攻克州城——全州古城遗址

　　全州古城遗址，即城墙东段残垣，位于今广西桂林市全州县全州镇，矗立于湘江西岸，与雷公岭对峙。宋代全州称清源县，县城筑土城墙，元代改筑砖城墙。1368年（明洪武元年），又用青石筑砌城墙，并筑砖石城门5个，垛900个，城楼4座，高铺和炮台18处，州城总面积约70万平方米。明城墙及4个城门已毁，现仅留存东城墙残垣及城东南角的达道门。城墙东段残垣长34.6米，宽6.2米，高4.8米，现城墙上建有一个由12根红色柱子支撑、歇山顶、青色琉璃瓦面的仿古廊亭。

　　达道门，又称小南门，呈拱形，门高3.8米，宽2.6米，门洞长6.8米，下半部用条石砌筑，上半部用青砖券顶。城门左侧尚保存有一段用条石砌筑的城墙，长134米，宽6.8米，高6.3米。它是全州城仅遗存的一座古城门，1989年8月，被公布为全州县文物保护单位。

古城东南角之达道门（小南门）

　　全州城东南面临湘江，西南面临万乡河，南北两面城墙均用青石筑砌，城高墙厚，十分牢固，加上城墙上炮楼林立，城外又有护城河，故是一座易守难攻的城池。有鉴于此，太平军在进入全州境后，仍"意欲直扑永州"，本无攻略城池的意图，只是想借助其水路交通便利，迅速摆脱追兵，进军湖南。

　　1852年5月24日（清咸丰二年四月初六日），太平军按计划沿州城西北郊之柳山尾古驿道北上，冯云山率后路军压阵。义军前锋已绕过州城抵达城外10公里之湘江畔，但当冯云山

关口古城墙基遗址

冯云山不幸中弹负伤的柳山麓

乘坐的黄轿行至城外的白马庙及柳山麓时，城内凤凰山炮台上的一名清兵却擅自
发炮轰击，仅一炮即命中黄轿，冯云山不幸中弹负伤。洪秀全、杨秀清闻报大怒，
立即下令前队众兵将勒马回师，从东、西、南三面合力攻城，"以复仇雪愤"。

5月25日，太平军对州城发动了猛烈的进攻，当时留城兵勇、团练及居民不过
1000余人。但是，由于全州城墙大多为青石所砌，城墙高厚（约高8米、宽5米），
且东、西、北三面均有深濠，城墙上修有炮楼，并架设了不少的铁炮，故不易攻

清军曾使用的城防铁炮
（全州县文物管理所
收藏）

破。而负责守城的曹燮培又是一个"赤胆忠心保王朝"的官
僚，他"知城危绝望，决以身殉"，在三次血书求援的同时，
仍率军"竭力固守"。因此，尽管太平军赴汤蹈火，连续10
昼夜进攻，"大小数十战"，但攻城始终未能得手，还造成了
不少的伤亡。

为迅速攻下城池，太平军决定采用独创的"穴地攻城术"，
组织一支由矿工组成的挖掘队，在攻城炮火的掩饰下，于城
外江西会馆下秘密挖掘地道，直通西门。地道掘成后，又将
16石火药装在棺材里，放置于城根下。6月3日午时三刻，引
线点火，"轰隆"一声巨响，炸开西城墙一个七八米宽的缺口，
太平军在硝烟掩护下，奋勇冲入缺口，攻克州城。"穴地攻城"
虽肇始于桂林，但成事于全州，这一行之有效的攻城战术为
太平军入湘后建立"土营"，并顺利地攻取武昌、南京等大城
市发挥了重要的作用。

今全州县城关完小内的
江西会馆遗址

全州县西南面古城垣俯瞰（1935年）

城破后，曹燮培及前知州瑞麟、参将杨映河、都司武昌显等皆被处死，其余负隅顽抗之兵勇团练千余人，大部分也被愤怒的太平军所擒杀。此外，凡助清军的豪绅富商之房屋及当铺亦被焚毁——这也就是当时文献所记载之太平军"屠城"事件："攻全受重创，积愤屠其城，老稚妇女歼焉。积尸一千三百余具，而蹂躏焚毁之累累者相望也。"①

但是，后来的一些议论者却夸大其事，如说"积尸塞途，三日不尽"②，"全州破，贼屠之，男女死者六千四百余人，死难官三十二人"③，甚至说兵民被杀"当在万人以上"④，这就违背了历史的真实。事实上，"太平军围攻全州城，头天破城，第二天午时下令封刀"⑤，被杀的主要是千余官绅与兵勇，虽说"城破无人不断头"，

①夏燮：《粤西起事》，载《粤氛纪事》卷一，中华书局，2008年版，第19页
②李滨：《中兴别记》，载太平天国历史博物馆编《太平天国资料汇编》（第二册上），中华书局，1979年版，第46页。
③戴钧衡：《草茅一得》，载中国社会科学院近代史研究所近代史资料编辑室编《太平天国文献史料集》，中国社会科学出版社，1982年版，第370页。
④简又文：《太平军广西首义史》，商务印书馆，1946年版，第298页。
⑤饶任坤、陈仁华编：《太平天国在广西调查资料全编》，广西人民出版社，1989年版，第264页。

但城破前，曹燮培"知事不可为，启一门纵民逃"①，从小南门"放走难民不少"，故老百姓死难的并不多。

太平军虽然攻克了全州城，但其仍志在湖南，"欲进攻长沙"，故在州城里仅逗留了两天。6月5日，太平军趁着黎明的曙光，开始撤离州城，驾驶船只200余艘，满载辎重、老弱妇孺，以及首脑本部人员，从湘江顺流而下，精壮战士则在两岸夹江护卫，向湖南永州方向进发。

"放走难民不少"的小南门城墙

太平军船队顺湘江而下，挺进湘南

①李滨：《中兴别记》，载太平天国历史博物馆编《太平天国资料汇编》（第二册上），中华书局，1979年版，第46页。

（八）南王冯云山殉难处——蓑衣渡之战战场遗址

蓑衣渡之战战场遗址位于今广西桂林市全州县全州镇田伟村，距城区东北6.5公里，为湘桂间往来之水路要津，湘江由此折而东北。渡口河床狭窄（洪水期水面宽250米，枯水期宽60米），水流平缓，便于船渡。自渡口往北约2公里，江流弯曲而东向，形成一个湾港，即水塘湾，此处滩多水浅，舟楫难行。其西岸有狮子岭，高300余米，密林深箐，地势险要；东岸有谢母岭、扁担坳。1825年（清道光五年）立的《路碑》说："蓑衣渡大路，上通州城，下达湖南，虽非关津，实为通衢。"

全州湘江蓑衣渡口旧址

　　1852年6月5日（清咸丰二年四月十八日）黎明，太平军从全州水陆并进，200余艘船只尽载妇孺辎重，顺湘江北去，陆师则夹江护卫。行约7公里，至河床狭窄、滩多流急的蓑衣渡，船队飞驶向前，陆上卫队则因道路崎岖，赶行不及。水路再往北即为水塘湾，湘江在此急湾东去，那里水流变缓，江底淤沙、水草极多，船队只能密集缓行。为此，"深识地理，善用形势"[1]的清知府江忠源率1200名楚勇，在西岸的狮子岭及附近江岸埋伏，并砍伐竹木，打桩为堰，堵塞河道。清方在此布下罗网，目的是要切断义军北出永州、直下长沙之路，并围而歼之。

---

[1] 简又文：《太平军广西首义史》，商务印书馆，1946年版，第299页。

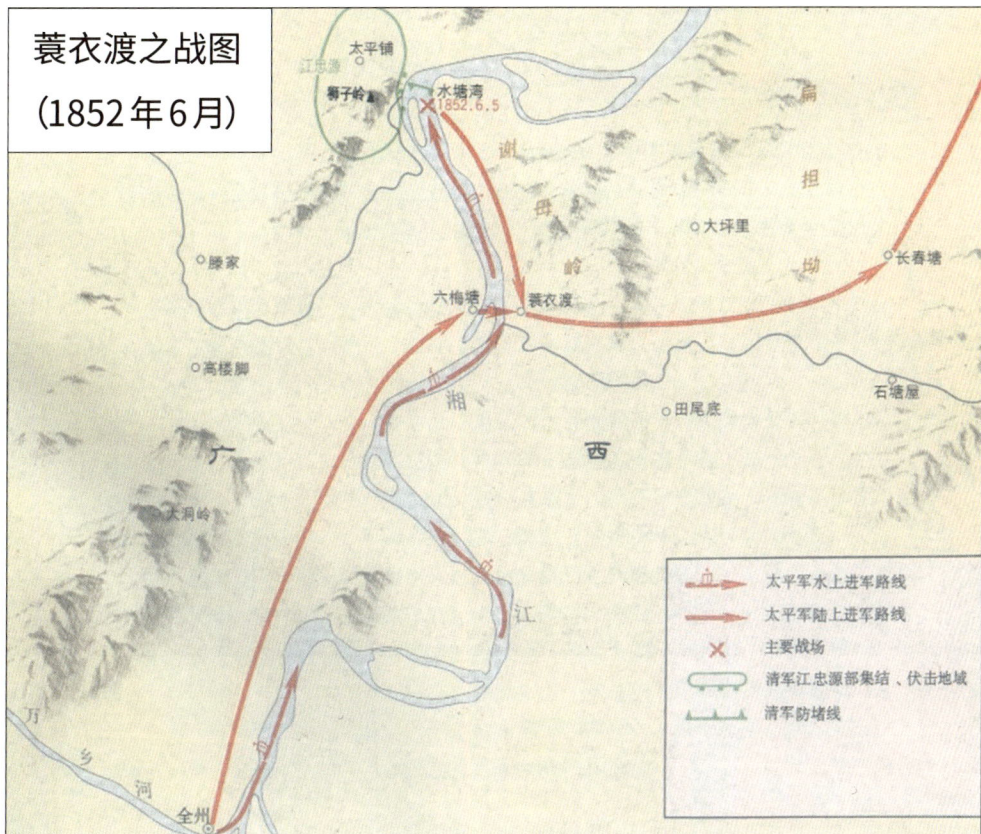

蓑衣渡之战图
（1852年6月）

6月6日，当太平军船队驶过蓑衣渡口，北行约2公里至水塘湾后，遂被清军拦桩所阻，船只密集江中，进退两难。清军在狮子岭上居高临下，集中炮火向船队轰击，太平军猝不及防，损失较大。幸而两岸陆师及时摆开阵势，安设大炮，向敌人猛烈反击，船队才得以顺利调度，停于江心，"泊为营垒"。经过两个昼夜的鏖战，太平军仍无法打开前进通道，被迫"将船只自行焚烧，遗弃辎重米粮器械甚多"①，弃舟登上东岸之谢母岭，与清军隔江炮战，并水陆全队。在战斗中，冯云山因伤势恶化，医治无效，死于谢母岭南之蓑衣渡村，年仅37岁。

1985年5月，全州县人民政府在蓑衣渡村的湘江岸边立碑纪念，碑高2.3米，宽0.73米，正中竖刻"太平天国南王冯云山殉难处"，碑额刻有冯云山头像，下刻隶书"蓑衣渡"三字。1989年4月，该遗址被公布为全州县文物保护单位。

冯云山是一位足智多谋、善于用兵、忠诚国事的开国元勋，他的不幸牺牲，

---

① 《清文宗显皇帝实录》卷六一，咸丰二年壬子五月丙辰，《谕军机大臣等》。

水塘湾及狮子岭（左）战场遗址

水塘湾东岸之谢母岭

"诚太平天国不可恢复之损失也"。他死后，洪秀全悲痛万分，说："天不欲我定天下耶？何夺我良辅之速也！"[1]后洪秀全加封冯云山为干王，把他比作"志同南王，历久弥坚"，"板荡忠臣，可为万世法"[2]。天朝印书称颂冯云山"前导开国护圣君，克取省郡如反掌，开疆拓土功劳深"[3]，对他的业绩予以高度的评价。

蓑衣渡之战是太平军在广西的最后一次战斗，在这场与清军的浴血奋战中，太平军遭遇了"从来未有之败"，200多艘船只毁于一旦，辛苦筹

冯云山殉难蓑衣渡（《太平天国通俗画史》插图）

集来的辎重大部分遗弃，七八百名将士壮烈牺牲，尤其是使义军从水路北出永州、"欲进攻长沙"的计划落空。尽管"不能遂其顺江而下之志"[4]，但太平军并没有被挫折所吓倒，浓郁的宗教热忱和建立"小天堂"的政治理想，仍激励着他们坚定、勇敢地战斗。

1852年6月7日（清咸丰二年四月二十日），太平军秘密掩埋了南王的忠骸，毅

①黄鸿寿：《清史纪事本末》卷五十一，《太平天国之兴亡》，上海书店，1986年版，第337页。
②《钦定英杰归真》，载中国史学会主编《太平天国》（二），上海人民出版社，1957年版，第569页。
③《醒世文》，载中国史学会主编《太平天国》（二），上海人民出版社，1957年版，第504页。
④奕訢等撰：《钦定剿平粤匪方略》卷十三，《赛尚阿奏》，清同治十一年颁行，清内府印本，第34页。

蓑衣渡村及冯云山殉难处纪念碑（右下）

然地放弃水路而改走陆路，并改变了原定的行军路线，从蓑衣渡出发，在黑夜中踏着崎岖的山路，离开广西，翻越半边山、扁担坳，朝着湖南永州的方向行进，然后由隔道南取道州，由此揭开了太平天国进军湘南的历史新篇章！

全州"湘桂走廊"古道

结束语

太平军从全州撤出后，迅速向湘南挺进，先后攻克道州、桂阳、郴州等城，1852年9月12日，攻打省城长沙未克。之后，太平军撤围，克益阳、渡洞庭、过岳州，挺进湖北武汉三镇。翌年1月，太平军一举攻克了自起义以来的首座省城——武昌。在从广西进军湖南途中，杨秀清、萧朝贵发布了《奉天诛妖救世安民谕》《奉天讨胡檄布四方谕》《救一切天生天养中国人民谕》，明确地把斗争的矛头直指清王朝封建统治者。

2月，洪秀全、杨秀清统率50万大军，战船200余艘，从武昌出发，水陆两路沿长江东下，浩浩荡荡，克九江，占安庆。3月19日，攻占江南重镇南京。太平天国在此定都，改

北京天安门广场人民英雄纪念碑底座浮雕——"金田起义"

南京为天京，正式建立与清王朝相对峙的农民政权。

金田起义是中国近代史上农民阶级探索救国救民道路的一次尝试，它颁立制度，置官设守，建立起较为完整的农民政权，提出了明确的施政纲领，把我国旧式农民战争推向顶峰；它历经14载，驰骋18省，沉重地打击了清王朝的统治，抗击了外国侵略势力，成为我国民主革命胜利的重要奠基石；它引发了近代志士仁人对中国前途命运的深层次思考，在客观上影响并推动了中国近代化的历史进程。

后 记

　　"金田起义地址"是我童年时就十分熟悉的地方，我启蒙教育的第一课，是在广西桂平县桂平镇城厢中心小学校的操场上。当时，由一位据说是太平军后代的老人，给我们讲太平军在金田大败清军的故事。此后，学校经常组织我们这些懵懂少年——红小兵，前往离县城25公里的金田村，去瞻仰金田起义历史遗址，犀牛岭、古营盘、拜旗石、练兵场、犀牛潭等，这些在我幼小的心灵里留下了深刻的印象。

　　1977年，我作为"文革"后的首届大学生，进入广西师范学院（现广西师范大学）历史系深造，得到了"太史"研究的著名专家钟文典教授的谆谆教诲，对金田起义遗址的认识有了升华。1982年大学毕业后，我先后在中学、大学及研究机构从事历史教学与研究工作，金田起义遗址是常去的地方，而特别是在担任广西太平天国史研究会副会长兼秘书长后，我经常有机会跟随钟文典、饶任坤、彭大雍等老一辈"太史"专家、学者，奔赴桂平、平南、武宣、象州、蒙山、桂林等地，开展田野调查，进行史迹考察，几年下来，对金田起义的遗址了如指掌，烂熟于心！

　　由于对金田起义遗址非常熟悉，有一种特殊的感情，所以我曾有过一个念头，即要把两广范围内的金田起义遗存记

录下来，考证核实，并搜罗相关史料，整理汇编成书。但是，由于众所周知的原因，进入新世纪之后，我国"太史"研究长期处于低迷状态，遗址的保护和利用一直得不到重视，在这样的背景下，要收集、记录和整理金田起义历史遗址的资料，谈何容易？再加上进入新世纪的10多年来，我一直被繁杂的行政事务所拖累，故也很难有充沛的精力和宽裕的时间去实现心中的愿望！

2011年，"金田起义地址"被列入全国红色旅游经典景区二期名录，2013年，贵港市正式启动了"金田起义地址景区保护与开发工程"，并开工建设金田起义博物馆，这样，金田起义历史遗址的保护与利用又被提上了地方党委和政府的议事日程。2019年，为了更好地摸清"金田起义遗址"的家底，保护地方历史文化遗产，挖掘丰富的人文旅游资源，贵港市金田起义研究会启动了对该专题遗址的普查与调研。笔者作为该项目组的主要成员之一，十分荣幸地自始至终参与其事，想不到，年轻时的夙愿竟在花甲之年得以实现！

对金田起义的遗址，原来我是非常熟悉的，但经过20多年的世事变迁，历史遗存的状况已今非昔比，有些遗址保护得比较好，有些则破败不堪，而有些则湮没了。因此，为了精准地了解和掌握现状，项目组花了一年多的时间，先后奔赴广西贵港、桂平、平南、武宣、象州、金秀、博白、陆川、藤县、蒙山、桂林、兴安、全州，以及广东的广州花都、信宜等地，拔山涉水，深入乡村，全覆盖地进行了深入细致的普查，从而掌握了历史遗址的现状。正是在扎实调研和缜密考证的基础上，笔者才得以掌握第一手材料，从而澄清了一些遗址史实，甄别了一些文字、图片真伪，最后顺利地完成了书稿。因此，从这个意义上来说，本书是这次历史遗址普查与调研活动的结晶。

本书得以顺利付梓，首先应感谢金田起义研究会及各位同仁。研究会自2015年成立以来，积极支持和配合贵港市政府的"金田起义地址景区保护与开发工程"，特别是金田起义博物馆建设，为之做了大量卓有成效的工作，成绩斐然！为

了更好地贯彻落实《贵港市太平天国金田起义遗址保护条例》，2019年，研究会又启动了金田起义遗址的普查与调研活动。在项目进行中，会长傅诚金主持了各项活动，并参与了本书的策划，副会长周朝宁、冯桂淳以及办公室的覃锐智、甘斯等同志身体力行，不辞辛劳，也参与了其中大量繁杂的工作，并为本书写作提供了许多协助，可以说，没有研究会及各位同仁的关心和支持，本书很难在短期内完成。

本书得以顺利付梓，还要衷心感谢各地文博单位的同志们。广东省广州市花都区"洪秀全纪念馆"的贺安、罗国荣，信宜市博物馆的潘郁南、潘绵贤，广西壮族自治区博物馆的李霞、陈小波，桂平市博物馆的朱丽彬、覃敬宇、曾静、卢映，平南县博物馆的龚海，武宣县博物馆的覃大耀、李赞鲁，象州县博物馆的韦文俊，金秀瑶族自治县瑶族博物馆的盘威，玉林市博物馆的李义凡，陆川县文物事务中心的江致远，博白县博物馆的林燕，藤县博物馆的周舒娴、徐翠霞，蒙山县文物管理所的黄宁、杨建辉，兴安县博物馆的唐莉静、左志强，全州县文物管理所的王辉、陈树，以及社会各界热心人士，如桂平市的黄源光，武宣县的李文湘、黄启武、雷新民，象州县的陆干斌，等等，他们为我们的普查和调研担当向导，提供各种采访的线索和便利，并无偿地赠送了许多资料、照片和图片，从而使普查工作得以顺利开展，收集到了大量珍贵的图文资料。书中的许多照片、图片是由相应地方的博物馆提供的，人物画像是由广州花都"洪秀全纪念馆"和桂平"金田起义博物馆"提供的，由于篇幅的限制，没能一一注明具体出处，特此说明并敬请谅解！

在本书的写作过程中，我还得到了不少同行专家、学者的悉心指导和帮助，中国社会科学院历史理论研究所所长夏春涛研究员、中国人民解放军国防大学政治学院华强教授、南京市太平天国历史博物馆张铁宝研究员等，对书稿提出了许多宝贵的修改意见和建议。此外，我的老师、同学、同事和朋友们，对本书的撰写和出版也给予了极大的关心和支持，限于篇幅，恕不一一罗列。广西社会科学院院长、中国太平天国史研究会副会长陈立生同志为本书题签，玉林师范学院王志明教授、广西师范大学出版社李建林同志为本书的出版精心策划、编辑。在此，我对长期以来一直热情关心、诚恳帮助和鼎力支持我的各位领导、老师、同学、同事以及亲朋好友，对为本书的编辑和出版辛勤付出的同志们，谨致以衷心的感谢！

金田起义历史遗址的普查、调研，以及图文资料的收集、整理、出版是一项浩大的系统工程，尽管在持续一年多的时间里，我们几乎跑遍了与遗址相关的市县区，并尽可能地寻觅每一处重要的遗址，采访每一位当地的知情者，但是，毕竟有金田起义历史遗存的地方太多了，且由于地点分布很广，考察时间又比较仓促，故挂一漏万在所难免！而尤其是由于本人文博工作经验不足，才疏学浅，故拙著难免会有疏漏和不当之处，在此，恳请广大的读者批评指正！

林志杰

2021年5月1日于南宁市佛子岭